RAMON LLULL

narrativa

La col·lecció RAMON LLULL, diversificada en les sèries Narrativa i Espais (biografia, assaig, etc.), vol oferir, sempre dins l'àmbit de la llengua catalana, els títols més representatius de la vida i de la cultura d'avui. Fidel al que representa el nom que ha pres com a emblema, el del genial polígraf mallorquí, estarà oberta a tota curiositat intel·lectual, que aspira presentar als lectors catalans amb el màxim rigor i llibertat d'esperit.

Santa Maria, pa cada dia

Aquesta obra obtingué el Premi de les Lletres Catalanes Ramon Llull 1996, concedit pel següent jurat: Maria Teresa Bosch, Carme Riera, Pere Gimferrer, Gabriel Oliver, Valentí Puig, Carles Pujol, Antoni Vilanova i Marcel Plans, que actuà de secretari.

JOSEP MARIA BALLARÍN i MONSET

Santa Maria, pa cada dia

Premi de les Lletres Catalanes
Ramon Llull 1996

PLANETA

Còrsega, 273-279, 08008 Barcelona
(Espanya)
Disseny de col·lecció: Compañía de Diseño
Il·lustració de coberta: foto de l'autor
Primera edició: abril de 1996
Dipòsit Legal: B. 13.324-1996
ISBN 84-08-01750-0
Composició: Víctor Igual, S. L.
Impressió: Duplex, S. A.
Enquadernació: Encuadernaciones Maro, S. A.
Printed in Spain - Imprès a Espanya

La meva germana,
sants innocents.
La meva mare,
pa cada dia.
El meu pare,
garrics i arínjols.
Ara, tots junts,
són nadal i pasqua.

Hi escau cursiva

Avemaria

Bona gent.

Duem un bon moll d'avemaries a la biga.

Des de la primera avemaria de Carlemany a Girona, aquest país en carrega més de mil anys a l'esquena.

De fa més de mil anys, maldem per ser cristians, i malament rai.

Però hem estat catòlics.

Venim d'una cristiandat que, amb les febleses que vulgueu i més malaurances que no caldria, ha tingut prou confiança en Déu per deixar-se'l oblidat al temple només amb una llàntia de senyal. I per plantar una marededéu a cada cim.

Als canvis de segle, quan el poble ja s'havia oblidat dels psalms, vam fer més collita d'avemaries que de bona xeixa.

Rebotant d'un segle a l'altre, tenim l'avemaria de mil anys.

I vet ací, aquest llibre voldria ser-ne un xarbot.

L'ESCAIENÇA

Diu que la filosofia no vol canalla a classe.

La teologia només hi vol quitxalla. O algú tan savi i tan assenyat que es trobi llegint la Bíblia com un infant.

La teologia té la lògica dels poetes que saben trobar bellesa allà on la ciència només hi troba veritat i la moral només sap fer-hi cotilles. D'una altra manera. La lògica del poeta no reflexiona, endevina; no juga entre el bé i el mal com si fos en una cruïlla. S'acosta a Déu en allò que té d'escaient.

«Si res no li escau, poseu-li blau.» Diuen. El món no és tan sols una roba ben tallada, harmònica i misteriosament matemàtica, des de Déu és el vestit de noces del seu Fill amb els homes.

Guaitant-s'ho a la freda, la Bíblia no fa més que contar-nos les follies de Déu. S'embolica a fer el món, s'embolica amb els homes, i s'embardissa a la terra fins a donar el Fill a la creu. No hi ha savi que ho entengui. Només l'estrill de poeta foll que duem a dintre ens fa endevinar que Déu és, nogensmenys, un infinit bon home. Si no l'endevinéssim així, ves qui gosaria dir-li un parenostre.

I ves qui gosaria dir una avemaria, si no endevinés que, bé i bellament, Déu Fill havia de fer de sa Mare la criatura més poètica de la creació.

Advent de lluny

El Gènesi i la gènesi

«De bell començament la terra era erta i erma.» I allò que ve després d'aquesta capçalera del primer llibre de Déu. El Gènesi.

Ai, Senyor. Dels savis més savis del saber i del no saber, fins a la quitxalla més catequitzada de la catequesi, tot bitxo d'avui s'empassa que les històries del Gènesi són contes de la vora del foc.

Venim del mico (pithecanthropus), la terra no fou feta en sis dies ni per mà de Déu. Ara diuen que ve d'un «big bang», que vol dir d'un gran espetec. A no trigar en diran una altra.

No sé quina altra en diran els de missa. Ningú de missa no gosa parlar del pecat original; ningú de la pietosa no s'empassa la poma, ni creu en el serpent, ni s'esvera amb l'espasa de foc.

D'una banda i de l'altra en diuen tantes que et fan rodar el cap. Fins que, en una estona desvagada, t'agafes des del principi aquell llibre estrany que comença pel bell començament. Demanes a Déu que et faci oblidar totes les que has llegit, que et beguis el text com vas xuclar la primera llet, que l'endevinis com els infants endevinen els mots.

Des dels mots sense clofolla, el Gènesi és una meravella.

Déu s'hi explica com només es tornarà a explicar en les paràboles de Jesucrist. I ho fa al seu estil de pobletà. Imagineu-vos que s'hagués engegat amb la fórmula d'Einstein: $e=mc^2$*; ni Adam no se l'hauria mirat, ni Abraham no se n'hauria fiat, ni Moisès no l'hauria seguit pel desert.*

El Gènesi no podia ser un llibre de matemàtiques fonamentals.

Però tampoc no és un conte de la vora del foc.

És un conte de la vora de Déu.

Després dels evangelis, no hi ha cap altra tirada de llibres sants tan a vessar gestos escaients de Déu. Fet i fet, Jesús no fa més que tornar-nos el parenostre d'un Déu que es complavia de passejar amb els homes.

I tampoc no hi ha d'altre llibre al món on hi trobem tan ben esbossada la nostra condició humana. La innocència, el pecat, la nuesa, l'enyorament i la rebequeria.

I vet ací Eva.

La primera fornada

«*De bell començament.*»

Llum i tenebra, cels i terra, terres i mars, valls i muntanyes, herbes i arbres, animalons i animalots. Feia bo de veure, però era mancat. Cap de les criatures del Senyor no era lliure.

I Déu es va agosarar.

I havia creat els àngels capaços de tornar-se dimonis.

I Déu no havia escarmentat.

I va fer l'home.

Pesant de matèria, lleuger d'esperit, l'home era lliure.

I Déu va deixar l'home a xopluc del paradís.

Tot feia bo de veure, Adam s'ho mirava meravellat. Però estava sol i no li era bo d'estar sol, li mancava companyia. A Déu mateix li mancava un amor que Adam mai no podria donar-li, un amor de dona gràvida, talment Ell era gràvid de Fill.

I Déu va adormir Adam.

Desenfornada de nou, Eva es va resseguir el cos, se sentia viure. Es mirava tot aquell bé de Déu: llum i tenebra, cels i terra, terres i mars, valls i muntanyes, herbes i arbres, animalons i animalots. S'ho mirava d'un glop, fins que va veure-se'l adormit a la vora.

S'hi va acostar, mirant-se'l. Ell es va deixondir, se la va mirar i va fer un crit:

—Tu ets carn de la meva carn.

Abans de sentir-s'ho dir, Eva ja ho sabia. Com se sabia prometença d'una altra creació del no res:

—Tu seràs mare de tots els homes.

Eva va donar la mà a l'home, passejaren pel paradís. Llum i tenebra, cels i terra, terres i mars, valls i muntanyes, herbes i arbres, animalons i animalots. I Adam a la seva vora.

Tot d'una, es trobaren amb Algú que es ficava entre ells dos, que els posava la mà a l'esquena i els acompanyava en el passeig. El podien entendre sense paraules, era Déu mateix.

Després va passar allò. Eva s'havia deixat

engalipar pel serpent; mig per tafaneria, mig per feblesa. Pitjor. Ella i l'home havien volgut ser com Déu.

I la dona s'havia trobat nua al costat de l'home.

L'àngel feia feresa brandant l'espasa de foc:

—L'heu feta bona, marxeu del paradís.

Tot i l'espasa, tenia un pic de somriure:

—Les ballareu molt magres, però tornareu.

Déu se li havia amagat; Eva només en tenia la buidor i l'enyorança. Estava nua, el seu home també estava nu. No tenien res, havien caigut en el no res, tots dos eren passió inútil, carn escopida pel Senyor. No tenien res.

D'esma, Eva va cercar la mà de l'home arraulit al seu costat. Es donaren la mà, i Eva va saber que no havia caigut en el no res, encara es podia donar la mà amb ell. S'alçaren, pastaren el primer pa i començaren el retorn. Les darreres paraules de l'àngel els deixava a les fosques de l'esperança:

—Hi haurà un altre primer pa, i vindrà d'una dona.

El retorn tenia lluny les arribades. Mentrestant, Eva va sentir l'esgarrinxada d'un esbarzer, va veure per primer cop com el llop es menjava l'anyell. El silenci de Déu se li havia fet ermot.

Però no tot era ermot.

Un dia va sentir una cosa viva que li espernegava al ventre. Al cap de mesos, el cos se li esquinçava de dolor, a esgarrips va deslliurar aquella coseta que plorava i espernegava, Eva li va donar el pit.

Al llarg dels anys, va tornar-se a sentir espernecs al ventre, va tornar al dolor i al goig d'un nadó.

Un dia va cuidar-se a morir sense conhort. El fill manyac havia mort a mans del fill rebec. I, mentre el món maleïa Cain, la seva mare el compadia i l'enyorava infant.

Fou la mare del primer fill bord.

Cain duia una marca al front, la marca del seu pecat, també ho era de la protecció de Déu. I la mare va saber que el Déu de les seves passejades pel paradís tindria un perdó per a tots els bords.

Beneïda primera dona.

Eva, exiliada amb records d'innocència, conhort d'Adam, mare dels homes, plany pel fill mort, perdó pel fill bord. Nua enyorança de Déu.

Eva, anunci com cap altre de Santa Maria.

Allà dalt dels cels

En aquestes, allà dalt dels cels, Déu hi va tornar.

A la tercera, Déu no escarmentava.

—Noi, hauràs de baixar al si d'una verge.

—Al ventre d'una mare, Pare.

—I serà un nou paradís, arbre de la vida.

Per a Déu, el temps no compta.

—Passaran dia rera dia d'enyorança.

—Pa cada dia de mares i verges.

—Pa cada dia de festes i folls.

Dia rera dia, els cels deixaven caure miques de rosada.

Diguem-ne pa, perquè vés a saber què menjava el nostre avantpassat garrell.

Pero, anés a garrot o anés a cops de roc, el germà estossinava el germà, el qui podia robava la vaca del veí quan no se li enduia la dona, el llest empobria el ruc. I els pobles victoriosos a la guerra tornaven amb corrues d'esclaus.

No calia pas que baixessin llamps dels cels.

Però hi havia matinades de rou i rosada.

A les selves, mentre els homes se les pensaven totes per atrapar alguna cosa mengívola, mentre els dels gels foradaven el glaç per atrapar-hi peix, mentre els cavallers ja a cavall voltaven els deserts, arreu on hi hagués una mica de no res de pau, les dones posaven el tupí al foc i ben segur que fou una dona qui va fer l'invent més beneït en els segles dels segles. El pa. Posat a imaginar-se-les, l'home va inventar el vi.

Malgrat les dones guerreres d'alguns llocs, la dona ha fet més pa de pau que vi de guerra. No estranyi. Entre crits de guerrers, entre moments de calma, a qualsevol hora del dia o de la nit, se sentia un plany de dona. I venia un fill al món. A les guerres, el plor de les dones recollia els guerrers, talment a prop de les tombes, la dona, més que l'home, plorava el fill amb el plany de Raquel.

Entre llamps de malvestats, la dona era rosada al matí.

Fins que el món en feia de tan bèsties que va començar a ploure i ploure.

La dona de Noè tenia tres fills. I no sabem quantes filles perquè el seu home no les comptava. La família no se li acabava pas amb aquests, tenia nores i néts. Era en pau quan va veure el seu Noè enderiat a fer-se una barcota calafatejada amb betum. No se'n sortia gaire, l'home era més vinyater que mestre d'aixa. A la fi, se'n va sortir més o menys. S'embarcaren tots, homes i dones, amuntegats entre parelles de bèsties.

I vinga ploure i ploure.

La barcota surava i no feia aigua. Entre el bestiar que no s'estava pas mica tranquil, la colla de Noè s'estava arraulida a la cala amb una por que Déu n'hi do i amb més ois que no voldrien; tenien mala mar.

Al cap de quaranta dies, va amainar.

La coloma va tornar amb un brot d'olivera al bec, van tornar-la a engegar i no va tornar. D'una banda a l'altra dels cels hi lluïa un arc de set colors que feia bo de veure. La dona ho va entendre sense que li digués l'home. Déu feia un senyal de pau.

Amb el temps, l'arc i el colom foren vistos com promeses de la Mare de Déu.

Però trigaria segles i segles a arribar aquell dia. Mentrestant, la dona amb les filles i les nores, tornaven al pa de cada dia. I Noè, com sap tothom, tornat a vinyater va agafar-la fins a quedar adormit.

Continuaren els segles, estalonant-se pa i trons.

Egipte era glòria, glòria dels faraons i poca dels qui arrossegaven aquelles pedres per fer els enterraments més d'upa que hagi vist el món. El faraó era un déu de pit ample, cofat amb dues corones, vestit amb un davantal. Els escultors ens l'han deixat fet una tossa d'home. Però els pintors de les tombes de les reines han deixat el record de figures gràcils com les arpes de la pau mentre el rei feia guerra.

Deixant-nos de la famosa Nefertiti, una reina d'aquells dies va ser enterrada amb una coseta de no res, un fill que havia plorat nascut abans d'hora.

Les dones i el pa de cada dia, Senyor.

I alguna verge.

No pas jueva, malgrat la profecia d'Isaïes.

A l'Olimp dels grecs n'hi havia dues. Que no pastaven pas el pa. Àrtemis era una mena de xicotot que ancalçava la caça, Atenea era una sàvia molt sàvia que feia volar mussols filosòfics. Però les verges de Fídies, que fan la processó per dur el vel a la dea de l'olivera i el mussol, ja semblen gairebé verges cristianes.

A Roma, la dels primers dies de coratge, les verges vestals vetllaven el foc de la dea. Així continuaren durant temps més ratjosos, potser més sagrades que verges. Mentre Virgili, ficat a profeta, parlava d'una verge que infantaria.

Pa cada dia, fos com fos.

Fos com fos, Déu preparava la plenitud dels temps.

I va venir un altre dia semblant a aquell de la poma.

La història de la torre de Babel, ben cert, no és una llegenda.

Ja no eren un home i una dona que volien ser com Déu, era una collada de pobles que se la volien campar sols, sense divinitat; ufanosos d'ells mateixos, provaven d'abastar els cels amb un gratacels de totxos mal cuits.

I aquest cop no va pas caldre que s'hi fiqués la serp.

Adelerats a veure qui s'enfilava més de pressa, els uns no es fiaven gota dels altres, es miraven de reüll. Que si aquest totxo no és ben a escaire, que si has perdut la filada, que si entreguardes malament, que si això, que si allò. Acabaren a crits, a tants de crits que ja no s'entenien. Parlaven llengües diferents, cada colla va anar a la seva, es van esperdigolar.

Ja ho veieu, això no té res de llegenda.

Entre els gratacels de Nova York, hi ha una tossa que en diuen l'ONU.

Bé, tornant a aquells dies i endavant.

A l'esperdigolada de pobles, fos on fos, la dona pastava el pa i, potser senyora potser esclava, cada mare duia esperances i silencis que grataven els cels ànima endins, sense saber-s'ho ben bé.

Advent més a prop

Allà dalt dels cels

—Abram serà Abraham, l'home de fiar.

—Sarai serà Sara, la dona del fill a les velleses.

—Un i altra són prou folls per deixar la casa d'Ur i vagar pel desert.

—Abraham és capaç de sacrificar-me el fill, com jo ho faré amb el meu.

—Sara començarà a saber què és un fill a Getsemaní.

—Un i altra seran soca d'un poble novell.

L'anyell de l'ofrena

Sara, que encara es deia Sarai, vivia a Ur dels caldeus, al creixent ufanós. L'home se li llevava d'hora, anava a la feina, li tornava a l'hora; ella restava a casa, trastejant. Al vespre, abans d'adormir-se, es miraven la nit des de l'eixida. No es podia queixar de la vida llisquent, sense embolics.

Abraham, que encara es deia Abram, tenia estones silencioses. Sara no li deia res, tampoc no l'hauria sentida.

Després d'un d'aquells silencis, l'home se li va adormir, es remenava neguitós. Desvetllant-se d'hora, Abraham va dir-ho.

—Deixarem la ciutat. El Senyor ens vol al desert.

Sara estava cofada de ca seu, però no se li va acudir de rondinar. Els homes van on van, la dona al darrera, i mutis.

La tenda no era pas tan frescal com la casa; de dies, amb aquell sol que l'esclafava, Sara recordava les ombres de la parra d'Ur. Ara tenien ramats d'ovelles i camells, vagaven d'ací i d'allà, fins que arribaren a terra de cananeus i Sara va pensar que ja no despararien més la tenda. Abraham havia fet un altar.

Però vingué la fam i hagueren d'anar cap a Egipte, terra de quatre collites. Tot i que la dona d'orient sembli mesella, Sara tenia mal record d'aquell país. Abraham no volia maldecaps, va fer-la passar per germana, el faraó va veure que feia goig i se la va endur. Déu es va enrabiar, el faraó va entendra l'enrabiada i la va tornar al seu home.

Abraham estava joiós, Déu li havia promès una fillada abundosa com les estrelles dels cels i les sorres de la mar. En saber-ho, Sara va restar trista. Era eixorca.

Veient-se l'home consirós, li va dir que provés amb Agar. Costums dels temps. L'esclava feia prou goig. Agar va donar Ismael a Abraham, Sara es va sentir menystinguda per l'esclava i la va fer fora. Al cap de poc, Agar tornava amb el fill; sembla que Déu s'hi havia ficat. Vés a entendre Déu.

Ara Déu volia circumcidar els homes. Abraham va fer-ho, quan Déu s'hi ficava, no discutia res. No va pas demanar comptes al Senyor pel foc a Sodoma i Gomorra. Ni tan sols no en va demanar per l'estàtua de sal, resta de la dona de Lot. Vés a entendre aquell home.

Sara ja era a les velleses quan aquells tres, que semblaven un sol àngel, havien dit a Abraham que tindria un fill d'ella. Se li va escapar el riure. Però es trobà visitada pel Senyor, va tenir un fill del seu home i van posarli Isaac.

Isaac i Ismael s'esbatussaven, les seves mares, en comptes de descompartir-los encara atiaven els refrecs. Fins que Abraham, tip de marrameus, va fer fora l'esclava i el seu fill. Costums dels temps. Segles a venir, els fills d'Ismael conqueuririen mig món en nom del profeta Mahoma.

Sara estava tranquil·la.

Finalment hi havia pau.

Ja s'ho va trobar. Aquell dia, Abraham va prendre el fill i un braçat de llenya. Anava a fer un sacrifici al Senyor. Ella li va dir:

—No t'emportes cap xai.

—Voluntat de Déu.

El seu home feia cara trista, Sara va endevinar que Déu li'n demanava alguna de grossa. Els tremolors li duraren tot el dia. No va fer res de bo fins que va veure tornar pare i fill. Abraham estava alleujat, a Isaac encara li durava la por.

Cap dels dos no li va dir res. Ho va saber a poc a poc. Déu havia demanat al pare que sacrifiqués el fill. Quan ja tot era a punt, va sortir un xai. Uf. Vés a entendre Déu.

Però Sara va saber que Déu sobre tot, com ho sabia de sempre el seu home.

Sara és una ombra callada rera l'home de la fe d'Abraham. Com totes les dones de la Bíblia és un esborrall de marededéu. Té un fill a la impensada, se li enduen cap al sacrifici i aprèn que Déu sobre tot.

Déu va perdonar el fill de Sara.

No va perdonar el seu. També Fill de Maria.

El pa dels peluts

Rebeca era una noia galana.

S'ho sabia i passava tibada quan anava cap al pou amb la tenalla. S'hi va trobar un home, el criat d'algú. La cosa va acabar amb bodes de Rebeca i Isaac.

Bessonada.

Jacob fou un penques, protegit per la mama i fent la guitza al carbassot pelut del seu germà. Perquè Esaú era un carbassot. Amb caparrades com aquella de donar els drets d'hereu per un plat de llenties. Però. Però Esaú només era carbassot, l'altre era un gata maula.

Els drets d'hereu, rai. En va venir una de pitjor.

Isaac ja era cec. Rebeca va sentir el vell dient a Esaú que anés a caçar i que de tornada li donaria la benedicció. La dona sabia prou què volia dir allò de la benedicció; el fill que fos beneït continuaria la nissaga de l'aliança amb Déu.

Rebeca va parar parany. Mentre el carbassot corria darrera la caça, el nen de la mama, disfressat, rebia la benedicció amb les belles paraules del pare que sentia la sentor dels vestits del seu fill.

Quan el pelut va arribar, es va trobar pelat. Els seus crits feien llàstima. Havia perdut els drets d'hereu, havia rebut una benedicció d'escurrialles. I pitjor, se sentia venut, traït i sense amor de mare.

No em vingueu dient que Rebeca és un tipus de la Mare de Déu.

És just a l'inrevés.

Rebeca tenia flaca pel bufonet.

Santa Maria la té pels capsigranys.

Allà dalt dels cels

—Isaac, el cec, ha sabut donar una benedicció d'escurrialles al pelut.

—Pare, Vós teniu més d'una benedicció, i totes fan hereus.

—Capgirant-la, Rebeca promet una mare per a peluts i pelats.

Maria, la mosaica

Raquel i Lia donaren dotze fills a Jacob.

La patriarcada.

Jacob tenia aviciat un dels fills.

Els altres, sentits, vengueren Josep per esclau. I sort, perquè amb una mica menys se'n fa la pell. El bon minyó va arribar a mànega de tot Egipte, gràcies als somnis i malgrat la dona del Putifar.

Als set anys de vaques flaques, la patriarcada va raure a Egipte. Com que ja tenia algun traç de bon cristià sense saber-s'ho, Josep no sols els va perdonar, els va fer bon lloc a les vores del Nil.

Mentre els faraons anaven a la faraònica amb tota mena de déus, els fills de Jacob recordaven l'aliança del Senyor. Anaven a la seva. Quan va canviar la truita, el faraó nou els va fer esclaus.

Mentre els homes pastaven fang i palla per als totxos, les dones d'Israel donaven fills i fills i fills. Tants que el faraó s'hi va esverar. Manà que degollessin tots els nadons d'aquell poble que no se li doblegava.

La filla del faraó tenia el cos tan afinat com una pintura a les tombes de reines. Passejava per les vores del riu quan va veure aquell nadó a la cistella. Sa mare el salvava com podia.

Sense la mare i la princesa no hi hauria hagut pasqua.

Arribada l'hora, Moisès va treure el poble de l'esclavatge. Els egipcis veien morir els hereus, les fellahes ploraven els soldats engolits per les aigües del Mar Roig.

«Escolteu, cels», cantava Moisès lloant Déu.

Fins avui i durant segles i segles, fins avui i enllà, Israel ha fet, fa i farà la festa de pasqua, recordant el pas de l'àngel escalivant hereus egipcis i el pas del Mar Roig, amb Moisès capdill de la Llei a les secades del desert, amb Aaron sacerdot de sacrificis i vara sobirana.

Qui no coneix aquest parell de germans.

Però, a veure qui parla de sa germana. Es deia Maria. La qual, no sols pel nom, és la dona d'aquella antigor més afigurada a la Mare de Déu. No fou quefa ni diputada de llei, ni sacerdotessa, ni diaconissa, talment Maria de Natzaret no va ser papa, ni apòstol, ni diaconissa, ni predicadora de la bona nova, ni membre de cap consell pastoral.

Maria, la mosaica, és el silenci gràvid d'Israel.

Maria, la natzaretana, és la callada de llavors de l'Evangeli.

Les filles de malnom

L'evangeli de sant Mateu s'engega amb una rastellera de noms. De pic o de palada, són la nissaga de Jesús. L'anella és feta d'homes, només de trascantó hi surten cinc noms de dona. Quatre d'elles ben filles de malnom.

Per començar, la història de Tamar és un bon xafer.

Tamar era casada amb Er, fill de Judà, un dels dotze caps de tribu d'Israel. Er es va morir. Judà va casar la vídua amb un altre fill, Onan, que feia trampa perquè el minyó que li nasqués no seria fill legal d'ell, ho fóra del germà difunt. Ai, Senyor, aquestes lleis de les tribus patriarcals ramaderes. Déu va castigar Onan. Tamar tornava a ser vídua.

Judà va ventar-la lluny, aquella jove duia malestruga.

Però Tamar se'n sabia moltes. Va engalipar el sogre disfressada de bagassa, i li va donar dos fills; un d'ells, Fares, és a la corrua de sant Mateu.

A Rahab no li calia pas disfressar-se de bagassa.

Vivia de l'ofici a Jericó quan els hebreus s'hi apropaven a guerra des de l'altra banda del Jordà; enduta pel bon cor, va amagar dos espies que tafanejaven dintre dels murs de la ciutat. Els havia enviat Josuè, el quefe dels jueus. Aterrats els murs de Jericó a trompetades, els israelites hi entraren a matadegolla. En salvaren Rahab.

Que fou àvia de Booz.

Rut, també a la llista de sant Mateu, no les va fer tan coronades, però Déu n'hi do.

Era del país de Moab, on el Senyor havia visitat el seu poble per donar-li pa. La noia no en sabia res, però es va casar amb el fill d'uns nouvinguts de Betlem. L'altre fill també va triar moabita.

Moriren el sogre, el marit, el cunyat. Les dues nores van restar amb la sogra. L'altra se'n va anar a les seves, Rut va restar a la vora de Noemí, ambdues anaren cap al casal de Betlem, la terra de pa. Els parents de la vella no les reberen pas malament, però la jove havia d'espigolar.

Espigolava al cap de Booz, el parent ric. Se

li féu agradosa; guiada per Noemí, va colgar-se als seus peus mentre l'home dormia. Després d'una sessió d'aquelles amb ancians i tota la solemne, Booz va prendre Rut per muller.

Booz engendrà Obed de Rut, Obed engendrà Isaí, Isaí engendrà David rei.

Rut fou besàvia de rei.

Quan Israel ja tenia reis i gallejava fort, surt Betsabé.

Que no fou pas santa d'altar.

Era casada amb Urias; tenia l'home a la guerra quan, veient-la al bany, David se'n va enarissar. La va deixar prenys. Per tapadora, el rei féu venir Urias, però el bon home no va acostar-se a la muller, no es veia amb dret de fer-hi res, mentre els seus companys es jugaven la vida a la guerra. Fallant-li la jugada, David, que no era pas un angelet, va manar que posessin el pobre home al lloc de més perill, Urias se'n va fer l'estella.

Ai, Déu meu, Betsabé fou mare de Salomó. Nogensmenys.

Quatre dones de malnom a la llista de sant Mateu.

No faci estrany. Mestre Mateu era publicà, recaptador de contribucions a compte dels romans que escurava les butxaques dels seus. Entre els jueus duia tan malnom com una bagassa. Amb les quatre dones a la rastellera, l'evangelista ret agraïment a un bon Déu fet home que tenia flaca per les bagasses i els publicans.

Quatre dones a la llista del publicà.

La cinquena és Maria de Natzaret. El publicà tenia un toc de poeta i músic. Les quatre dones de malnom fan contrapunt a la Verge i Mare innocent.

La dona forta i la feble

Després de Salomó, van anar mal dades. Judà es va separar de les altres tribus, vingueren els dos regnes que malvivien, sovint apallissats pels veïns i pels imperis llunyans, no tan sovint victoriosos. Hi hagué reis de tot, tant entre els uns com entre els altres, hi hagué més d'una reina que més val no recordar perquè, com sol passar a les històries, només ens parlen de les que no sirgaven bé.

Entre guerra i pallissa, hi ha les dues dones.

La primera, fou a temps de guerra.

Quan el poble de Déu somniava els dies de David i de Salomó, Nabucodonosor va dir que seria amo de tot el món. Els israelites de Betúlia es trobaren les armades del rei d'orient davant de muralles; les manava un gamarús, Holofernes. Diu que feia córrer dones.

Judit era vídua i rica. Es va guarnir de festa, va anar al camp enemic, es va deixar fer la gara gara pel gamarús, el va emborratxar, li va tallar el coll i va tornar a casa amb el cap d'Holofernes al cistell.

El poble la va lloar:

Tu ets la glòria de Jerusalem,
tu ets la joia d'Israel,
tu ets l'honor del nostre poble.

Judit és una dona forta, massa i tot. Fa feresa imaginar-se-la arribant al poble amb el cap tallat degotant sang pels vímets del cistell. Però la vella litúrgia no tenia por d'aquestes, i la salutació del poble a Judit va esdevenir cant de la cristiandat a la Mare de Déu.

Una altra. El poble penjava les arpes de l'exili als salzes de Babilònia.

Assuer el tenia endogalat; el seu primer manefla, Aman, acabava de collar-lo. Però els jueus no volien altre déu que el Senyor, i Mardoqueu no s'alçava a saludar el gran manefla quan passava.

Aman va decidir una estossinada de jueus.

Però Mardoqueu li va parar trampa.

Va aconseguir que la neboda Ester fos admesa entre les dones del rei. Aquest havia tingut les seves amb la reina vella, la va treure de reina i va triar-se Ester. Ja veieu com les tenien primparades les reines de llavors. Per un tres i no res, fora; Ester no podia anar a veure el rei sense que li fos manat.

El poble de Déu va començar els dejunis.

Ester es va agosarar, va entrar davant del rei. I es va desmaiar. Potser no es va desmaiar, perquè a les bíblies dels qui en saben més posen el desmai amb lletra menuda. Vés a saber. El fet és que Ester va fer valer la seva feblesa.

No pas tan feble quan va girar-se la truita.

El rei va perdonar el poble jueu, va fer penjar Aman a la forca que aquest havia preparat per al Mardoqueu i va enllestir-les amb una degollina general dels seus enemics.

Ester no va moure un dit per salvar ningú de la degollada.

Temp era temps.

I els nostres. En els nostres que Déu ens perdó.

Les dones bíbliques

El Vell Testament sovint no hi plany res. Els homes són com són, fins en carrega els geps i les malaurances; ho fa perquè entenguem que Déu és amb els seus a totes. Fidel a la paraula donada allà temps a Abraham.

Les dones tampoc no hi planyen res, n'he recordat algunes que, mollons d'un camí cap al Fill d'una Mare de Déu, en són promesa.

Més ho són les que la Bíblia no esmenta.

La munió inacabable i fidel de les dones que, callant a ròssec del marit o dels fills, pastaven el pa de cada dia, anaven a la font, feien la bugada, posaven el tupí al foc. I donaven fills a la nissaga d'Abraham.

Totes, sabudes o no sabudes, són Advent.

Allà dalt dels cels

—Apa, Fill meu, que tindràs una bella nissaga de filles de la terra.

—Filles del pecat, Pare, mares malgrat tot.

—Malgrat tot, verges.

Advent a tocar

El pa d'advent

El poble de Déu ja no podia més.

Aquell Herodes el Gran era un porc voltat de porcs; volia fer-se passar per jueu i rebastia el temple, però duia nom pagà i les seves fetes eren de garrí.

Els romans anaven d'amos. Deixaven fer Herodes i no es ficaven al temple. Però els soldats passaven drets, amallonaven qui no pagués els tributs i malament les passava qui fes fressa.

El poble de Déu covava revolta.

Els saduceus deien que calma, seny i pau, mentre sisaven diners romans; els fariseus, rosegant els psalms més secaners i més plens de malediccions, esperaven el Messies; algun cap calent, sense esperar Messies, se n'anava a la muntanya, de «guerrilla» com els Macabeus.

La pobra gent de cada dia feia la manyaga perquè no tenia més remei.

Els carrers semblaven més ombrívols, les cases més fosques, les places més tristes. Mentrestant, alguna dona deslliurava un altre fill del Senyor, alguna altra el plorava mort, i totes havien de pastar el pa agre.

Aquest pa agre era pa d'advent.

«O, FELIX CULPA»

—Ha arribat l'hora, Fill.

—Faci's la vostra voluntat, Pare.

—Doneu-los el Pa de cada dia, Santa Maria.

—Torna'ls el parenostre, Fill.

—I amb sobrepuig d'avemaries, Pare.

—«O, felix culpa», que ha merescut Verge Mare de Déu.

DÉU FOLL

Més val que ho enllesteixi d'un cop, per no embardissar-me més a les «quaestiones» de la teologia, que, l'ase em fum, et deixen guaitant guerxo. I més amb els embolics que es fan avui.

Hi hagué, però, un fraret que veia Déu des del càntic de germà sol. Era franciscà, es deia Duns Scott, i va trobar la dita més bella que mai no hagin penjat al bon Déu.

«Potuit, decuit, ergo fecit.»

Podia, hi esqueia, i, per tant, va fer-ho.

El frare escocès sabia que Déu és un poeta que crea veritat i bondat des de la bellesa. I no a l'inrevés. Enllà de la matemàtica, de la lògica i de l'ètica ha fet un món escaient, és un geni foll. Ep. No és un geni de claveguera com el Quevedo, el Picasso i algun altre que no dic per no esverar el galliner cultural; és un geni d'espais angèlics, en els quals el Giotto, mossèn Cinto o el Rouhault són creadors divins.

Us ho diré peti qui peti. Déu és tan net de cor, tan amorós d'entranyes, que no creu en Freud.

I vet ací que Déu va fer-se home. Era foll.

I vet ací que va triar-se mare. Amb la lògica dels folls la féu néixer innocent, immaculada, feta un pegadet de paradís terrenal, d'innocència sencera, quan al món només en teníem rastres.

I vet ací que no en va tenir prou. Amb la tendresa que escau a un fill, va fer sa Mare verge de cos i mare de ventre. Abocant-s'hi tot, li va sortir la criatura més poètica que podia somniar la seva infinitud.

Es deia Maria.

És el càntic dels càntics de Déu.

NATZARET

Judea és aspror segarreta. Carrasques, garrics, rostolls de secà, sembradures de males anyades i poca vianda. Santes oliveres, figueres sense maleir, clotades i racons de viles xiques amb el toc místic del xiprer. Sense veure-la, saps que aquella esquena d'ase no esguarda la mar de ponent, viu abocada al desert, el món dels profetes.

Galilea és com el nostre rerapaís, més acorominat. Allà lluny, a tramuntana, endevina els cimals d'on en baixa el Jordà; la guaita de ponent, cap a mar, és tancada per pujols recordant batalles bíbliques; cap a migdia, la plana ufanosa d'Esdreló s'estintola al Carmel. A pendissos lleus, tota la Galilea es dóna al llac d'aigües braves i eixides de sol com un advent. Des d'aquells pendissos ni et recordes del desert.

Judea era jueva, ben jueva, amb l'urc de la Bíblia, el Temple i la Llei. Parlava a psalms. Galilea era país de termenals amb gent pagana i, al dir dels jueus de Judea, parlaven estrafet. Prou se li conegué a Pere la nit del gall.

Natzaret s'arrepenjava a una de tantes coromines.

Les cases s'engarristaven entre el ròssec i el bals, moltes feien coves endins de terra. Estalonant-se a graonades, el terrat d'una casa de jus feia d'eixida a la casa de sus. Part de fora, les escales de mala estesa graonaven carrers.

Santes oliveres clapaven els feixars, alguna figuera es cargolava gronxada al marge. Potser, ací i allà, alguna plaça s'aturava al ritme del xiprer. A les placetes, les dones arraulides molien el blat, bressaven el nadó, donaven el pit al marrec ja grandassot, bufaven el foc a brases per fer bullir el tupí. I xafardejaven. Els homes eren de vi, vinya menuda, pegadet de terra i ofici sapastre. A l'hora baixa es trobaven als terrats. I xafardejaven.

L'Orient és un món de cases amb llindes sense portes o, almenys, amb portes sense clau. Quan una dona deslliurava, hi corrien totes les veïnes; a dol o festa elles escombraven juntes el carrer; si calia, l'home donava un cop de mà al parent que s'ho necessitava; al tràngol de la mort feien una sola ploralla.

Tanmateix, Natzaret tenia mala anomenada. Els qui hi entenen diuen que «natzarè» era un malnom arreu. I mestre Bartomeu, que era de Canà i havia d'arribar a apòstol, no fou gaire profeta quan va preguntar si de Natzaret en podia sortir res de bo.

Vés a saber d'on venia la mala anomenada. Potser perquè era poble de picabaralles entre els de dalt i els de baix. Potser perquè eren esquerps amb els del voltant, potser perquè no complien la llei amb els afegitons d'ets i uts.

Vés a saber.

Però els de cal Fusteret i els de cal Bonamaria eren bona xeixa.

A cal Fusteret en van arribar de noves.

La Fustereta trafiquejava més callada que no solia. No n'estava certa, potser sí. Quan ho sabé segur, amb el goig vantós de les dones orientals, va dir a les comares:

—Espero.

Fou minyó. El veïnat va donar l'enhorabona, no s'acabaria pas la mena de cal Fusteret. Als vuit dies van circumcidar el nadó, es diria Josep.

La Bonamaria va estar a les mateixes:

—Espero.

L'Anna no s'ho sabria pas explicar, sentia que aquella criatura no era ben bé com les altres. Li espernegava pau.

Fou noia.

El veïnat volgué aconsolar l'Anna i el Quim perquè no era noi.

Sense fer-ne cabal, l'Anna es guaitava aquella coseta que es movia balba. No s'ho podia explicar, la marrequeta no era ben bé com totes.

Es va dir Maria.

L'Anna deia que era la coseta més polideta del món.

Els pares orientals són un devessall de festes al seu nadó. El besen i besen, el prenen a braços, el passegen, el bressen, l'ensenyen als veïns. L'home no s'està de cap manyagueria, la mare dóna el pit amb una senzillesa cerimoniosa, litúrgica, tendra, que recorda les nostres marededéus del montgrony.

En aquelles cases sense pany i clau, el nadó es fa envoltat de canalla. Les nenes jugaven amb la marreca com si fos una nina.

El Josep Fusteret, que havia sortit garrell, es trobà mirant-se la marreca. Li va allargar la mà, la nena li'n va agafar un dit.

—Au, Fusteret, pren-la.

A més de garrell, el Fusteret era sapastre.

—No tinguis por, no et caurà.

El Josep se la va trobar als braços. No pesava gens, li va semblar que somreia.

La marreca era un Gènesi a la menuda.

A poc a poc, aquella ànima enfonsava arrels a la carn, trencava la crosta pell enfora. A dins seu, la terra es destriava del cel, la terra s'anava dibuixant d'arbres, el cel s'aclaria de sol o s'enfosquia de nit i núvols. L'ànima aprenia a mirar.

A poc a poc. De primer clucs i entelats, va obrir els ulls; de primer maldestres, les mans arreplegaven qualsevol cosa que trobessin a la vora. Va començar a aixecar el cap, a alçar-se a quatre grapes quan la posaven bocaterrosa. Ja coneixia el pare i la mare. Va fer els primers passos, els quequeigs es feren primers mots.

Déu meu, el beneït desvetllament d'un infant al món.

Déu i àngels de Déu, el desvetllament únic d'aquella criatura.

Quan tot just començava a caminar, les nenes veïnes se l'enduien escales amunt i escales avall, l'asseien a terra del terrat assolellat. Quan ja se l'agambava sola, voltava d'una casa a l'altra, escales amunt i avall, carrers amunt i avall rera la quitxalla. A l'Orient, la mainada corre pels pobles com l'aviram.

Es va fer una nina de parracs, no va tenir d'altra joguina.

Era quieta.

Quieta i polida, no es feia l'esquerpa, però la hi tenien.

No era esquerpa, duia la solitud, sovint adolorida, de la innocència.

Va esborronar-se amb la primera sang que va veure vessar, va esgarrifar-se de trobar un anyell esparracat pel llop, va corgelar-se a la font, on dues dones s'agarbonaven a estiracabells.

Tot li feia mal. Tot li feia bé.

Una mica menys innocent, Maria, tot just marreca, ja s'hauria dit, com aquell sòmines que, com més homes tractava més s'estimava el gos. Innocent del tot, qualsevol criatura li feia tendresa. Li'n feia l'anyell trossejat, més li'n feia el llop perquè matava, molt més li'n feia la veïna que, amb un gènit del fotim, s'amansia donant el pit al darrer mocós de la seva llocada.

Des que tingué senderi, ja va viure en el desconhort de Getsemaní, amb la pau estranya que li venia d'una pasqua encara no sabuda.

Es mirava els homes amb el somriure de l'àngel del paradís.

Sabia que tot home duu, colgat o dit, un retorn al paradís.

La verge

Ella endins, era el desert dels profetes i de l'esperança.

Ho sabia sense voler-s'ho explicar, mai no va burxar-se d'angúnies ni de preguntes sense resposta. Aturada a l'eternitat, veia sense que li calgués mirar, sabia per transparències.

Duia neguits de verge, i buidors d'entranyes.

No es preguntava res, ni demanava res a Déu quan es gitava en pau amb la pregària de les filles d'Israel.

No va baixar cap àngel a explicar-li res.

Sense mots, però, li va arribar aquell matí.

Es va despertar, del seu cos en sortia sang. Ja era dona. Aquell bon dia, mentre es llevava, es vestia, es pentinava i s'endreçava, Maria va sentir-se el cos.

No calia pas que vingués cap àngel a fer-li'n esment.

Aquell cos, com tota ella, pertanyia a Déu.

Era un temple, amb un sant dels sants tan misteriós com el de Jerusalem. Ni somniava ser verge tota la vida, ni somniava corrua de fills.

Per transparències, vivia, sense dir-les, de les paraules d'un dia d'àngel:

—Vet ací l'esclava del Senyor.

I que Déu fes en ella el seu fet, fos quin fos.

No deurien passar molts d'anys quan Maria ja era una verge amb el gresolet de bodes. Déu sobre tot.

I Déu va fer el seu fet a cal Fusteret.

El fusteret

El Josep havia estat un marrec garrell.

Ja granat, era sapastre. Semblava un cadell d'orelles com ventalls, morro humit, potes esmanyocades, peus de barra de pa. Me'l veig així, què voleu que hi faci. Era treballador, poc garlaire, fugia de les xafarderies i dels embolics. Es guaitava les noies de lluny.

Un dia va sentir que els seus vells parlaven d'ell.

—Aquest noi s'ha de casar.

Josep tenia tirada per la noia de cal Bonamaria, però li feia respecte. Tot i això, va dirse que, si fos cas de tractes amb ella, no li vindria a desgrat. No va rumiar-s'hi gaire, ho va deixar córrer. Déu sobre tot. Va agafar l'aixol.

Mentrestant, els vells Bonamaria també s'ho deien.

—Aquesta mosseta s'ha de casar.

Gairebé totes les noies dels anys de Maria ja corrien amb un nadó, però els dos vells sabien pla bé que amb la seva noia calia filar molt prim. Els de cal Fusteret també volien filar prim amb el noi. En parlaren tots quatre. I fet.

Com era ús i costum, els vells no demanaren pas el parer al noi i la noia. Ho decidiren pel dret. Per a aquells pobletans de la soca de David, poble d'Israel i espera del Messies, casar noi i noia no era gota una cantada del Càntic dels Càntics. Era un capítol més del Gènesi, una anella més del llibre dels Nombres.

El vell Fusteret va dir al noi:

—Minyó, et casaràs amb la Maria.

I el noi, a callar i obeir. Ho diu el quart manament.

El vell Bonamaria va dir a la noia:

—Minyona, et casaràs amb el Josep.

I la noia, a callar i obeir. Ho diu el quart manament.

Amb tot, i sense saber-se dir res, com solia passar-li, Maria era al Càntic dels Càntics.

No sabia com.

Déu faria el seu fet.

Capítols matrimonials

En aquell temps, les esposalles no eren com el nostre prometatge.

Els dos jovençans esposats continuaven cadascú a casa seva, però es tenien els drets i els deures dels casats. El noi tenia dret a la noia, essent mal vist que en fes ús. La noia ho tenia pit-

jor, si anava amb un altre home, feia adulteri, segons la llei de Moisès havia de morir apedregada.

Cadascú a casa dels pares, Josep i Maria eren casats ben casats.

Legalment, amb tota la llei al damunt.

A les fosques

Després de les esposalles, Maria era a les fosques.

Ni perduda ni neguitosa, esperava amb l'esperança de no sabia pas què.

Hauria pogut viure tota la vida a les foscors sense res més. Però ara tot se li canviava; estava esposada amb Josep, hi acabaria casada i sabia prou què era casar-se.

No podia endevinar què hi havia camí enllà.

—Déu hi faci més que nosaltres.

El Josep callava.

—Vés a saber Josep, què ens espera.

Tenia l'instant aturat al buit, no podia fer més que pastar el pa.

—I que Déu hi faci més que nosaltres.

El Josep callava sense fer-s'hi embolics, s'agafava a l'aixol.

—I que Déu hi faci més que nosaltres.

I Déu va començar a moure àngels.

Endevina què li escau

Santa Maria, verge i mare.

Malament rai qui s'ho rumiï.

Rumiant-s'ho n'han dit de totes i fins algú ha gosat dir què s'hauria triat d'ambdós dons, posada lliure a la tria.

No m'hi embardissaré pas.

Som a la més bella de les endevinalles de Déu. Endevina què li escau.

Verge i mare

«To be or not to be.» Virginitat o maternitat, au tria Maria.

No em puc imaginar la noia de Natzaret triant-ne una i deixant-se l'altra. Estic temptat de creure que ho va triar tot.

Diria que ho va triar tot si no cregués que Maria era la primera cristiana. El cristià no tria, deixa que triï Déu.

—Senyor, no trio, Vós mateix.

I, quan algú se li posa així a les nues, Déu ho dóna tot.

Més ara, que s'esqueia una verge mare.

Per a dir-ho de puntetes, Maria és el sagrament de la dona. A peus plans, és el senyal de tota dona.

Paradoxalment, la virginitat és maternitat, la maternitat és virginitat.

Estossegui qui estossegui. No hi ha cap dona al món, sigui de la reina que sigui, que no dugui rastres d'aquests dos tirats de la dona.

Torno a santa Maria.

—Vós mateix, Senyor.

Romans, rei i prohomenia

Regnava Herodes el Gran.

Encara no sé perquè li'n deien, de gran. Era panxut, amb tres sotabarbes, pagava les obres del temple però no acabava de ser jueu. Anava de tronc amb la prohomenia sacerdotal que remenava les cireres. Amb permís dels romans, que eren els amos.

El panxut en feia de crespes. No li venia d'un cap tallat i tenia uns embolics de família que mai ningú no ha sigut capaç d'aclarir. Els germans es casaven amb les germanes, es prenien les dones, corrien amb les nebodes, i gairebé cap fill de la trepa no estava segur de qui era son pare.

Herodes, a bon engreix, no feia cabal dels doctors de la llei, que li maleïen la vida, el nom grec i la pau romana. Els doctors de la llei esperaven el Messies alliberador, mentre s'entestaven a escatir si un bon jueu es podia menjar un ou post en dissabte. La doctoralia farisaica no se sabia avenir que les gallines no fossin sabàtiques.

Terra santa era un vesper. Herodes, herodians, saduceus, fariseus. I romans.

Els prohoms de peu rodó s'hi amoïnaven. Però els pobrets de peu forcat no hi plegaven gran cosa. Anaven a la sinagoga, miraven de complir la llei fins allà on en podien entendre els vitricolls i esperaven el Messies com només el poden esperar els pobres.

Entre l'esperança messiànica i el record dels macabeus que moriren lluitant, la terra promesa bullia somorta.

Natzaret també esperava el profeta, sense amoïnar-s'hi gaire, amb la paciència, gairebé infinita, de la gent de mena baixa. Feina tenien a pagar el publicà que els munyia la bossa, i més feina per dur pa a la post.

Els renous de la política, els legalismes legals i les picabaralles entre prohoms i fariseus només els hi arribaven a esquitxos. Els homes, asseguts als terrats parlaven més de collites i secades que de les bestieses del rei Herodes. Les dones, a la font s'esveraven més amb una veïna pocavergonya que no pas amb les històries brutes del rei.

Algun cop, el borratxo de mal vi s'esverava.

—Que vingui el Messies i els foti tots fora.

A cal Fusteret i a cal Bonamaria hi havia pau.

Magníficat

DÉU VOS SALVE, MARIA

El merlot que cantava a la bardissa no la va pas despertar, ja era llevada.

Maria va obrir la porta de casa, semblava un matí com tots, amb la primera llum que eixia humida com si nasqués del llac. La figuera era als primers llucs, el poble es desvetllava.

Sense ni voler-s'ho explicar, sense mena de tristesa, se sentia una buidor a les entranyes de l'ànima que li dolia al cos. La primavera li formiguejava a dintre, talment deu sentir-se l'arbre amb la saba del bon temps. Sense neguits, era una buidor plena de vida.

Va obrir els finestrons, va donar un cop d'escombra, va encendre una mica de foc. Els seus pares s'estaven llevant quan prenia la tenalla cap a la font.

Va trobar-se amb d'altres dones que, de bon matí, no tenien pas la xerrera de l'hora baixa. Bon dia, bon dia, i poc més.

Ja era a punta de sol, el sol també duia humitats del llac.

Tornant de la font va trobar, com sempre, el Josep a la feina.

—Déu te guard, Maria.

Els mots del minyó li semblaven nous.

—Déu te guard, Josep.

Els seus també li semblaven nous, com si mai no els hi hagués dit.

D'arribada a casa, son pare ja era al tros, sa mare anava a sortir. Sola, va aturar-se al llindar de la porta, el món era un crit silenciós de mare terra desvetllant-se; entrant a casa, les ombres aclarides feien racons de misteri. Com Eva, al primer dia del paradís, Maria se sentia misteriosa mare terra.

Era sola, el temps se li havia aturat.

Fora de temps, va acabar d'endreçar la casa, va tornar al cop d'escombra, va posar el calderó al foc. Potser s'estava asseguda esbajocant fesols quan va sentir que no estava sola.

Si és que havia entrat per la porta, havia entrat sense remors. El tenia allà a la vora, dret, i no era un home. Era un àngel, li somreia talment ho fan els àngels davant del Senyor. Era impalpable com un vel de boira, palpable com l'alenada de vent fregant la cara.

Va alçar una mà cap a ella.

Déu te guard,
plena de gràcia.

Ella es trobava commosa.

No temis, Maria.

Dit per ell, el seu nom de Maria era campanes de festa.

Has trobat gràcia davant de Déu,
vet ací que concebràs i infantaràs un Fill.
Li posaràs Jesús de nom.

Jesús, un nom tan corrent, dit per l'àngel

semblava, i més, el mot amb el qual Déu havia pastat Adam.

Ell serà gran,
anomenat Fill de l'Altíssim,
el Senyor li donarà el soli de David,
son pare,
regnarà a la casa d'Israel per sempre.
I el seu regnat no tindrà fi.

Maria se sentia com la terra frescal rebent la rosada.

Fóra mare del Messies.

I ves com serà això,
si no conec home.

No era un refús, ja de temps s'havia deixat en mans de Déu, sense triar. Ara només volia saber la tria del Senyor.

L'Esperit Sant vindrà damunt teu
i la força de l'Altíssim t'aixoplugarà a la seva ombra,
talment que el Nadó infantat serà Sant
durà nom de Fill de Déu.

L'àngel no havia deixat el somriure.

Amb la veu afinada i ja familiar, li va parlar de com Elisabet, la parenta eixorca, esperava un fill a les velleses, perquè a Déu res no li és impossible.

En mans del Senyor, que tot ho pot, Maria fóra verge i mare.

Només podia dir allò que va dir.

Vet ací l'esclava del Senyor,
que el teu verb es faci en mi.

No calia que digués més.

El Verb es va fer carn. I no va plantar pas la seva tenda en el desert dels pecadors, la va plantar en un pegadet de paradís que Déu mateix havia creat en l'ànima d'una noieta jueva. Junt a l'arbre de la vida, a tocar l'arbre de la ciència del bé i del mal, que brotaven en aquell paradís menut, el Verb fet carn va capgirar la dita del primer home. Maria se'l sentia ja a dintre, era un trosset de no res de carn, que deia calladament:

Pare, he vingut a fer la vostra voluntat.

El nou Adam deia que sí en nom de tots. La nova Eva ho reblava, tornant-hi.

Vet ací l'esclava del Senyor,
que el teu verb es faci en mi.

Se sentia amarada. El fill que començava a fer-se-li era el Fill de Déu, no tenia d'altre mot que el silenci, era paradís a punta de dia.

Va alçar el cap.

L'àngel ja no hi era.

La llei

Quan va marxar-li l'àngel, Maria era una condemnada a mort.

Esposada, havia esdevingut mare sense que Josep en sabés res.

Aquells israelites creien en els àngels i, tanmateix, n'haurien entès ben poc d'allò de l'Esperit Sant. Però mai no haurien cregut que la gravidesa de la noia vingués de Déu pel dret.

Abans que ella s'hagués acabat d'explicar, ja l'haurien enllestida a cops de pedra.

Era llei.

L'àngel li havia parlat, l'Esperit Sant la cobria amb la seva ombra.

Duia Déu a dintre i era condemnada a mort.

No n'havia de parlar amb els pares, els dos vells s'haurien posat a plànyer, no n'haurien entès res i haurien esverat el poble.

Tampoc no n'havia de parlar amb Josep. Quan era cosa de Déu, Maria no s'hi va ficar mai. Havia de callar a l'hora de la creu, a la resurrecció i fins i tot a la vinguda de l'Esperit Sant. Havia de callar el seu evangeli mentre els apòstols predicaven. Tota la vida hauria de deixar marges i camí a Déu, ara hi era per primer cop. Josep se les havia d'heure sol amb Déu, s'havia de guanyar solet els esperons de cavaller. Maria no sabia pas què faria Déu, sabia segur que Josep se'ls guanyaria. Aquell home creia en els àngels, vivia de l'Esperit Sant i era tan foll com ella.

Santa Maria és Santa Maria dels folls.

Foll sant Francesc que, davant de son pare i del bisbe, es va quedar nu dient que no tindria d'altre pare que Déu. I després va sortir als camins, mentre la gent el prenia per boig fins que va entendre'l. No era boig, era foll.

Però sant Francesc només s'hi jugava la vergonya. Maria s'hi estava jugant la vida, el dolor dels pares, els dubtes de Josep, la pau de casa, i la vida del Fill de Déu.

A la Bonamaria ni se li va acudir de pensarles així. Allò era de Déu, Déu ja s'espavilaria.

Ella no havia de fer res.

Era magníficat; una cançó sense mots li cantava a dintre, li rebentava l'ànima, li cremava a la boca; havia de dir-la a la vora d'algú que pogués fer-li tornaveu.

Aniria a les muntanyes de Judea a cercar-lo.

En les fetes entre Déu i els homes, no n'hi ha cap de tan poètica, tan folla i tan lliure com aquest camí del magníficat que començava la Mare de Déu. En ell hi ha tots els tirats de la fe i de l'esperança. La pobresa de la condemnada a mort, el camí trobat a cada pas. I la cançó que rebenta a dintre.

Maria no necessitava pensar res, els passos se li feien just a temps de les llums que endevinava.

Tornant de la font, es va parar prop del Josep.

—Josep, me n'aniré a ca la cosina de Judea.

Josep era d'aquells pocs homes que mai no demanen explicacions a la dona.

—Vés-hi, Maria. Estaran contents de veure't i els faràs servei.

La Verge no va trigar pas gaire a fer-se el farcell. Ja el tenia enllestit quan varen venir els seus pares.

—Pares, me'n vaig a ca la cosina Elisabet. Ja n'he parlat amb Josep.

Els pares no gosaren pas discutir; sabien que la seva noia, amb aquell posat de bona minyona, no tombava mai la girada. I tampoc no els feia estrany que anés a fer companyia a la cosina.

—Vés-hi, noia, els faràs servei.

El Joaquim sabia que els camins no eren pas massa segurs.

—Maria, potser que no hi anessis sola, espera una colla que hi vagi.

—Pare, hi aniré sola.

No ho podia explicar, havia d'anar sola.

—Bon quedar, pares.

—Bon camí, filla.

El Josep la va acompanyar un tros enllà. Aquell home feia tendresa, tan quiet, tan fidel, tan callat i tan sereny. Es va quedar dret al mig del camí, veient-la marxar, li va alçar la mà al veure-la ja lluny. Maria també li va alçar la mà.

Era allà, dret, al mig del camí. Sense neguits. No es va moure fins que ella se li va amagar en el primer revolt. Fent els primers passos sola, Maria encara se'l veia, allà dret.

—Pepet, no saps pas quina te n'ha feta Déu. T'hauràs de retratar.

No hi patia. Déu faria el seu fet amb el fusteret.

Josep tornava al poble, ella caminava enllà. Quan pujava la monteia de l'esquena d'ase que la duria a Judea, es va girar. Natzaret era al lluny, cap a tramuntana. El poble semblava endut per bolves d'àngel.

Santa Maria dels folls feia camí.

L'esperava una dona amb el ventre d'espera, com el seu. No li podria explicar res, la cosina n'endevinaria una mica i podrien cantar juntes, a crits, la joia de la mare del profeta i el goig de la Mare de Déu.

Quieta i delerosa, Maria feia camí.

Cada evangelista té els seus trets.

Sant Joan és aiguabarreig de pou i de vida eterna. Sant Marc és una llambregada als fets miraculosos del Fill de Déu. Sant Mateu és la profètica del Mestre assegut amb els deixebles als peus, com els deixebles dels rabins de Jerusalem.

Sant Lluc té traços molt seus.

La tendresa del pare pels dos fills, la compassió de Jesús bon samarità, el perdó dels pecadors i el goig del retorn amb la joia dels àngels, la joia cristiana, la pregària, la pobresa a peti qui peti.

I és l'evangeli del camí.

La bona nova tal com l'anunciava sant Pau, caminant d'ací cap allà.

Els àngels hi fan camins entre cel i terra. Un bon tros de la vida de Jesús profeta passa en la llarga caminada de Galilea a Jerusalem. Mentre les benaurances de sant Mateu són dites pel Senyor assegut a la muntanya, a sant Lluc hi camina. El ressuscitat es fa trobadís a dos que caminen cap a Emaús. Només després de la caminada del retorn, de Jerusalem a Galilea, els deixebles reveuen el Mestre ressuscitat.

I, senyal de tots els camins de fe, conta la més bella caminada de criatura humana.

Fent camí cap a ca la cosina, la Mare de Déu és la més clara i poètica paràbola de tots els evangelis.

Qualsevol cristià s'hi sent.

Guaitant enrera, tots som pobres, tots tenim l'enyorança de portes tancades que no se'ns tornaran a obrir. Endevinant endavant, tots tenim el neguit dels passos incerts en l'esperança. «Quedéme y olvidéme.» Tots necessitem agafar l'instant de Déu al clot de l'ànima per a fer-ne un instant d'eternitat.

Tots duem enyorança, esperança i hores quietes.

Tots som un esborrall de magníficat.

Santa Maria dels camins

Deixava Natzaret enrera.

Els carrers i carrerons, l'aviram, el veïnat, els Fusterets, els Bonamaria. I el Josep. Tot i la solitud de la seva innocència, Maria havia viscut acomboiada per aquell món menut. Sobretot per Josep. Cada vespre, mentre s'adormia amb la pregària de les filles d'Israel, els seus li feien de cobrellit. Ara n'eixia per caminar sola. L'escalfor a la pell que li donava pensar en els seus li llevava la fredor del camí.

Guaitant avant, el camí cap a ca la cosina.

Ben mirat, la cosina no la necessitava en el seu pas, tindria prou pau i en tindria prou amb les veïnes. Però el delit se l'enduia a cantar amb una dona que, com ella, fos a l'advent.

I després. Després, Déu hi faci més que nosaltres.

Tornaria a casa. Sense temença ni neguit, sabia que els Bonamaria, els Fusterets, el Josep, el veïnat, se sorprendrien de veure-li senyals en el cos. Tant li feien les xafarderies, li doldrien els dolors dels quatre vells. Més que res li doldria el Josep. El seu Josep s'hauria de trobar a la boira baixa dels fets, només amb la mica de claror de la confiança pelada en ella. Pobric. Res de pobric, Josep era tot un home; pensar en Josep li donava pau.

Maria no pensava gens en ella mateixa. La llei de Moisès la condemnava a mort. Déu ja s'espavilaria, no li hauria enviat un àngel per veure-la apedregada. Quan els cels es mouen, no ve d'un àngel ni d'un somni. Déu faria la seva.

Maria se sentia pobra.

Ja estava avesada a sentir-se sola. Ara se sentia nua. Però, així com Eva va trobar-se nua i espaordida, ella se sentia nua i meravellada.

Caminava pel món amb Déu a dintre. Se li havia fet Fill.

No hi deu haver cap tracte sense paraules com el de la mare que parla amb el fill que se li va fent al ventre. De tant en tant espernega, sempre és una presència silenciosa.

Maria se sentia el silenci del Fill.

S'oblidava, sense oblidar-se'n, de Natzaret, de la cosina, dels camins incerts. El Fill se li adormia al ventre, mentre ella s'adormia al ventre de Déu. «Quedéme y olvidéme.» Quieta i oblidada, vivia l'instant a cada pas de camí, un camí d'un sol pas fet un sol instant.

Vivia el temps de Déu home ficada a Déu etern.

Tota en un sol instant.

D'aquest instant en va brollar el magníficat.

La música

Santa Maria feia camí.

No el feia sola, duia Déu a dintre.

Era més oïda que esguard. El sol cantava a llums amb el baix continu de les ombres; cantaven la terra gràvida de llavors, l'aigua casta i humil amagada a alguna rasa del secà, el xiscle de l'oreneta i el xautet del pardal. Va fer un bon tros de camí acompanyada pel càntic de germà sol i de les altres criatures de Déu. Era gregorià.

Els passos se li van fer curts, es va aturar estintolada a un marge. Es mirava endins. Es passava les mans pel ventre encara sense senyals. Déu era una mica de no res dintre seu. Girant el Gènesi, Déu havia volgut que el nou Adam fos tret dels somnis de la nova Eva.

L'ànima llisa se li va fer mots. No els deia, els respirava. I eren els primers mots que havia sentit aquesta terra al primer dia dels homes.

—Déu, tu ets carn de la meva carn, os dels meus ossos.

Es passava les mans pel ventre. S'havia tornat tota lloança a la menudesa del Senyor; el Déu dels cels se li havia fet un no res de carn a dintre.

A l'entrada del poble, un captaire cec era assegut a terra amb les cames sarmentoses creuades. Quan va sentir que se li apropava algú, va alçar les mans, com el pobre de Déu a Isaïes.

Maria li va donar un mos de pa, no tenia res més. Va tocar aquells ulls amb el cap dels dits; els ulls no es van obrir. Ella mai no tornaria la vista a un cec. Seria feina del Fill: «Els cecs hi veuen, els muts parlen, els coixos caminen.» I tota carn havia de veure la salvació vinguda de Déu.

Un home va llençar dinerons als peus del pobre. El cec va besar-los; a mans del ric eren malaurança, a mans del pobre eren benaurança. Potser pagarien un got de vi per fer-se passar la fam amb mitja torradora.

Tota carn havia de veure la salvació. Però la gent cofada n'entendria ben poc, només ho entendrien els de mena baixa com el captaire. Com ella. De la mena que sigui, tots som captaires cecs mirats de grat per Déu. Com ella.

Va fer un petó al front del cec, va seguir el camí, va entrar al poble. Es va asseure en un graó, mirant-se la canalla jugant. Anaven esparracats, jugaven amb una lleugeresa que només coneixen les nenes d'una sola nina i els nens d'un sol flabiol.

Eren de mena baixa.

Déu havia fet amb Ella allò que no havia fet ni faria amb cap filla d'home. Verge i Mare de Déu, Aquell que no pot encabir l'univers, s'havia fet home reclòs en el seu ventre. Eixint d'ella, fóra anomenat conseller, admirable, Déu, fort, pare dels segles esdevenidors, príncep de pau.

El dia queia. El vell li va donar la salutació de qualsevol home d'orient assegut a la porta de casa.

—Déu te guard. Entra a casa.

Va entrar. La casa era tronada, les bigues feien guerxa, la fosca només s'aclaria per les guspires del foc que feia bullir el tupí. Soparen. S'adormiren amuntegats el vell, la vella, la dona, l'home, el germà de l'home, la quitxalla i ella.

La Verge sentia l'estossegar fadigós dels vells, l'adormida plana dels homes i la dona. El menut espernegava al bressol, el més gran es deixava anar braços oberts, el mitjà s'arraulia com si fos al ventre de la mare. Déu meu, la meravella d'una criatura adormida. Ella no trigaria a veure-hi el Fill.

Des dels cels i arran de terra, Déu guaita els homes dormint amb la mateixa tendresa que ella es mirava aquells infants. «Si una mare es pot oblidar del fill, Déu no es pot oblidar de cap home.» I més ara, que el seu Infant venia «reconcilians ima summis». Fent les paus entre jus i sus.

Es va desvetllar amb la primera llum del dia. La quitxalla es treia les lleganyes amb els dits ensalivats, els vells ronsejaven, la dona encenia el foc, els homes entraren llenya. Esmorzaren. La dona va donar pa i olives a la Maria.

La Mare de Déu es va acomiadar donant-los les gràcies. Va tornar al camí.

Al poble hi havia mercat. Vianda, ous, bestiar, enciams, figues, olives, panses, mel i mató, escampalls per terra. Uns de tibats, amb la llei escrita a vetes, discutien de lleis; la mainada corria entre gossos i aviram; uns de grassos discutien de quartos i de com trampejar-los; un captaire passava parant la mà; les dones regatejaven; els homes carregaven sacs; una senyora es feia acompanyar per la minyona; dues dones anaven a estiracabells.

Aquell era el poble de Déu, dur de biga. Fins aleshores, a tornes de festes i flagells, els cofois s'esponjaven, la gent de tro s'escarxofava als trons i els tips s'atipaven. Déu ho capgiraria, el seu braç era valent. Ho capgiraria. Els cofois serien esgavellats, els de tro saltarien trons avall, els tips anirien flacs. Ho capgiraria. Els de mena baixa anirien amunt i els famolencs passarien tips.

A l'antiga llei no hi havia cap tirada d'aquesta mena. Algun fins havia gosat cargolar-se-la tant al seu pler que els diners semblaven senyal de Déu. Vindria una llei nova, la benaurança dels pobres; Maria ho sabia, ho sabia i s'ho sentia cantar anys abans del sermó de la muntanya.

S'estava dreta en una arraconada. Tornava a tenir més oïda que esguard. Ja no sentia cantar el sol, sentia el plany dels homes, goig a no trigar. «Gaudeamus omnes in Domino, diem festum celebrantes.» Alegrem-nos tots en el Senyor fent dia de festa.

Maria va seguir el seu camí.

S'apropava a ca la cosina, passava més gent. De mena alta i de mena baixa, tots jueus de Judea; molt més ufanosos d'Israel que no pas ella al racó de Zabuló i Neftalí. Les muntanyes de Judà eren el castell de Déu.

La Verge es va sentir jueva.

Era un nom en el llibre dels Nombres; de la llarga tirada dels fills d'Abraham al llarg dels segles, assenyalada per la fidelitat de Déu. Cada nom del llibre de noms havia estat aixoplugat pel senyor i tots junts en feien un sol servent.

No s'havien acabat els dies d'Abraham. El seu poble, a hores d'ara, encara vivia l'èxode de Moisès, els jutges, les glòries dels reis, els anys de l'exili, el retorn. Encara ressonaven crits de profeta, i els caps més calents envejaven els Macabeus guerrers.

Aquell era el seu poble.

Continuarien els dies d'Abraham amb una nova aliança. De la soca del vell n'eixiria un poble nou. Ella, filla del vell, fóra Mare del poble nou.

—Per sempre.

Per sempre. Des de l'eternitat, Déu s'havia ficat en el temps. De rebot, el Fill nat en el temps retornaria els homes a l'eternitat.

—Per sempre.

Era la darrera nit abans d'arribar a ca la cosina. Maria es va adormir amb un sol mot, tan pla que ni tenia música.

—Per sempre.

Déu vos guard, Maria

Aquella nit Maria la va passar al ras. Havia arribat a les vistes de la font de Karim a l'hora foscant; el poble era a tocar, les parets de ponent passaven de rogenques pel darrer sol a grises per la primera ombra.

Es va arrecerar i arraulir al redós d'un marge de pedra seca; fa ver un mossec de pa. Volia passar aquella nit sola, sentint l'aspror i els primers brots de la primavera. Es va adormir feta un farcell.

Dos mots li feien cançó de l'enfadós.

Per sempre

A la primera llum ja era desperta.

La gent del poble començava a remoure's. Es va deixondir, es va endreçar els plecs del mantell, es va cofar amb l'embolcall d'un sol gest, el vel negre li envoltava la cara blanca.

A la font de Karim encara no hi havia cap dona.

Va entrar al poblet, algun carreró duia marques de la fosca, alguna paret era pinzellejada de dia. Els primers sons del dia ressonaven en el silenci de la nit. Aquella era, just, el moment de la seva ànima.

Va veure Elisabet al capdavall del carrer.

I fou l'encontre de dues dones com l'he vist a dues cristianes d'Egipte amb els ventres gràvids.

Elisabet sortia de casa, venia cap a Maria sense veure-la. La parenta caminava al pas d'ànega de les embarassades, les cames mig eixerrancades, el cos fent pèndola, els peus com si volguessin arrelar cada pas a terra.

Maria va allargar el pas, va acabar corrents. Elisabet la va veure, no podia córrer però podia cridar. Maria també cridava.

Les dues dones es van abraçar i besar, tornaren a abraçar-se i besar-se. Es van separar una mica per mirar-se cridant. Tornaren a abraçar-se i besar-se. Es van separar una mica donant-se les mans i deixant caure el cos enrera per mirar-se. Maria va abaixar les mans fins a tocar el ventre d'Elisabet, va alçar les mans enlaire. Cridant. Va tornar a tocar el ventre de la cosina.

L'infant al si d'Elisabet saltava de goig. La vella s'ho va sentir a dintre, la Verge s'ho va sentir al cap dels dits.

Tornaren a abraçar-se i besar-se. Elisabet va posar les mans al ventre de Maria encara sense senyals. Amb més que senyals. La cosina va alçar les mans enlaire, va tornar a posar-les al ventre de la Mare de Déu. Va fer un gran xiscle.

Beneïda tu entre les dones,
i beneït el fruit del teu ventre.

Tornaren a donar-se les mans, Elisabet cridava.

I, d'on m'ha de venir
que m'arribi la Mare del meu Senyor.

Tornaren a abraçar-se i besar-se, les dues dones feien un sol joc de plecs que es movien amb una mica de vent.

I doncs,
així que m'ha vingut a l'oïda
la veu del teu déuvosguard
el nen m'ha saltat de goig al ventre.

Tornaren a abraçar-se i besar-se, tornaren a tocar-se el ventre l'una a l'altra. Les veïnes havien corregut a fer-los ressò amb els seus crits. Déu meu. Els esgarrips de joia de les dones d'orient; els esgarrips dels pobres, desafinats de so i afinats de cor.

Sense deixar Maria, Elisabet es va girar cap a les veïnes.

Benaurada la que ha cregut
perquè se li complirà tot,
tot allò que li han dit
de part del Senyor.

Maria era una dona de llevant, l'ànima li esclatava a gestos i crits sense vergonya. Pels camins de la benaurada, el magníficat havia tingut la quieta estesa del gregorià; als carrers de la seva gent, duia els esclats de joia de la missa copta, les coloraines del sol.

La meva ànima és tota lloança
a la grandesa del Senyor,

Elisabet i les dones callaven, els homes se l'escoltaven de lluny. Maria cridava alçant i abaixant els braços, tocant-se el ventre, besant Elisabet.

Es va ajupir per abraçar dos mocosos.

El seu braç ha estat valent
ha tombat tron avall la gent de tro,
i ha alçat amunt els de mena baixa.

Zacaries sortia de casa. El mut va alçar els braços saludant la nouvinguda. Zacaries era Israel, el poble amb paraules perdudes a punt de trobar-ne de noves.

Ha donat xopluc a Israel.

Els crits s'apaivagaren a poc a poc. Elisabet, el mut, Maria i alguna veïna volenterosa entraren a casa. Les dones trastejaren. I vingueren dies plans. A estones, les cosines es trobaven arraulides, l'una al costat de l'altra. No es deien res. De tant en tant, la Mare de Déu respirava més que deia.

Per sempre.

Aquest cop, per sempre va durar uns mesos, fins al dia del deslliurament d'Elisabet. El nadó feia cara de lleó de Judà. Acabada la muda, el mut va cantar-les al sol ixent. La gent es preguntava qui seria aquell nen; aquell nen mamava com tots.

Calia tornar a casa, Maria va refer els camins.

Ja duia mitges primeres senyals al cos.

Que Déu hi faci més que nosaltres.

Magníficat

La meva ànima és tota lloança
a la grandesa del Senyor,
i el meu esperit esclata de joia
en Déu salvador meu,
perquè ha vist de grat
la mena baixa de la seva esclava.

I doncs, d'avui i a venir,
em diran benaurada totes les generacions,
perquè m'ha fet grans fetes
el Poderós,
el Sant de nom,
el de misericòrdia estesa,
generació rera generació,
als qui de bo el temen.

El seu braç ha estat valent,
ha esgavellat els de cor cofoi,
ha tombat tron avall la gent de tro

i ha alçat amunt els de mena baixa,
ha vessat de ple en els famolencs
i ha deixat de buit els benestants.

Ha donat xopluc a Israel,
el seu servent,
recordant-se de la misericòrdia
promesa als nostres pares,
a Abraham i el seu llinatge.

Per sempre.

Nota del traductor

He gosat aventurar-me a una traducció del magníficat.

Les que corren no em servien.

He afusellat la literal del Dr. Gomà al seu beneït llibre sobre el càntic de la Mare de Déu.

Però els mots no són d'ell.

No els podia treure dels biblistes, que, amb tant d'arameu i hebreu i grec, feina tenen amb el català. Els he manllevats de la Conxita i el Josep, ermitans de Queralt, que parlen el «pus bell catalanesc».

Com més trobava els mots de la Conxita i el Josep, més s'afinava el sentit literal. No faci estrany. Santa Maria parlava com ells dos, com ells dos era saó de la terra.

Déu te guard, Josep

Allà dalt dels cels i ací baix

—Fill, ja no ens la juguem amb una Verge innocent.

—Pare, des d'ací baix he après a fiar-me d'un fill del pecat.

—D'un fill de la fe d'Abraham.

—Fill, em fio de Josep, tan veta de pare.

—Tan veta de pare que no ho serà mai.

—Tan veta de foll que ho serà sempre.

El bon jueu

Mentre Maria era fora, Josep feia la seva feina.

Es llevava, treballava, feia un mos, treballava, feia un mos, s'asseia al terrat, passava per cal Bonamaria, se n'anava a dormir. Després de la pregària d'un bon jueu, s'adormia pla, somniant escales entre cels i terra com Jacob.

Feia més hores de feina, havia de parar casa. No pas cap cosa. N'hi hauria prou d'endreçar un racó de cal Fusteret.

Li va tornar la Maria. Hi havia pensat prou.

Ara se'l mirava; era molt més quieta i graciosa de com se la imaginava.

—Déu te guard i ben trobat, Josep.

—Déu te guard i ben tornada, Maria.

Se'l mirava amb una barreja de joia i llunyania. La noia se'n va anar, el Josep va tornar a la feina.

Al vespre, ell va tornar a cal Bonamaria. Res de nou, cap dels quatre no era garlaire. El Josep va dir bona nit. Cada vespre tornava a cal Bonamaria.

No va trigar a adonar-se'n. L'Anna se'l mirava malament, la noia feia l'esguard de sempre. El Fusteret no sabia què havia passat aquell matí a cal Bonamaria.

L'Anna s'havia encarat amb la seva noia.

—Noia, aquest mes no t'ha vingut el mes.

—No, mare, no m'ha vingut.

—Potser vols dir que no et tornarà a venir.

—No, mare, no em tornarà a venir.

I la Maria no s'havia explicat.

El Josep havia marxat aquell vespre sense saber què passava. L'altre vespre, l'Anna se'l tornava a mirar malament.

La Maria anava a la font. Les dones callaven quan la veien arribar. Al marxar, la veïna deia a riotes:

—No hauria dit mai que aquesta mossa fos capaç de fer pasqua abans de rams.

Venia a dir això. La Maria ja era a rams i pasqua, va continuar cap a casa sense que la tenalla li tremolés al cap.

Déu sobre tot.

Al vespre, el Josep va veure que el Quim Bonamaria també li feia mala cara.

L'endemà, passant pel carrer, va sentir com la veïna s'enriotava a la seva esquena.

—Mireu-vos-el, el mosca morta.

Els dos vells Bonamaria continuaven amb la mala cara.

No va trigar a saber-ho. Cap a la font, la Maria el va saludar com sempre.

—Déu te guard, Josep.

—Déu te guard, Maria.

El cos de la noia es dibuixava a traços negres sobre el fons de la paret blanca de l'altra galta de carrer. Aquella corba ho deia, la Maria esperava.

Josep no era pas un recargolat, va fer com qualsevol fuster bon fill de Judà. Es va agarbonar a la feina, va passar-se tot el dia agarbonat a la feina. El treball l'alleugeria.

Va anar a cal Bonamaria, com cada vespre. Es va mirar la noia, ella no li va baixar la mirada. No se la veia avergonyida, traspuava pau. Ell va dir bona nit aviat.

El Fusteret l'esperava a casa.

—Noi, què hem de fer.

Estava més entristit que enrabiat.

—Déu sobre tot, pare.

El vell va restar cap cot.

El Josep va sortir del poble, a les fosques.

Sant Josep

Josep es va asseure al peu d'una olivera.

L'arbre sant amb les ombres de Getsemaní.

A l'eixir Israel d'Egipte,
la casa de Judà d'un poble estrany.

Ara ell, fill d'Abraham, caminava pel desert. Només podria viure-hi de Déu, esperant el miracle del mannà i de l'aigua de Meribà; sense cap columna de fum que li marqués el camí.

Déu sobre tot. Hauria de trobar-se sol el camí.

Josep era home d'ofici, no pensava a llampecs; el cap li treballava a cops d'aixol.

La Maria esperava i ell no n'era el pare.

Israel havia rebut la llei de Moisès. De pares a fills, la llei li havia arribat neta. I ho deia clar.

L'esposa amb un fill fora de l'espòs havia de morir apedregada.

I pitjor. L'espòs tenia el deure, el deure, de denunciar la dona.

Ho deia la llei. La llei no deia res de la mirada innocent de la seva Maria.

Josep es va sentir seva la Maria com mai cap home s'ha sentit seva la dona. Seva i intocable, tan innocent que no hi abastava. No veia res clar, el corprenia una estranya pau.

Senyor Déu d'Israel, aquella mirada de la Maria.

Ho va saber segur.

No volia veure-la apedregada, no tenia dret a fer-la morir apedregada. Digués què digués la llei. No hi havia llei que tingués dret a apedregar aquella noia.

Beneït Pare nostre que sou en el cels.

Abans que la Mare de Déu, abans que Jesús anunciés la nova llei, Josep fou el primer que es va saltar la llei de Moisès en nom d'una llei més alta. Ell no sabia pas quina llei fos, l'endevinava en la seva noia.

Per en Josep, Maria era la llei.

Se sentia Déu a tocar.

Vivia l'instant d'eternitat.

Josep no era d'aquests marits que disfressen la seva malfiança de gelosia. Tampoc no era dels justos a la puritana, que perdonen la dona fent-li sentir el pes del perdó. I menys, no era un civilitzat, que ho arranja civilitzadament quan la dona se'n va a d'altres tresqueres.

Josep era tan civilitzat com ho pugui ser un oriental fill de Jacob. La seva noia era la seva dona; seva i de ningú més, tot i que no fos seu el fill que esperava.

Va tenir un moment de neguit. Pensar no li serviria de res.

Va tornar-li l'instant d'eternitat.

En sabia dues de segures.

Una. Maria esperava un fill que no era seu.

Una altra, i més certa. Maria era innocent.

Josep era un home. No tenia la virginitat que les dones mai no perden ni a marrades. Tenia la virginitat aspra i sapastre de l'home, guanyada dia a dia de les etzivades de la carn. Tot un home, podia endevinar la innocència de la seva dona.

Ho sabia segur. En aquella noia hi havia un misteri que no podia entendre. Era injust ferla apedregar, era just respectar-la.

L'instant d'eternitat i la Maria se li feren un sol moment.

La Maria era misteriosa com el sant dels sants a la cambra fosca del temple. Déu sobre tot. Va alçar els braços. No podia endevinar els camins de la seva noia, acabava de saber-se els seus.

A l'eixir Israel d'Egipte,
la casa de Judà d'un poble estrany.

Deixaria la Maria, deixaria els Bonamaria, els Fusterets, Natzaret i els veïns. Se n'aniria sol enllà. Anés on anés a raure, seria al desert. Allà temps, Abraham havia deixat la ufana dels rius per cercar la secanera del desert. Havia sacrificat el fill a Déu; ell, Josep, no tindria cap fill, no seria pare de cap poble. Viuria al desert sense veus de profeta, només fóra enyorança.

Déu sobre tot.

Enyoraria la dona, els pares, els racons de cal Bonamaria, els carrerons del poble. Viuria l'èxode i l'exili. Sense arpes per penjar als salzes, tindria les mans a l'aixol.

Que la Maria fes el seu camí.

Ell marxaria al desert.

Es va alçar.

Bon son, Josep

El poble era a les fosques.

Josep trobava d'esma els carrers que coneixia prou. No se sentia cap fressa. Fora de la fressa somorta d'algun esbufec d'ase, d'alguna remoguda de cabra, d'algú que es girava de costat estossegant. No se sentia cap fressa. Allà lluny, el plor d'un infant.

Ell, Josep, mai no tindria plors d'infant a la vora.

Se n'aniria a dormir, demà faria com cada dia, al vespre passaria per cal Bonamaria, de nit faria el farcell i marxaria terres enllà. Qualsevol lloc fóra bo.

Déu sobre tot.

Va entrar a casa sense fressa, va sentir els esbufecs ritmats i una mica fadigats dels vells que dormien prim. Sense fressa, va trobar el seu racó. S'hi va gitar, la pregària dels fills de Jacob li feia de coixí.

Es va adormir.

Com tots els homes de feina, Josep era bon dormidor. Potser fa estrany que s'adormís aquella nit, tot i que sant Mateu ho digui ben clar. Es va adormir i es va adormir de bon son, amb malson no hauria pas pogut escoltar-se l'àngel.

Péguy diu que la nit és la gràcia del son infantívol a mans de Déu. Santa Teresina, en sentir-se la glopada a la boca, es va adormir sense ni esbrinar si la glopada era de sang. L'home que Déu havia triat d'entre tots, havia de ser d'aquesta mena. Algú capaç d'adormir-se en mans de Déu, els neguits reposant en l'esperança.

Josep dormia de bon son.

L'àngel no el va pas despertar. Amb el fuster no calia el cerimonial de l'anunciació, podia anar-hi pel dret dels somnis.

Josep, fill de David,

Algun cop, els reis tenen la sort de tenir renéts fusters. A les paraules de l'àngel, l'ànima de Josep va dansar com dansava el rei davant de l'arca de l'aliança. El somni li era tan clar com la llum de dia.

Diguin què diguin, tots hem sigut infants de somnis. I no pas de dents corcades i de monstres. Tots hem somniat alguna cosa com ales d'àngel, alguna llum que no és pas d'aquesta terra. I a la nit de Reis, més que el balandret i la pilota, hem somniat caravanes de camells i tres ombres lleugeres que ens deixaven un bes al front.

El somni de Josep era el somni d'un infant a nit de Reis. L'àngel li deia:

Josep, fill de David,
no temis de prendre Maria,
la teva dona,

No tenia temor ni temença, se somniava pujant l'escala de Jacob de la mà de Maria. La seva dona. L'àngel li feia ben avinent allò que ja sabia de cor, Maria era la seva dona. La seva dona. Amb ella donant-li la mà, la quietud abaltida del somni se li feia quietud desvetllada dels àngels.

Parava l'orella més fina d'oïda, la dels somnis. Sentia ben clar cada mot de l'àngel.

perquè l'engendrat en ella
és de l'Esperit Sant.

El Fuster fill de David no havia sentit parlar mai de l'Esperit Sant, però era prou foll per creure en la Pentecosta abans de la Pentecosta.

Parirà un fill
i li posaràs de nom Jesús,
perquè Ell salvarà el poble dels seus
pecats.

L'Esperit Sant no havia fet un fill com qualsevol, havia fet el Fill de Déu, el Messies. Ell, Josep, havia de donar-li el nom, hauria de vetllar aquell Infant i aquella Mare.

L'àngel va fer una pausa.

A un fill d'Abraham i de David li esqueien mots de profeta.

Haura de ser així
perquè sigui un fet la dita del profeta:
«Vet ací que la Verge concebrà i infantarà un Fill.»

El cor de Josep no l'havia enganyat, la seva dona era Verge i Mare. L'àngel va continuar amb el profeta.

«I tindrà de nom Emmanuel,
que vol dir:
Déu amb nosaltres».

L'àngel va fer-se fonedís. Josep es va despertar d'hora, tan clar com la llum del nou dia, li cantava el somni.

La verge concebrà i infantarà un Fill,
Déu amb nosaltres.

Va llevar-se sense frissar-s'hi. No aniria al desert, no tindria dona, tindria Dona i Verge. No tindria fills, tindria el Fill Jesús Salvador.

No va pas córrer cap a cal Bonamaria, va esperar que la noia li passés pel davant de casa tornant de la font. Ella li va dir com sempre.

—Déu te guard, Josep.

—Déu te guard, Maria.

Va mirar-se-la.

—Entra a casa, dona.

Se'l va mirar i va entrar.

Ell la va ajudar a deixar la tenalla a terra, va

acostar les dues mans al ventre d'ella sense arribar a tocar-li.

—Emmanuel. Déu amb nosaltres.

Maria li va somriure.

—Vés, Maria. Deixa'm fer a mi. Sóc l'home de casa.

La va ajudar a posar-se la tenalla al cap.

—Déu te guard, Maria.

—Déu te guard, Josep.

La tenalla no li tremolava al cap.

Ell es va posar a la feina.

Usos i costums

Maria no moriria apedregada.

Ella i el seu home eren enllà de la llei de Moisès.

Però, a més de la llei, s'havien saltat els usos i costums.

No era gens ben vist que els esposos, només esposats, tinguessin tanta pressa abans de bodes.

Déu i Josep havien fet tractes. Però ningú no protegiria aquell parell de folls de la xafarderia de les dones a la font, dels acudits grollers dels homes als terrats, del silenci avergonyit a cal Fusteret i a cal Bonamaria.

Esqueia que fos així.

Jesús, que havia de morir entre el menyspreu, començava el seu pas per la terra amb el menyspreu dels dos que eren més seus.

Els dos esposos no es podrien defensar.

Encara que haguessin pogut, no ho haurien

fet, eren de la mena callada dels qui duen misteris. Tant se val, tocarien la reprotxa de tot el poble, però res ni ningú no podria llevar-los la pau.

Tots dos eren magníficat.

Magníficat

Maria no va fer res de nou.

Josep faria el seu fet, era l'home de casa.

La meva ànima és tota lloança
a la grandesa del Senyor

La grandesa del Senyor feia esclatar el seu esperit de joia perquè Déu havia vist de grat, molt de grat, la mena verge del seu Josep. El fuster també seria benaurança a totes les generacions.

El Totpoderós havia fet grans fetes en aquell home de poques paraules i mans de feina. Havia estès la seva misericòrdia, generació de reis rera generació de reis, fins a aquell home bo, que temia el Déu d'Israel sense temença.

El fusteret també era de la mena baixa dels esclaus. De la mena alta dels esclaus de Déu.

Els de cor cofoi, la gent de tro, els benestants i els xafarders se'l mirarien malament, però la força valenta del braç de Déu alçava amunt la mena baixa del Fusteret fins a fer-lo ombra protectora del Fill.

El Déu d'Israel havia vessat de ple en la justícia del seu espòs.

Josep era tot Israel, camins i promeses,

criat de Déu crescut en la fe d'Abraham i el seu llinatge. La salvació era a les mans d'un home d'ofici.

Per sempre.

Maria esclatava de joia.

Entre els esclats de joia del seu magníficat, hi havia un bri de tristesa pel seu Josep. Ara, Josep era un motiu més de goig. Era el seu home, el seu home com mai un home ho ha estat d'una dona. Donaria nom al fill, li faria de pare en els primers passos de la salvació.

La salvació per sempre.

Maria esclatava de joia.

Va fer la feina de cada dia.

El seu Josep faria d'home de casa.

Magníficat a contrapunt

Josep va acompanyar la Maria uns passos enllà de la porta de l'obrador.

Va posar mans a la feina.

No era home de càntics.

Tota lloança, la seva ànima esclatava de joia en Déu, que havia vist de grat la innocència de la seva dona, benaurada per totes les generacions. Déu havia vessat Déu en la Verge. I ell, el Fusteret, seria el xopluc de Déu salvador. El llinatge d'Abraham esdevindria misericòrdia estesa, generació rera generació, a tots els pobles.

Per sempre.

Va treballar tot el matí.

Magníficat de sant Josep

Les meves mans són psalm
a cada cop d'eina,
i tot jo m'amaro de joia
en Déu fet biga de la nostra fusta,
perquè ha mirat de grat
la mena innocent de la meva Maria
i la mena sapastre d'un fuster.

I doncs, d'avui i segles avant,
a ella li diran Mare de Déu
i a mi em tindran per patriarca
totes les generacions,
perquè a ambdós i alhora
ens ha fet bella feina
el Senyor d'aixol poderós,
el Sant de nom rebut a casa,
el de perdó a esberla oberta,
generació rera generació,
a tots els que en tinguin prou
amb un mos de pa i un glop de vi.

El seu braç ha fet alçaprem
per capgirar el món.
Ha vessat de ple a la taula dels pobres
i ha deixat engrunes a la dels rics,
ha asclat els cors de mala teia
i polit la mà dels manyacs,
ha oscat el ganivet del savi
i esmolat el tallant del banastre.
Ha fet llindar de Déu

la meva dona esdevinguda Mare,
i a mi m'ha fet portal de Jerusalem
quan només sóc un encenall d'esperança
sense dubtes a prop d'una Verge.

A ambdós i alhora
ens ha donat xopluc
i ens ha fet xopluc d'Israel,
palesant la seva misericòrdia
en aquell ventre i aquestes mans,
tot fet espera d'un Nadó
que no és meu.

I és meu
per sempre.

L'home de casa

Josep es va passar tot el matí de mans a la feina.

A l'hora de dinar, el vell Fusteret feia el bot, la vella feia el somic. Ja de dies estaven així. Havent dinat, Josep va dir la seva.

—Pararé casa i m'hi enduré la Maria.

El vell va respondre esquerp.

—Tu mateix.

La vella va deixar anar somic sencer.

—Pobres de nosaltres.

Josep va tornar a la feina.

No podia dur la dona a cal Fusteret. Sols, a casa nova, res no torbaria el silenci de Déu fent-se home.

Li tocava treballar d'escreix. Ara sí que havia de parar casa.

Al vespre, els Fusterets i el noi van sopar. Josep veia molt vells els seus vells, pobrets. No els podia pas explicar ras.

—Pares, Déu sobre tot.

El noi n'havia fet una de bona, però semblava tenir pau.

—Déu sobre tot, noi.

El Josep es va alçar de taula.

—Bona nit. Me'n vaig a cal Bonamaria.

A cal Bonamaria estaven tots tres callats.

—Bona nit, gent.

—Bona nit, Josep.

La seva Maria sempre el deixava sorprès. Duia Déu a dintre i el duia com qualsevol altra mare. Havia estat a pic d'apedregada, ara havia d'aguantar-ne de ben crespes al veïnat, passava dreta com si res.

El Fusteret era curt de mots. Ara, home de casa, ve emprendre els Bonamaria.

—Pararé casa i m'hi enduré la vostra noia.

—Menys no podies fer, minyó.

—Pararé casa nova.

—Els Fusterets no us deuen voler a la seva.

—No els ho he pas demanat. Pararé casa nova.

—Tu mateix.

—Quan la tingui llesta, us vindré a cercar la Maria.

—Ja t'hi pots fer de valent, que els mesos passen.

La Maria i l'Anna callaven. L'Anna es va guaitar la filla, sempre li venia de nou. D'instint, la vella sabia que la mosseta tenia pau. L'havia feta bona, però tenia pau.

L'Anna n'endevinava. Aquella mocosota seva tenia la pau de la innocència. I més. Amb l'instint de dona, que no podia tenir el seu Quim, sabia que el Josep era tot un home i que, després d'uns dies d'anar a trontolls, ara també tenia pau. Li venia de la noia.

Mai ningú no entendria aquell parell. Vivien en un estrany silenci.

I Déu sobre tot.

—Bona nit, gent.

El Josep se'n va anar.

—Bona nit, pares.

La Maria se'n va anar a dormir.

La vella va dir-ho al vell.

—Quim, deixa'ls fer.

—Si, dona, deixa'ls fer ara que ja l'han feta.

—Deixa'ls fer, saben on van

Se n'anaren a dormir més tranquils.

La Malamaria

Josep es va passar aquells mesos fet un escarràs.

No parava. Després de la feina a l'obrador, se n'anava a arranjar la casa nova. Havia trobat una barracota que ni els captaires no aprofitaven. En va refer alguna paret, va embigar de nou el trebol i en va pitjar ben pitjat el fang. Va fer pujar un parell de tempanells. Un fuster de poble sap fer una mica de tot. Va pintar les parets amb calç. Els bastiments i les portes eren d'ofici, el seu.

Beneït el Senyor Déu d'Israel. Josep mai no

hauria sabut cantar un psalm, les seves mans d'home d'ofici no eren prou fines per a la cítara. Però tenia mans i braços de bastidor de temples. La barracota seria més que temple de Jerusalem; un sant dels sants més misteriós que aquell de la ciutat santa, on només hi entrava un home a l'any. Amb Jesús Salvador, Maria i ell serien a ple santuari. Un santuari de pobres per a la bona nova dels pobres.

La feina se li feia de pressa.

Mentrestant, les dones a la font i els homes als terrats no s'estaven pas de plasenteries. La Maria hi passava com si res, al Josep li feien mal per la Maria.

—Mireu-vos-la, la mosqueta morta.

Quan l'home va girar-se, es va trobar Josep de cara. Va callar avergonyit, no sabia perquè.

Les dones deixaven la Maria sola.

Però al poble hi havia una altra Maria que, potser per a fer joc amb els de cal Bonamaria, era de cal Malamaria. Les dones en fugien, els homes feien veure que no la veien, més d'un entrava d'esquitllentes a ca la dona.

A la font, mentre les altres dones callades eren un retret, la Malamaria es va acostar a la Bonamaria i li va dir cridant perquè tothom ho sentís:

—Bonamaria, totes aquestes són unes merdoses.

La dona es va mig girar cap a les altres fentlos una ganyota.

—No els en facis cabal, Bonamaria. Jo les podria fer callar.

De rauxa, la Malamaria es va acostar a la Maria, la va abraçar i la va omplir de besos.

L'Infant va saltar de goig al ventre de la Mare.

La Verge es va tornar a trobar al dia de la cosina Elisabet, la boca se li va destravar cridant a grans crits.

La meva ànima és tota lloança
a la grandesa del Senyor.

Va parar en sec. No podia dir més. El Fill li va fer una altra espernegada de joia. També era al món per dones com la Malamaria. Temps a venir, una Malamaria havia d'ungir el seu Fill.

Bodes

Passaren uns dies.

No va pas trigar a venir el de les bodes, Josep, a més de la feina d'encàrrec, treballava a preu fet per parar casa.

El Quim, de tant en tant, encara duia múrria.

—Almenys la mossa, casada amb aquest ruc de feina, tindrà pa a la post.

Com era d'ús, la parella va rebre alguns presents. Fos com fos, es deien, encara que aquell parell l'hagués feta, els vells Bonamaria i els de cal Fusteret no en tenien cap culpa i prou pena carregaven. També seguint els usos, sense que calguessin invitacions florejades, tot el poble s'hi sabia convidat.

Menys segons qui.

La Mare de Déu hi trobaria a faltar la Malamaria.

I bodes vingueren.

Josep, amb els nois del poble, va fer el cercavila per endur-se les noies que anaven amb les torxes enceses, però no hi hagué cridòria als carrers foscos i callats. Fou un cerimonial de veus somortes. Alguna dona va fer els esgarrips de costum, s'ho va fer sola, també s'ho va fer sol el tabalot que volia començar la gresca. Va sobrar vi, no fou com seria a Canà. El torrat més pítima del poble, veient que allò no donava per a més, es va endur una tenalla plena i va entrompar-se lluny d'aquell avorriment.

Lloat fos el Senyor Déu d'Israel. Josep i Maria, que havien conegut àngels a les esponsalles, ara no els necessitaven, traspuaven pau.

—Aquest parell no estan mica avergonyits.

—No els en feu retret, un mal moment el pot tenir tothom.

Algú, a rialleta i mitja veu, va engegar-ne de gruixudes.

Els vells se n'anaren després dels darrers convidats.

Maria i Josep es trobaren sols, no calia pas que es diguessin res, la nit havia estat fosca, per a ells era transparent. Duien junts un coixí de pau.

L'Infant va saltar de goig al si de sa Mare.

Maria era al magníficat.

Déu vingut per fer bodes amb els homes, li havia donat les seves a benaurança.

Amb perfecta pobresa, com ho serien les del Fill.

Magníficat a Betlem

CENS I CENSALS

Ens tenen endogalats a censos.

Sóc censat de bateig, ho sóc de lleva, hi deu haver algun paperot que parla de mi al magnífic ajuntament de Matadepera i a l'excel·lentíssim de Terrassa, a la cúria de Solsona hi ha ben rosegada de rates una munteguera de papers amb els fets gota miraculosos de la meva vida de capellà. I per dir-ho tot. Sense cap mèrit em dec haver fet el mèrit de tenir paperots a la Via Laietana. Ai, Senyor, fins per fer una llufa et demanen el carnet d'identitat.

Potser a no trigar algú naixerà sense d'altra mare que un tub d'assaig, però sempre haurà de ser fill de cens.

Hi estem tan avesats que ni ens n'adonem.

El cens ens recorda que som esclaus.

Ha passat sempre així. Qualsevol reietó de qualsevol època que se les vulgui donar de rei comença censant els súbdits. Per treure'ls els calers a la segura, tant se val.

Roma, que se les sabia totes, donava corda llarga als pobles sotmesos, però mai no en desfeia dos nusos: el cens i els tributs.

Ja del temps de Moisès, Israel no era un poble

com els altres. Els egipcis s'ho apuntaven tot, els hitites tenien la mania de les llistes, i no diguem dels caldeus i els assiris que hi anaven a rajols. Israel, però, no va fer mai censos, era el poble lliure de Déu.

Arribats a la terra promesa, en va tenir prou amb els ancians i amb els jutges quan anaven mal dades. Fins que va demanar rei a Déu. El Senyor s'hi va entristir, ja tenien rei, era Ell. I no els cobrava impostos.

Però van voler rei i tingueren Saül. Després va venir David, que, ple de glòria, va voler censar els seus. Déu s'hi va enrabiar, Israel no era súbdit de ningú més que d'Ell. El poble va pagar cara l'enrabiada divina.

Al temps de Maria, Terra Santa era una barreja de pobles com ara. A Samaria hi havia heretges i Galilea era terra de gentils. Aprofitant-se de la barreja, Roma manava, però no s'hi feia veure. Fins que es va sentir prou forta per censar els jueus.

Hi hagué aldarulls. De grat o per força els jueus s'hagueren de censar.

Tot i errant fins avui, Israel és el poble d'una terra i més, d'un poble i d'una casa enyorats a l'exili de segles. Encara ara, qualsevol jueu com cal, perdut a qualsevol racó de món, sap el racó de Palestina d'on vénen els seus.

Posats a censar-se, Josep i Maria havien d'anar a Betlem, la casa de David.

Mentre se censessin, els romans els deixaven fer.

Allà dalt dels cels i ací baix

—Fill, has de néixer a Betlem, casa del pa de David.

—Sí, Pare, aquesta casa de Natzaret m'és massa xopluc.

—Faré una bufada als romans.

El cens dels romans

No s'ho esperaven, pero ja s'ho podien témer.

Els romans permetien aquella comèdia dels tetrarques governant a quarts, no es ficaven amb els cerimonials religiosos ni amb els voravius de la llei, però se sabien els veritables senyors d'aquells verals. Tant, que gosaren fer allò que Déu ni havia permès a David.

Farien un cens a tot Israel.

A Natzaret ho saberen pel pas dels soldats romans, els ganàpies de cresta, cuirassa, escut, espasa curta i llança llarga voltaven pels carrers del poble, mentre, aquell dissabte, a la sinagoga llegien la llei, els psalms i els profetes. Els psalms, que cantaven la glòria del Senyor, s'escanyaven a les boques. Natzaret callava esporuguit.

Les dones s'amagaven a casa amb planys al Déu d'Abraham, d'Isaac i de Jacob; els homes sortien tan poc com podien, rosegant-se els punys de ràbia i de vergonya.

A cal Fusteret i a cal Bonamaria no se sabien avenir de com s'ho agafaven aquells dos. El Josep i la Maria, sols a casa amb el nen, ni sentien vergonya ni tenien revolta. Per com havia arribat Jesús, el seu regne no fóra pas de soldats fent-hi el pollastre.

—Haurem de fer cap a Betlem.

—I se m'acaben els comptes.

—Voler de Déu, Jesús serà nat a la ciutat de David.

—Ho diu el profeta, Josep.

Els romans no pararen gaire al poble; quan la gent encara estava estemordida, la Malamaria, que s'hi havia guanyat un vestit, va sortir als carrers cridant a riotades.

—Ja podeu sortir dels cataus, cagats, que els romans ja són fora.

El poble va tornar a la feina de cada dia.

—Dona, haurem de fer el farcell.

—Haurem de fer el farcell, Josep.

S'acomiadaren dels quatre vells.

—Pares, sóc de la família de David. M'he de censar a la seva ciutat.

—Doncs emporteu-vos el ruc, que us farà servei.

I marxaren amb el ruc.

Altre cop el camí

El ruc d'orient deu ser la bestiola més graciosa del món. És xic, potaprim, calmós, tossut, callat i gairebé blanc, potser només amb una ratlla grisa a l'esquenada. Camina a passos curts i vius. Aquest de Natzaret s'havia de fer el ruc de tots els pessebres, carregant els farcells.

Maria donava una mà a Josep.

Tornava a ser al magníficat. Esclatava de joia, se sentia benaurada, i tocava amb les mans les meravelles de Déu, un fuster com no n'hi hauria mai i un Fill al si que venia del mateix Déu pare. No havia volgut anar a cavall del ruc, volia sentir-se els passos tocant la terra de les promeses, caminava segura i lleugera com quan duia la tenalla d'aigua al cap.

Pel camí trobaven gent de tota mena.

Passant pel bell mig d'un poble, entre la bullidera dels qui mercadejaven o xafardejaven, Maria va sentir-se arada de Déu amb el fill per rella. Al seu pas, el terròs es capgirava i sortia a l'aire la saó amagada dels pobres. Gent de tro avall i gent de mena baixa amunt.

Encara dintre d'ella, el nen en sentia les mateixes. Se li arraulia al pas d'un prohom, espernegava amb un pobre. I va fer un salt de goig quan van creuar-se amb una malamaria.

El Josep callava, no era home de cantars.

I Josep era tot Israel, la saó de Déu, que ni arribava a profeta callat. Era l'Israel de la gent sense nom, gairebé ni al llibre dels Noms, tan sols coneguda pel Senyor.

En aquestes va fer-se de nit.

No els va pas caldre dormir al ras, trobaren xopluc entre els seus.

—Entreu a casa.

—Déu us ho pagui.

—Dona, el Senyor t'ha beneït el ventre.

—Sembla.

Fou talment com aquell cop del primer camí. La casa era tronada, guerxa d'embigat, amb olors de pobre i tupí de poc tall. Dormiren amuntegats.

—A Déu siau, gent.

—A Déu siau, passants.

Passaven per Samaria, s'assegueren al pou de Jacob i van trobar-se amb una mocosota que els emprenia fent-se la gallineta.

—Diria que sou jueus.

—Som jueus, mosseta.

—Doncs aquesta aigua és dels samaritans.

—L'aigua dels pous és de qualsevol vianant, noieta.

No es va estar de més raons i se'n va anar.

Ja eren a Judea, Maria va dir-se, altre cop, que eren al castell de Déu, en seguiren el carener, la terra cada cop semblava més castell. Però, cap al ponent, molt a prop, una arraconada amanyagava una font i una vinya.

A Maria li recordava, tant se val, el primer camí.

—Josep, Ain-Karem.

—La font de la vinya, Maria.

Continuaren carener enllà, no pas lluny de la ciutat santa. De cop, van veure Jerusalem esclatant de glòria. Era allà, ferrenya i altívola, amb els carreus del temple fent tossa de muralles. Resplendia, era un psalm.

—Jerusalem, Maria.

—Jerusalem, Josep.

No s'ho van dir, però ni l'un ni l'altre no tenien la joia dels fidels davant de l'esplendor de la ciutat de Déu. Maria va sentir com l'infant se li cargolava esglaiat al ventre.

No s'hi van aturar.

Betlem era a prop.

—Déu t'ha beneït el ventre, dona.

Ho deia un captaire. Sense vantar-se'n, sabent que tot venia de Déu, Maria se sabia més sant dels sants que el del Temple. Tota ella era temple. Però només un captaire ho havia dit, sense saber ben bé què es deia.

Seguiren el camí.

Cap al llevant, la terra es despenjava cap als afraus del desert.

—Betlem, Maria.

—La casa del pa, Josep.

Allà dalt dels cels i ací baix

—Fill, ja ets a Betlem.

—Pareu l'oïda, pastors.

—Afineu les arpes, àngels.

Betlem

No sé ben bé on, em sembla que ho he llegit així, si fa no fa: «Beetleheeleheeem.» L'hebreu, germans, és un vitricoll. Però, com que m'estimo més anar als pastorets que a un congrés de paleolítics, ho deixarem tal com Déu ens ho ha donat a casa. Betlem. I en paus.

També he sentit que Betlem vol dir «casa de pa». Potser perquè els pastors del desert anaven a cercar-lo a les fleques de la vila. Un nom així escauria prou al casal del pa de Déu.

Els carrers, carrerons, places, placetes, raconades, eixides i portals de Betlem eren com els de Natzaret. Amb menys graonades i pendissos. Les cases i casalots de la ciutat de David tampoc no deurien ser massa diferents dels del poble de la Bonamaria. Però amb urc de reialesa davídica.

Betlem es gronxa a la monteia del carener que fa l'esquena d'ase de Judea. Des de Betlem, el terral es despenja desert avall. Un desert escorxat, clivellat, aspre i vermellós, sense sorrals, torrat de sol i esgarrapat per les torrenterotes que el clivellen fins a la Mar Morta.

Josep, Maria, el Nen nonat i el ruc arribaren al poble del llinatge. Hi tenien parents.

—Entreu a casa, Josep.

—Déu us ho pagui, un altre dia serà.

—El Senyor t'ha beneït el ventre, Maria.

—Oidà, germà.

Cada parent els convidava a casa seva.

—Maria, entra a casa, que se t'acaben els comptes.

—Déu us ho pagui, germana, un altre dia serà.

—El Josep que posi a l'hostal i tu podràs estar amb les dones.

—Un altre dia i que Déu us ho pagui.

Els parents els veien marxar, se'n dolien i no ho acabaven d'entendre. A l'orient és una ofensa refusar l'acollida, més ho és entre parents, i encara més quan hi ha una dona que espera. Josep i Maria, el Nen nonat i el ruc també passaren de llarg per l'hostal. En dic hostal i no sé com dir-ho. Deuria ser un casalot voltant el pati a plena remenadissa d'homes i bèsties. Ves qui gosaria deslliurar-hi una criatura

—Au, entreu a l'hostal.

—Hi ha molta de gent, germà.

—Us trobarem un lloc a posta.

—Més val que anem a una altra banda.

—Per diners no quedeu.

—Déu t'ho pagui.

Josep, Maria, el Nen nonat i el ruc sortiren de la vila.

No gaire lluny, trobaren una cova al replec d'una torrentera.

—Serà aquí, Maria.

—Serà aquí, Josep.

Ai, mala llegenda

Ho han dit trona avall, ho hem fet als pessebres nadalencs, ho hem vist a tots els pastorets.

Josep i Maria cercaven un mal racó de casota o de posada per a trobar-hi xopluc a l'hora del deslliurament. La gent de Betlem els tancava la porta pels nassos. Trucaven i trucaven, la gent de Betlem, els tancava la porta pels nassos.

No és cert. Cap poble d'orient, cap casa d'orient, cap home ni cap dona d'orient, d'avui o de fa segles, no tancaria la porta a dos passants, i menys la tancaria a una dona gràvida.

Ai, mala llegenda. Ha sortit de nosaltres mateixos. Nadal rera nadal tanquem la porta pels nassos a l'arribada del Fuster i de la Verge, que ens duen el Nen.

Sant Lluc ho diu i ho deixa endevinar. «No hi havia lloc per a ells a la posada.» El Fill de Déu només tenia un lloc on néixer. La cova a tocar el desert.

Les mares noves d'Orient

Perdoneu que faci un altre tall.

Més d'un escripturista, més d'un predicador i més d'una dona que ha estat mare per aquests ponents, s'estranyen que a la Mare de Déu no li calgués llevadora, que s'ho fes tota sola i que tingués prou esma per faixar i embolcallar el Fill fins a deixar-lo endreçat al pessebre.

Altres terres són altres terres. He vist una beduïna de Balantsura, a Egipte, llaurant l'endemà de tenir bessonada.

No sé si la Mare de Déu va passar el dolor de les mares de nou. Li esqueia que deslliurés amb dolor. Déu no n'hi va pas estalviar d'altres més punyents.

Sigui com sigui, Maria era d'aquelles terres, havia vist néixer més d'un infant i tenia prou esma per a fer-s'ho tota sola amb Josep, tan sapastre com qualsevol home en aquelles.

I deixem-ho.

La cova

La cova no passava de balma poc fonda.

Hi trobaren un pessebre per al bestiar de

peu rodó, no gaire lluny un broll xarbotava de terra, el cóm hi feia abeurador.

El dia queia, no tenien temps de gaire endreça.

Josep havia endegat el racó més a recer, havia encès foc amb la llenya que li havia dut la dona. Tot i gràvida, Maria es movia lleugera i, en aquell orient, la dona trasteja gairebé fins a trencar aigües.

S'adormiren.

Tot era quiet com només ho pot ser la terra veïna del desert, o com pot ser-ho el si d'una dona fet estada de Déu.

Es llevaren amb la punta de llum que enrogia els grenys del desert.

Van aparellar millor la cova. Josep va fer-hi muntants de paret seca, Maria va anar per aigua al broll, Josep va amuntegar la palla, Maria va escombrar, Josep va dur llenya, Maria va encendre foc.

I així va passar el dia.

La nit encara era més quieta.

Es van asseure a terra, i junts, la fosca lluïa.

—Maria, les estrelles semblen a tocar.

—Hi són, Josep.

Continuaven quiets, amb la quietud també a tocar.

I era als volts de mitja nit.

—Josep, m'ha arribat l'hora.

Josep no sabia pas què fer. El plor del nadó va somoure'l.

Déu era nat.

La primera hora

Josep va trobar-se parat guaitant el Nadó.

Un pic estemordit, un pic meravellat i molt sapastre en aquestes, poc sabia què fer. Quan al poble hi naixia una criatura, el pare i els amics s'esperaven al terrat.

Per a alguna cosa servia, va abrandar el foc, va fer-hi bullir l'aigua de la caldereta. El foc, espetegant, semblava avivar la pell moradenca del Nadó. Que plorava.

La Maria sabia prou què.

—Josep, deixa'm fer.

S'ho va ben fer. Va obrir el farcell que ja duia a punt, en va treure draps i bolquers, va rentar el Nadó, va embolcallar-lo ben embenat com solien fer llavors, va deixar-lo reposant a les palles del pessebre.

Va reposar apuntalada a Josep.

—Josep, encara sóc verge.

—Ja t'ho podies esperar, Maria.

Allà dalt dels cels i ací baix

—Fill, els homes ja et poden veure.

—Que vinguin pastors, Pare.

—Que vinguin ocells i baixin àngels.

El Noi de la Mare ja no plorava.

Maria i Josep callaven, la nit i el desert també callaven.

No saberen pas quant de temps passaren amb el primer gregorià de les matines de nadal.

Sentiren remor de passos.

Una cara barbuda i ferosa va treure el cap mirant-se el dedins de la cova, veieren un altre cap, un altre i un altre.

Els pastors del desert fan mala ganya. Encara avui corren armats de fusell, coltell i badana de bales.

Maria els va somriure, Josep es va alçar.

—Déu vos guard. Entreu, gent.

Era una colla d'uns quants. Feren un pas endins, s'aturaren palplantats.

—Acosteu-vos. Ací teniu el Nadó, bona gent.

No gosaven acostar-se. Un d'ells es va explicar.

—Ens ho ha dit un àngel.

—Ens ha dit que aquest Nadó és el Messies.

—Poc ens podíem esperar el Messies a la palla.

Josep se'ls va acostar. Maria se'ls mirava junts. Aquella gent del desert i el seu home eren ben bé la primera bona nova de Déu als pobres, els de mena baixa del regne de Jesús Salvador.

L'un rera l'altre s'acostaren a l'Infant per besar-lo.

S'assegueren tots a terra. Entre un parell d'ells, Maria donava el pit, prement-se'l amb dos dits. Era la Verge que, segles a venir, seria la Mare de Déu de Montgrony, també voltada de pastors.

—Dona, us hem dut una mica d'allò que bonament tenim.

Obriren els sarrons i menjaren tots. Formatge, pa de dies, alguna menja que no sé i vi. No els calia pas el vi per sentir-se el cor calent. Menjaven callats.

La callada es va fer cants, els cants es van fer crits. Els cridaners pararen un instant per prendre alè.

Sentiren cantar àngels.

Els ocells hi cantaven el cant dels ocells.

Josep cantava com podia. Maria es deixava humitejar per aquell instant. Un dia, aquell instant seria evangeli.

A poc a poc, el silenci es va endur els crits. Eixia el sol, la terra era a colors lleus, els cels a llums menudes.

Els pastors buidaren els sarrons i tornaren a besar l'Infant.

—Si us manca res, no heu de fer més que dir-ho.

—Campem ací a la vora.

—Déu us ha ben beneït, dona.

—Déu us beneeix, gent.

Marxaren callats.

El dia nou era tot quiet.

Ja era de dia.

—Reposa una mica, Maria; ara em toca a mí. Dorm.

Josep va afegir un manat de branques i un boscall al foc, el dia amenaçava fred. Va anar a cercar més llenya, va anar per aigua, la va posar a escalfar, va escombrar la cova, va ataconar millor els rocs de la paret seca, va anar a cercar més rocs per fer més paret. La cova s'havia de tornar casa.

Santa Maria es va adormir amb l'infant arraulit a la vora. El Noi tenia bona jeia, quan tocava, li donava el pit. No se sentia lassa. La seva ànima era tota lloança a la menuda grandesa del Senyor.

Es mirava el seu Josep, sang reial de mena baixa, el darrer i el primer dels patriarques d'Israel. Per sempre. Les mans del fuster, sapastres quan se les havien amb els draps i els bolquers, trencaven segures les branques per fer foc i eren destres aplomant els rocs. Aquell home era l'home de casa i de la casa del Senyor.

Va alçar-se per a ajudar-lo.

—No et moguis, Maria, que ja m'ho faig sol.

Li va dur pa, vi, formatge.

El dia era quiet com la nit.

Sentiren passos apressats, una dona els va entrar cridant.

—Un pastor m'ha parlat d'àngels.

Es va acostar al pessebre, en va treure l'Infant, se'l va posar als braços, el va petonejar a baves, el va bressar, el va tornar a petonejar a baves, el va alçar enlaire amb els braços tan amunt com donava. No parava de cridar.

—El Fill de David.

Quan tenia l'Infant alçat enlaire, va entrar més gent. Es passaren el nadó de l'un a l'altre, se'l posaren als braços, el petonejaren a baves, el bressaren, el tornaren a petonejar a baves, l'alçaren enlaire.

—El Fill de David.

Un homenàs va alçar el minyonet enlaire.

—Durà l'espasa de David.

—I tornarà la glòria del regne de David.

En deien d'aquestes i més.

Maria s'estava a un racó fosc de la cova, tenia Josep al costat. Cap d'ells dos no cridava. La Mare de Déu es mirava aquella bona gent amb una barreja de compassió, tendresa i tristesa. El seu Fill era Fill de David i més, mai no duria espasa. El seu Fill era la glòria de David i molt més, mai no duria corona.

Continuaven els alegrois. L'Infant feia algun gemec, ho aguantava amb bona jeia, fins que va fer un grinyol. Josep ja hi començava a entendre.

—Sa mare li ha de donar el pit.

La gent es va girar cap a la dona asseguda a terra amb l'Infant al pit i el seu home que se'ls mirava tots dos. Aquell marrequet podia ser el Fill de David, però a hores d'ara no era més que un no res de mica de vida a xuclades.

Els crits deixaren pas a l'entendriment.

—No havies de deslliurar aquí, Maria.

—Qualsevol de nosaltres t'hauria rebut de grat a casa.

Li tocava respondre a Josep.

—Bona gent, havia de deslliurar aquí.

La bona gent va tombar les raons.

—No podeu quedar-vos en aquesta cova de mal viure.

—Heu de venir a casa.

Li tornava a tocar a Josep.

—Déu us ho pagui. Hem de restar aquí, no us en feu refús.

—Vosaltres mateixos.

Maria i Josep feien una parella ben rara. Algú va borinar:

—L'ase em fum si d'aquests n'ha de venir el Messies.

Homes i dones marxaren. Restaren els més de família. Aquests s'ho creien i no s'ho creien. No els costava pas de creure en els àngels a l'hora del Fill de David, els costava tot allò que veien. La cova esbalandrada, l'infant com qualsevol altre, els quatre draps de la pobrissalla, el ruc escanyolit, les mans del fuster i l'aire esquerp de la dona. Aquella pobresa.

Fos com fos, Josep i Maria eren parents, germans.

—Sou ben tossuts de voler-vos quedar aquí.

—Feu la vostra. Us ajudarem a endegar una mica tot això.

Els homes no trigaren pas gaire a pujar paret seca. Amb la porta a falsescaire, la finestra a desplom i la paret panxada, la cova es va tornar casa, no pas més mal guerxada que alguna de les cases del poble. Les dones van desenrunar, van escombrar, van atiar el foc i van deixar algun farcellet de roba i menjar endreçat en un racó.

Era gent de Judea amb l'urc de la reialesa de David i de les promeses d'Israel; amb el temple de Salomó a quatre passes i la revolta contra els romans al fons de les rancúnies. Parlaven fi, amb accents de la llei. Josep i Maria, encara que fossin del mateix tronc, eren pobrissalla de Galilea, pagesets de Natzaret, poble de mala mort i de mala fama.

Més d'un va començar a pensar que vés a fer cas dels pastors que corren torrats la meitat de dia. Algun fins va pensar que vés a fiar-te dels àngels.

Així i tot, Josep i Maria els deixaven acorats. Tenien una pau senyorívola, uns ulls que assenyalaven misteris.

Entre dubtes i il·lusions, els parents marxaren refregats per la mirada d'aquells dos parells d'ulls. No s'ho sabien explicar. I més d'un, malauradament, no s'ho va saber explicar mai.

El dia queia.

—Us tornarem a veure.

—Si us manca res no heu de fer més que dir-ho.

Marxaren tots. La casa era endreçada.

L'Infant dormia. Maria i Josep s'adormiren amb una pregària que ja no era la pregària de les filles i dels fills d'Israel. A dins de Maria ja era parenostre, a dins de Josep ja era avemaria.

Déu vetllava la nit.

Jesús

—Maria, ja saps quin nom hem de posar-li.

—Sí, Josep, ho va dir l'àngel.

Al cap de vuit dies el circumcidaren.

El Fill de Déu esdevenia fill d'Abraham.

Es digué Jesús, a orient, on el nom fa la cosa.

Josep i Maria eren noms de mena baixa. N'hi havia molts que es deien com el fuster; i ja sabeu quantes Maries surten als evangelis per a més embolics dels biblistes.

Jesús també era nom de mena baixa. Hi ha qui diu que diuen que se'n deia el mateix Barrabàs de la mala pell. Tot i la solemnitat que duia (vol dir Déu-que-salva), no era nom de profeta; ho era de fuster pobletà; esqueia a la benaurança dels pobres.

Jesús, Josep i Maria.

Fets magníficat, són noms que acompanyaren els darrers mortals dels nostres besavis i del meu pare. I, en algun racó de qualsevol desgraciat d'aquest ponent, hi resta el nom de Jesús.

El temple

Els cristians tenim un temple a cada cantonada, hi passem com si res, hi entrem com a casa, ens hi trobem barrejant el soroll de fora i el silenci de dins. Una església és porta oberta.

Chartres és tan temple com la seva caricatura escaguitxada del Tibidabo; Sant Pere de Roma és tan casa de Déu com la parroquieta de Vallferosa. Amb perdó de Vallferosa.

Els jueus tenien sinagoga a cada cantonada. Hi llegien i hi cantaven. Només tenien un temple, el de Jerusalem.

Als dies d'Abraham, Déu voltava pels cels talment el patriarca voltava pel desert. A l'esclavatge d'Egipte, el Senyor d'Israel era un Déu amagat entre tants de déus que feien el cocodril. Amb l'èxode de Moisès, Ell tenia la seva tenda com tothom. Arribats a la terra promesa, quan ja tothom tenia casa, l'arca de Déu anava d'una banda a l'altra. Fins que la glòria de Salomó va bastir el temple glòria de Déu. No va durar. Amb l'exili de Babilònia, el temple va ser ruïnes per acabar fet runes.

Al retorn d'Esdras, el temple fou refet. Aquell panxut d'Herodes el Gran, que ni s'amoïnava pel temple ni es posava cap pedra al fetge per Déu, va enllestir-lo amb la glòria que havia somniat Ezequiel i amb els espetecs que serien visions a l'Apocalipsi a sant Joan.

El temple d'Herodes fou el de Jesús, Josep i Maria.

Era grandiós, imatge de Déu. S'alçava emmurallat a pic de torrent. Feia patis, l'un dintre de l'altre. Al cor de tot, hi havia el temple amb vestíbul, sant i sant dels sants. Feia ritme de closos, fins arribar al clos de Déu llunyà, inabastable, misteriós.

Al temps de Jesús, Josep, Maria, el ruc i els dos colomins, el temple resplendia. Malgrat els romans, els herodians, els falsos profetes i els pecats del poble, Déu era allà. Ocult, però present. Ningú ni somniava que, al cap de poc, aquell Nadonet de no res canviaria el temple per moltes cases de pa.

Betlem capgiraria Jerusalem.

Els dos vells

Els bons israelites solien pujar al temple quatre cops a l'any. Josep i Maria ara hi havien de pujar de sobrepuig. Ho deia la llei.

Al cap de quaranta dies de deslliurar un minyó, la dona havia de purificar-se. No m'hi embrancaré. Aquella gent es passava la vida purificant-se, però aquesta purificació de la dona era més purificació que d'altres purificacions. Ritual manat, purificava de la impurificació del deslliurament.

A més, el minyó era l'hereu. Des del dia que l'àngel de la mort no havia deixat un sol hereu egipci, els hereus de Judà pertanyien a Déu. Calia pagar-ne un rescat. Els rics s'ho feien amb un xai, els pobres passaven amb un parell de colomins.

Josep, Maria, el Nen i el parell de colomins entraren al temple. Hi observaren tots els rituals que prescrivia el ritual. Però, abans o després dels rituals, es trobaren amb els dos vells.

Maria el va veure venir.

Es deia Simeó, i l'evangelista sant Lluc no el deixa pas balder d'elogis. Ple de l'Esperit Sant, tenia la certesa de no morir sense haver vist el Messies.

El vell es va acostar, va prendre el minyonet als braços. Es destravava a crits.

Ara, Senyor,
podeu deixar marxar en pau
el vostre servent,
perquè els meus ulls ja han vist la salvació
preparada a tots els pobles,
llum per fer llum a totes les nacions
i glòria del vostre poble, Israel.

Maria i Josep començaven a estar avesats a qui anunciés les grans fetes del Nadó; no en feien pas escarafalls. Però Simeó els va venir de nou. No era pastor del desert, ni parenta betlemita, ni menestral. Era un vell de Jerusalem, al rovell de l'ou del senyoriu del Senyor.

El vell aguantava l'Infant i el beneïa.

Per a gent de la raça dels patriarques, la benedicció no era cosa minsa. Significava continuar la cadena que lligava el pacte entre Déu i el seu poble. A les llindes de l'adormida eterna, el vell saludava la nova vida.

Mira-te'l, ha vingut,
bé per ruïna bé per resurrecció
de molts a Israel.
Senyal de contradicció
que farà palès els fons de molts de cors.

Senyal de contradicció. La mirada del vell es va fer trista. Guaitava a la Mare de Déu.

Un glavi de dolor
t'asclarà l'ànima
de dalt a baix

Josep es va sentir asclat; potser quan arribés

aquella hora ell no seria a prop de Maria per fer-li conhort. Maria va escoltar-se quieta les paraules del vell. Com sempre.

El bon home es va quedar arraulit.

Se'ls va acostar la vella.

Anna, filla de Fanuel, de la tribu d'Aser, deuria ser una velleta com la Setrilla. Tan carregada de psalms com la nostra hi anava de rosaris, virolais, parenostres, oracions de l'Apostolat de l'oració, avemaries i misses matineres.

Anna va prendre l'Infant als braços; va besar-lo. Aturava els passants i els l'ensenyava.

—Vet ací la redempció d'Israel.

No feia cap ganya de profetessa del desert, era una dona rebeguda de promeses de Déu. Els passants no en deurien fer massa cabal; vés a saber si la rebeguda era del Senyor o del repapieig.

Vés a fer cabal d'una Setrilla. Els doctors de la llei tenien prou feina amb la lletra menuda; els sacerdots que manaven no volien profetes; la gent de mena baixa no es podia ficar al cap que el Messies fos de mena tan baixa com ella.

Anna va fer els darrers petons al Nen, el va tornar a sa Mare.

Maria i Josep se sentien el cor lleuger. Jesús no salvaria pas Israel a cops d'espasa, s'ho faria amb l'espasa del dolor. Beneït glavi que asclés l'ànima de la Mare de Déu, si el Senyor feia les paus per sempre amb els homes.

Al pati dels pagans, uns pagans voltaven com ho farien els turistes d'avui. No n'aplegaven res. El cor de Maria li va fer un salt. Un dia no hi hauria fronteres a Israel, tothom podria ser poble de Déu sense que calgués empassar-se la lletra menuda de la llei. El temple clos fóra portalada.

Anna continuava parlant de l'Infant a qui volgués sentir-la.

Jesús, Maria, Josep i el ruc tornaren a Betlem.

Hi arribaren de fosc. Treient el cap per la finestra i guaitant amunt, la Maria n'hi va endevinar d'estranyes.

—Josep, les estrelles semblen folles.

Josep no va saber què respondre-li. Era el primer cop que la seva dona en deia una així. Era massa folla per a dir-ne de folles.

Es van adormir.

L'estrella folla

Vingué el pa de cada dia.

La cova tornada casa feia el seu goig. Del foc al ruc tot era quiet, l'Infant hi dormia.

De tant en tant, els pastors duien formatge d'ovella i alguna costella de xai. Els parents duien pa, vi i minestra. Josep havia trobat feina a mans. I així anaven fent.

Al Josep i a la Maria aquella cova feta casa se'ls feia més familiar que la de Natzaret. Pensaven en els vells, però no podien pas tornar a Galilea, el fill de David havia de ser fill de la ciutat de David.

Maria, traient el cap per la finestra, hi tornava:

—Josep, les estrelles semblen folles.

Josep no sabia pas què dir-li.

Una altra nit, la Maria hi tornava:

—Josep, les estrelles semblen folles.

Josep no sabia pas què dir-li. Pensava que Déu sobre tot, sobre totes les estrelles, i que la seva feina era la feina a mans del seu ofici.

Una nit, la Maria va passar més estona traient el cap per la finestra. Fins que va dir amb un crit:

—Josep, hi ha una estrella ben folla.

El Josep també va treure el cap per la finestra.

—Mira-te-la.

El Josep no va dir res; els fusters de mena mai no han fet cabal de les bestieses dels astròlegs. A més, la seva dona podia veure estrelles folles que ell no veuria mai. No s'hi va neguitejar gens, Maria tampoc.

Atiaren el braser i s'adormiren.

Dormien ben plans.

Sentiren fressa de cavalls. S'alçaren, l'Infant dormia. Van treure el cap per la finestra, i Josep també la va veure.

—Maria, la teva estrella folla s'ha aturat damunt de casa.

Ara sentien fressa de passos a prop.

Maria va prendre l'Infant a la falda, el Noi no es va pas despertar. Josep va atiar el foc, amb una teia encesa va sortir a la nit.

Es va trobar de cara a tres personatges, mai no n'havia vistos d'aquella ganya. Coloraines, barrets estrafolaris, túniques folgades, capes de volei, sabates fines amb esperons. Els seus cavalls renillaven no lluny.

Josep no sabia pas què dir-los, no era gent de la seva mena, ni de la mena dels pastors, ni de la mena dels parents, tampoc no eren de la mena dels àngels tot i que els seus ulls fossin de pau. Es va mirar de reüll l'estrella folla, semblava assenyada. Vinguessin d'on vinguessin, els tenia a la porta de casa.

—Entreu, missenyors, sou a casa vostra.

Entraren rera d'ell, semblaven meravellats. I ho estaven.

—Maria, tenim visita.

Els tres s'estaven aturats i callats.

—Missenyors, vet ací la meva dona i el seu fill.

A la llum tremolosa del foc, els tres homenassos duien vestits de mil i mil nits tremolant estrelles.

—Benvinguts, missenyors, sigueu qui sigueu.

Els arribats de nou veieren l'Infant a la falda de sa mare. S'estiraren bocaterrosa tan llargs com eren als peus del Minyó. Besaren la mà menuda. S'alçaren i deixaren les tres ofrenes als peus del Noi i de la Mare.

—Us adorem, Senyor nat, rei dels jueus.

Es tornaren a estirar bocaterrosa tan llargs com eren als peus del Minyó. Una llarga estona. El Noi s'havia desvetllat i somreia, Maria callava i somreia. Josep s'estava quiet, fins que, sense saber com, es va estirar bocaterrosa tan llarg com era als peus de l'Infant, al costat dels tres.

Així restaren llarga estona, tan llarga com sap fer-la la gent d'orient. Fins que santa Maria va dir-los.

—Aixequeu-vos, missenyors. Heu de reposar i menjar alguna cosa.

L'Infant reposava i dormia al pessebre, tots cinc menjaren pa i formatge, begueren vi. Els tres d'orient enllà endevinaren que el rei dels jueus seria un rei de pa i formatge amb vi, amb més casa que temple.

Ja reposats, s'explicaren.

—Coneixem una per una les estrelles del cel.

—Un dia en vàrem veure una de folla, la del rei dels jueus.

—I ens ha guiat fins ací.

Josep i Maria es miraren, ja res no els feia estrany.

—Herodes ens ha ataconat a preguntes.

—Volia saber ben bé quin dia havíem vist l'estrella.

—Ens ha dit que tornéssim a dir-li on és l'Infant per venir a adorar-lo ell.

Josep i Maria es miraren amb recança. Vaja un, el rei Herodes, per adorar un rei dels jueus que no fos ell.

—Sortint d'Herodes hem tornat a veure l'estrella.

—Ens ha dut fins ací.

—I ací ens teniu.

L'Infant va obrir els ulls i va somriure. Josep pensava que aquella gent estranya no era tan estranya, fet i fet. La Maria somreia; aquells tres, que sabien tant d'estrelles, encara eren prou infants per seguir una estrella folla.

Santa Maria tenia a l'ànima les nits de reis amb els infants esperant les joguines del matí, somniant caravanes de camells i criats.

Els tres obriren les ofrenes, l'un rera l'altre.

—Us duc encens, Senyor rei dels jueus.

Maria va pensar que l'encens és un bell present a Déu.

—Us duc mirra, Senyor rei dels jueus.

Maria es va sentir asclada de mort.

—Us duc or, Senyor rei dels jueus.

Maria es va aguantar el riure, es va mirar Josep i va veure que ell també s'aguantava el riure. Jesús havia vingut a fer l'or més balder que la palla. No rigueren. A mans d'aquells tres homes de bona voluntat fins l'or era amor.

Deixaren les ofrenes al pessebre, vora l'Infant, que tornava a dormir amb algun somni que el feia somriure. Maria va dir-los:

—Veniu de lluny, missenyors. Heu de reposar i dormir.

S'adormiren tots.

Es despertaren a punta de dia; els tres estaven consirosos.

—Hem tingut un somni.

—No tornarem a veure Herodes.

—No us fieu pas d'aquell home.

Es tornaren a estirar bocaterrosa tan llargs com eren als peus de l'Infant. Estona llarga. Tornaren a besar-li la mà, besaren la mà de missenyora Maria, abraçaren Josep fent-li cada un els tres petons de germanor, sortiren de la cova, cavalcaren i se n'anaren.

La cova tenia un punt de tristesa, Josep i Maria es miraren les ofrenes.

—Bella cosa l'encens i la mirra, Josep.

—Mala cosa l'or, Maria.

I tots dos esclafiren a riure. Si algun cop, al llarg de la seva vida, Maria va esclafir a riure fou de veure or als peus del Fill rei dels pobres.

La Maria es va posar seriosa.

—Ens han dit que no ens fiéssim d'Herodes.

—Som a mans de Déu, Maria.

Aquell vespre s'adormiren amb un gra d'esglai.

L'estrella folla semblava més folla.

Cantava amb Maria el magníficat de nadal.

MAGNÍFICAT A NADAL

La meva ànima és tota bolquers
del Senyor nadó,
i el meu esperit acull quiet
Déu infant meu,
perquè ha tret brotada
en la mena verge de sa mare.

I doncs, d'avui i a venir,
em diran Verge Mare de Déu
totes les nadales,
perquè m'ha fet amor menut
l'Infant manyac,
Déuambnosaltres de nom,
de mirada fiada a ulls clucs,
generació rera generació,
per als qui visquin d'esperança.

La seva mà, que encara ni palpa,
ha barrat l'enclòs dels cofois,
ha enviat àngels als pastors
de vetlla a pa sec,
i ha deixat adormits els adormits
de taula i coixí,
ha tret d'escambell els reis
emmandrits als setials,
i ha menat pel desert els mags
avesats a camins d'estrelles.

Ha donat xopluc de palla
al poble dels ermots,
fill de pobresa,
anunciant pau
als homes de bona voluntat,
nou llinatge d'Abraham en la fe.

Per sempre.

El plany de Raquel

El beneït palmerar

No feia pas massa que dormien quan Josep va alçar-se de cop.

—Maria, desvetlla't.

—Què hi ha de nou, Josep.

—Fem el farcell, cal que fugim de pressa a Egipte.

Maria ja enfarcellava.

—L'àngel dels somnis m'ha dit que Herodes el Gran vol matar l'Infant.

—Josep, afanyem-nos.

S'hi van afanyar, encara era nit fosca quan Josep, Maria, Jesús i el ruc sortiren cap a Egipte. Betlem dormia a les negrors.

Baixaren terres avall, que es defensaven a matolls de les urpades del desert, després endevinaren la mar al ponent per l'aire salabrós. Fins que el codinar del desert de Judea va tornar-se sorral estès sense límits. Només un moment, cap a migdia, varen endevinar l'altra mar.

—Dona, el pas del Mar Roig.

Maria no va dir-ho, però s'ho va dir.

Ara Déu feia el pas a l'inrevés.

Farien la travessa d'un desert pla a pedruscalls i codines, no lluny el vent arremolinava les dunes fent-los-hi cabellera de sorra escabellada. El sol atuïa. De tant en tant el vimeter escarrancit assenyalava aigua morta, un parell de palmeres vivien d'aigua viva soterrada.

I arribaren a les envistes del palmerar.

Una franja de verdor també escabellada pel vent, un toc de blau grisenc de l'aigua del riu, el palmerar de l'altra banda perdent-se al desert. Enllà enllà, el desert s'enfilava a barrancs.

De sobte, com un cop de tralla, van trobar-se encegats, presos en els remolins del vent que arrossegava una sorra tan fina que, bo i tapant-se com podien, feia plorera als ulls, es ficava per les orelles i sorrimejava la boca a grinyol de les dents. Maria protegia el nadó tan bé com podia, ell no plorava, fins i tot potser somreia.

Sense saber per on paraven, van entrapussar amb un canaló de reg, la terra treballada per la rella era flonja de quatre collites, les palmeres brandaven embogides. Entre la pols del sorrim van veure les cases grisenques de fang pastat.

En sortia gent.

—Entreu, entreu de pressa a casa.

Entraren.

—Els déus us han salvat a temps del vent.

—Déu us ho pagui.

—Som a ple del mal vent de cinquanta dies.

La casa era ben bé una casa de palmerar, al bell mig de l'estada s'hi dreçava una palmera passat amunt pel trebol de bigues grèvoles, de palmes cobertes de fang petjat. Josep, Maria, el nadó i el ruc hi foren acollits com només saben fer-ho la gent d'aquella terra generosa.

Ningú no els preguntava d'on venien, eren hostes.

—Venim del país dels jueus.

—Benvinguts, arribeu d'on arribeu.

—Fugim del rei d'allà.

—Ai, déus, el nostre és tan bestiota com el vostre.

—Déu us pagui l'acollida.

—Sou a casa.

Josep, Maria, el nadó i el ruc passaren dies amb els fellahs. La gent del veïnat hi duia pa prim, formatge agre de cabra, algun tall de moltó, dàtils; com solen fer quan entre el veïnat hi ha forasters. Era menjar de pobresa, a més d'una taula varen sopar sense vianda, l'havien duta als forasters.

Avesats a l'esquerperia jueva, Josep i Maria donaven gràcies a Déu de trobar-se acomboiats per la joia falaguera d'aquells pobrics, gentils com el palmerar, amples de braços com el gran riu.

Josep va trobar feina a mans, s'ho feia com podia amb aquells menestrals que encara duien la traça dels grans dies, però ningú no li reprotxava les sapastrades. Els homes l'ajudaren a bastir-se una casota en un clap secà.

L'infant Jesús jugava a fer de nina, les minyonetes se'l passaven de l'una a l'altra, deixant-se per un moment de la nina de draps farcits de sorra. Un cop que plorava lluny de sa mare, una dona li va donar el pit com si fos seu.

La Maria anava per aigua del riu amb les altres dones, s'hi entenia més amb gestos, mirades i somriures que amb paraules. I, ves per on, va pensar que, si havien arribat a Egipte fent a l'inrevés el camí de la pasqua jueva, ara es trobava capgirant Babel. No calien pas mots entenedors quan hi ha acullida.

—Pobra dona, tan lluny de casa teva.

—Dones, m'heu fet de casa vostra.

Ben cert. Mai més, mai més Maria no va oblidar Egipte, per sempre més va dur a dins les clarors del beneït palmerar.

Sempre més, tan jueva, va ser egípcia.

Josep tampoc mai no s'hi va sentir foraster.

El Nen, a mam, caca i non, beneïa aquella terra.

I el ruc va trobar per companys els asenets més bells del món.

El plany de Raquel

Quan s'esqueia anaven a mercat amb els del poble.

Els camins eren plans, polsosos, borratxos de sol, vorejats de secles. El mercat era coloraines, bullidera i cridòria. Només s'estaven quiets els rucs menuts i blancs espolsant-se les mosques a cop d'orelles i de cua. Les cabres belaven, l'aviram picossejava entre les cames de la gent. Piles i piles de tota mena, tenalles i tupins, robes virolades, escampalls de mil falòrnies damunt d'un drap a terra.

Tothom es coneixia, les dones gràvides s'abraçaven cridant; aquell poble tenia instints de magníficat.

Les veïnes acompanyaven la Maria perquè no fes mala compra, jugaven a regatejar, les tantes falòrnies corrien d'una mà a l'altra fins que feien tractes. Els homes acompanyaven Josep, també cridaven i regatejaven.

Hi sovintejaven els marxants vinguts de lluny.

Aquests ho contaven esfereïts.

—Venim de Betlem.

—N'hem fugit esborronats.

—Herodes hi ha fet matar tots els nois nadons.

—De menys de dos anys.

—La sang corria pel poble entre planys de mare.

—Els soldats del rei s'hi acarnissaven sense ànima.

—Uns estranys d'orient li havien parlat del rei nat dels jueus.

—El maleït no vol rei que el pugui tombar.

—Encara em sembla que veig aquell marrequet trinxat.

Josep donava gràcies a Déu perquè Maria fos a una parada amb les dones, quan va sentir la mà d'ella que premia la seva. Ni esma no tenia de plorar.

Cercaren l'infant, desestacaren el ruc.

—Tornem a casa, Maria.

—El plany de Raquel, Josep.

Bo i caminant, la dona abraçava Maria, que duia el nen.

—Els déus us volen bé, us heu escapat d'una i bona.

Maria, a la nit, va sentir el plor d'una criatureta amb el non-non de sa mare que provava d'adormir-la. No feia vent, la terra era arremolinada per un vent de dolor.

El pa de cada dia és plany de Raquel en els segles. Maria es va estremir, se sentia acotxada per Josep, una maneta del Fill se li arrapava al dit. Els crits i els silencis del magníficat se li feien tremolor.

La meva ànima és tota plany
en el silenci de Déu
i el meu esperit s'esberla
als braços del Senyor ocult.

Tremolava sentint l'escalforeta del seu Jesús tot ell en el temps, sentint la respiració ritmada del seu Josep tot ell fora de temps. La seva ànima era estripada i apaivagada, somoguda i aturada, passarien més de trenta anys fins que es tornés a trobar com ara, a pobresa i pau eixutes.

El pa de cada dia és plany de Raquel.

El plany de Maria ja era a Getsemaní.

Els sants innocents

La dona va fer una moxaina a Jesús.

Arribaren a casa, els veïns hi entraren amb ells. Els ajudaren a avivar el foc de femta, a fer bullir el tupí. L'esglai encara els atuïa, ningú no gosava dir res.

—Mengeu alguna cosa, us farà bé.

Menjaren callats; els veïns se n'anaren. Maria va donar el pit a l'Infant, la casa era a les fosques. Jesús s'aixoplugava als braços de Maria, Maria s'aixoplugava als braços de Josep assegut a terra. Tots tres, immòbils, feien una sola tossa a plecs de roba, eren una sola tossa de dolor.

L'Infant s'estava cargolat com si tornés al ventre de sa mare.

Josep pensava que Déu sobre tot i que el servent de Jahvé, estrofa profètica d'Isaïes, es capolaria de dolor i de sang. El fuster era pregària sense mots.

Maria se sentia l'ànima arremolinada per un vent sorrenc. Aquells nadons, Déu meu, aquells espernecs de menys de dos anys amb la carn a parracs, eren la corona primerenca del seu Fill. El Senyor dels holocaustos havia fet collita d'innocència als cels.

A preu de sang.

El món era a preu de sang del Fill, Jesús era a preu de sang dels sants innocents de Betlem.

I fou el primer instant que una criatura va viure l'Apocalipsi.

Dotze mil assenyalats i dotze mil assenyalats i dotze mil assenyalats. Una dotzena de dotze mil assenyalats entre les dotze tribus d'Israel i una munió sense fi d'assenyalats, que mai ningú no podria comptar, de la tribu dels folls. Tots en un giravolt de serafins, ancians, trompetes i arcs de sant Martí; tots vestits de blanc, amb les túniques tornades blanques per la sang del Fill Anyell.

Al davant, el seu Noi, l'Anyell dut a l'escorxador, el Lleó de Judà amb la saviesa de tots els volums, principi i fi, mort i vivent. També assenyalat amb sang, i no només amb la seva, també assenyalat amb la sang dels infants de Betlem, que esbalandraven les portes del paradís a cops de palmes i corones d'innocència. A preu de sang.

Cada un d'aquells nens era una estrella folla, un no res de vida a mam, caca i non, sense nom, amb el Nom de Jesús marcat a cada galta.

Les estrelles d'Egipte són a tocar com enlloc més.

Cada una era un infant foll de glòria dels cels.

Adéu-siau i a reveure

L'Infant havia dormit com sempre. Mam, caca i non, feia com qualsevol infant d'aquesta terra.

Maria i Josep tenien l'ànima apesarada.

Però, gent de mena baixa feta per al pa de cada dia i sense temps per entretenir-se a fugar-se els dolors, es van posar a la feina. Tupins i bugada, fusta i eines.

Josep i Maria mai més no perderen la marca benaurada i malaurada del conhort sense conhort del dia dels innocents. Amb el pa de cada dia, fou una marca de pau.

A poc a poc tornaren els dies. El sol foll de jorn, les estrelles folles de nit, les revingudes del riu, els conreus i les collites, la xerrameca del veïnat, la bugada, els vents i la calma, la menestralia. L'infant es feia.

I fou un altre dia de mercat.

Els marxants descarregaren els àrguens de les bèsties, es barrejaren amb la gent, conegueren que Josep era dels seus i n'hi donaren de noves.

—S'ha mort Herodes, aquell que volia ser el gran.

—Més li escauria dir-se Herodes el merda.

—S'ha mort podrit com una maçana barloca.

Josep va pensar que podrien tornar a Betlem.

—Hem sortit del foc per caure a les brases.

—Arquelau és tan mal xinat com son pare.

Josep va pensar que no podrien tornar a Betlem.

—A Galilea també hi manega una guineu que Déu n'hi do.

—Però Herodes Antipes és massa panxacontent per tenir mala bava.

Josep va pensar que potser podrien tornar a Natzaret.

No ho veia clar. Va fer el mercat, va tornar a casa amb Maria, Jesús i el ruc. Les palmeres i les ombres de les cases no es movien gens; hauria dit que les estrelles feien una guinyada de recança.

—Maria, Herodes és mort.

—Podrem tornar a Betlem, Josep.

—No se pas què fer, Maria.

—Josep, tu ets l'home de casa.

—Déu sobre tot, Maria.

—Déu sobre tot, Josep.

Déu sobre tot, es van adormir. Josep ja s'ho podia esperar, li va tornar l'àngel dels somnis.

—Alça't, pren el Noi i sa Mare, torna a la terra d'Israel, que ja són morts els qui volien la vida de l'Infant.

Els veïns veieren com aparellaven el farcell.

—No marxeu, jueus, que ja sou nostres.

—Tot i que sigueu nostres, egipcis, hem de tornar a Judea.

—Potser no us estimaran pas com nosaltres.

—Tant se val, aquella és la terra del nostre Fill.

Tornarien a la ciutat de David, Betlem. Tocava així, Jesús era el tany de Jesè. Dormien tots en pau quan va tornar l'àngel dels somnis de Josep. Li deia que Arquelau era de tan mala teia com son pare, que se'n guardessin.

—Maria, no anirem pas cap a Betlem, tornarem al poble.

—Tu manes, Josep.

—Manen els àngels, Maria.

Les veïnes besaren i besaren el minyonet, les nenes besaren i besaren Jesús passant-se'l. Dones i canalla deixaren Maria embabada de petons i llàgrimes. Cada home va fer els besos de germanor a Josep, les dones li digueren adéu de lluny.

No trobaven l'hora de marxar.

Restaren un dia més. Uns veïns, amb bon tall a l'olla, els invitaren a sopar. Després de tastar-lo, el cap de casa va posar el millor tall a la boca de Josep. Begueren vi i cervesa, entraren d'altres veïns. L'estança tenia una tristesa melangiosa.

—Us enyorarem, jueus.

—Déu sap com us enyorarem, egipcis.

La nit era tendra, es va fer llarga.

Amb el farcell fet, Jesús, Josep, Maria i el ruc dormiren a la casa com si ja dormissin al ras del desert. Abans d'adormir-se, la pregària dels fills i de les filles d'Israel fou pregària per Egipte, la terra de mil déus i una sola ànima.

Es llevaren quan el dia tot just puntejava. No podien esperar més, si s'haguessin esperat tan sols mica més, no s'haurien pogut arrencar d'Egipte. Però Déu, des d'Israel, cridava el seu Fill.

Déu sobre tot.

Els veïns els acompanyaren fins a les fites del desert i un bon tros desert enllà. Les dones i la canalla tornaren a besar Maria, tornaren a besar el Nen, els homes tornaren a fer els besos de germanor a Josep.

Josep, Maria, Jesús i el ruc caminaven ja sols. Es giraren. Els fellahs, les fellahes i els fellahets es retallaven a l'horitzó, fent-los els adéus amb les mans alçades

El sol de llevant vermellejava els vestits dels egipcis, daurava les dunes, pentinava el palmerar. Allà lluny, el palmerar feia una ratlla verda que ballava amb la mica de vent.

Maria i Josep es pararen corpresos per la bellesa d'aquella terra amorosa com el riu, ampla com els sorrals, ardent com els cels.

La Mare de Déu duia l'Infant als braços. Jesús somreia i alçava la mà amb la primera benedicció del Fill de l'Home als homes.

Egipte restava beneït

Per sempre.

Magníficat a Natzaret

Allà dalt dels cels

—Josep té mans de creador del món.

—Fent més xopluc que els àngels de Betlem.

—Fetes nadala.

Josep

Josep era un home de poble, un fuster de no res; de no ser pel voler de Déu, hauria passat pel món amb la glòria dels qui en diuen sense pena ni glòria.

Però la vida se li va tornar llegenda viscuda, des que, tot i gràvida, sabé veure innocent la seva dona. Ara tornava a Natzaret, a una vida que fóra com la d'abans i que no fóra pas com la d'abans. Els records se li reinflaven al pit, no se'n sabia avenir. Àngels en els somnis, àngels cantant a la cova, pastors i mags. La dona aixoplugada als seus braços i aquella mica de parraquet de Déu que, només de veure'l, ja li somreia.

Josep no tenia gota de la mística enlairada de sant Joan de la Creu. «Quedéme y olvidéme.» Ves a restar aturat quan cal fer camí a

Betlem, endegar la cova, trobar feina a mans, fugir a Egipte, tornar a casa. Tampoc no podia «olvidarse». A veure si podia oblidar-se de vetllar Déu i sa Mare.

Ara tornava a Natzaret sense cap pregunta que el furgués.

Ho sabia sense preguntar-s'ho, gairebé sense ni dir-s'ho. Déu els feia tornar al poble volent que el Fill fos de mena baixa. No volia ferlo patir, encara menut, la Llei seca dels doctors de Jerusalem, on dos i dos sempre hi feien quatre, sense capmassos.

I vetací.

La seva Maria, vivint el paradís de la innocència, i el seu Jesús, davallat dels cels, entrarien en el seu món de fuster. Sense miracles ni àngels. Sense d'altre miracle que l'olor de fusta acabada d'aixolar. I sense àngels, amb aquell parell a casa no n'hi calien.

Allà dalt dels cels

—Maria, mestressa.

—Dona de poble.

—Foc de fogons.

Maria

Tornaven a casa.

Havien deixat enrera el palmerar, els sorrals del desert, les asprors del desert de Judà, les primeres oliveres, els primers carrascars. Baixant l'esquena d'ase bíblica, cap a tramuntana, ja atalaiaven les coromines manyagues de Galilea.

Maria sentia la seva mà en la de Josep.

Una mà que no tremolava. Josep, el seu Josep. L'home que l'havia creguda sense preguntes, els braços que l'havien aixoplugada després de deslliurar, tan de Déu com sapastre per acotxar el Fill de Déu. Mai al món no hi hauria ningú més tan pare pastat al Pare nostre dels cels.

La Verge esguardà el Fill adormit a l'altre braç.

Tenia una guspira de goig acomiadant-se d'Egipte, havia deixat anar un gemec a les envistes de Jerusalem, ara, ja a prop de casa, tornava a somriure. El Carmel s'estenia cap a ponent fins al mar, recordava Elies i el nuvolet, Maria va sentir-se l'ànima ablanida, sense saber que ella, algun dia, en duria el nom.

A llevant, el llac. El reflex de les seves aigües platejava els cels. A la terra de casa, els cels ja no eren la mà plana de Déu tota estesa al desert, ací, en aquestes valls a clasta, els cels esdevenien la mà del Senyor fent cabana per al seu Fill. Jesús s'hi havia adormit.

Ja eren a tocar Natzaret.

Les Setrilles espigolaven en un camp. No tenien pas la galanor de Rut, eren dues velletes encongides, menudes, gairebé immaterials, reien com criatures. Traspuaven pau i en donaven, es treien el pa de la boca per donar-lo a un captaire. Al veure'ls, les velles feren alegrois.

—Pau. Déu us torna a casa, lloat sia.

—Lloat sia. Pau.

Besaren i bressaren el Nen. Aquest ni va desvetllar-se. Les dues dones no van preguntar d'on venien, ni perquè tornaven. Mai no havien estat xafarderes.

Veient-se les Setrilles, Maria ho va saber. Per un voler de Déu, Josep els feia entrar en un món de fusters i espigolaires.

Només amb el pa de cada dia.

Allà dalt dels cels i ací baix

—Fill, cap a estudi i a fer bondat.

—A aprendre l'ofici de Fill de l'Home.

—A saber tocar el flabiol.

Jesús

Com fa tot pare, el Pare va triar escola per al Fill.

Res de Jerusalem.

Res d'escola a Jerusalem, amb tant d'enfarfec de lleis que encarcaraven la Llei, amb tants de doctors de biga dreta que no en perdonaven una i passaven el temps purificant-se. L'entestament a la llei, l'urc de sentir-se'n posseïdors, els encegava; mai no podrien entendre que Déu es fes home, salvació per a jueus i pagans.

Dut a Jerusalem, Jesús parlaria amb l'èmfasi dels doctors.

Dut a Natzaret, les engegaria amb el pic garneu dels pobles.

Fet i espigat al poble de mala mort i de mal nom, el Fill fóra de mena baixa, es faria entenedor als de mena baixa. Hauria jugat al carrer amb la quitxalla. Sense miracles. Viuria dols i joies dels veïns. Sense miracles. Com un de tants, aniria als treballs de la vinya, a les sembrades i collites, coneixeria les ovelles pel morro, compadiria la Malamaria i la mare amb un fill ximple.

Venint dels silencis infinits, Josep li ensenyaria a callar dient-ho tot; de sa Mare n'aprendria cançons de bressol que ella no li cantaria mai. I trobaria una paràbola en cada feta.

Un dia, Déu parlaria amb paràboles.

Les hauria apreses a Natzaret.

Arribats a casa

Sentiren que el cor se'ls escalfava.

—Maria, ja som a casa.

—Ja som a casa, Josep.

Les dones eren a la font, algunes ni els van conèixer, la Malamaria els va veure, se'ls va acostar cridant, va prendre el Nen babejant-lo a petons.

—Què dimonis heu fotut tot aquest temps.

—No és boig qui a casa torna, Malamaria.

Les altres dones se'ls acostaren. Els feren rebuda, es passaren el nen babejant-lo a petons.

—Ens ha arribat noves ben estranyes de vosaltres.

—No és boig qui a casa torna, dones.

I no en pogueren treure més.

Les dones els acompanyaren poble endins. Era el poble de sempre, talment l'havien deixat. Els homes els sortiren a l'encontre, també els ataconaven a preguntes. Era la gent de sempre.

—Ens han arribat noves ben estranyes de vosaltres.

—No és boig qui a casa torna, gent.

I no en pogueren treure més.

Algú havia avisat els Fusterets i els Bonamaria, venien a rebre'ls pel carrer. Anaven més rancs. Els feren rebuda, mig calenta mig consirosa, feren alegrois al nét, se'l passaren babejant-lo a petons.

—És el més bell dels fills dels homes.

Entraren a cal Bonamaria. Les veïnes tornaren als alegrois. Ja sols amb els vells, aquests els emprengueren.

—Ens han arribat noves ben rares de vosaltres.

—No és boig qui a casa torna, pares.

Els quatre vells no en pogueren treure res més.

Quan es gitava a la vora de l'home, l'Anna va dir-ho.

—Quim, no t'hi amoïnis, que no en podrem saber res.

El Quim feia el bot, l'Anna va afegir-hi.

—Només sé que tornen en pau.

El Quim ja dormia, l'Anna es va adormir

més tard pensant en el seu nét, era el més bell dels fills dels homes.

El Josep i la Maria se n'anaren a la casa de casats. Tot i esbalandrada, amb algun muricec, s'aguantava que Déu n'hi do; l'endreçaren una mica abans d'adormir-se. L'endemà s'hi posarien.

Tenien gust de llesca de pa a la boca.

Havien tornat a casa.

Tot era quiet

Tot era quiet.

Aquella nit, al cap d'un temps de l'arribada a Natzaret, adormint-se amb el parenostre que encara no s'havia après, Maria se sentia a casa.

Els carrers, les placetes, les graonades, el bals, la figuera penjada al marge, l'eixida ombrejada per la parra. Les Setrilles, la Malamaria, la xafardera i la bleda assoleiada, el barbut i el barbamec, el pobre i l'escanyapobres, els anants i els vinents.

Gitada, sentia respirar el seu home, l'escalforeta del Fill adormit ben al seu costat l'entendria.

Tot era quiet.

Va adormir-se, es va desvetllar, el Josep se'n va anar a la feina, va treure el Noi de la bressa, va trastejar per casa. Asseguda cosint, el Minyonet se li acostava a tentines parant les mans endavant cap a Ella, el xic es va deixar anar per restar-se-li acotxat entre els plecs de la falda.

Amb una mà al cap del marrec, la mare revivia els dies d'ençà de l'àngel.

Joveneta, no s'ho esperava pas. Nada en un poble, hauria de fer la vida d'una dona com totes, malgrat sentir-se uns delits que ni es podia explicar. Vés a explicar els delits d'una criatura innocent marcada de Verge i Mare.

No es preguntava res, faria la vida com qualsevol de les noies del veïnat; a més, no trobaria pas d'altre minyó com Josep.

Però li va venir l'àngel.

L'anunciació, la visitació amb el magníficat, les bodes amb Josep, nadal, Egipte, els innocents. Fins a la tornada al poble; en aquells mesos o anys, havia viscut la transfiguració de Déu. Molt més que Pere, Jaume i Joan al Tabor, Ella s'havia trobat Déu al ventre, l'havia fet néixer, l'havia faixat. I les seves festes al nat eren més que les cantades dels àngels.

En aquell temps, havia tocat Déu com ningú més no el tocaria.

Tot era quiet.

La Mare de Déu, entotsolada, tornava a viure aquells dies en un sol moment. Desvetllant-se'n, va guaitar-se el Fill que anava de quatre grapes, s'asseia, tombava d'esquena, es redreçava, es xumava el dit gros del peu. Li va canviar els draps, anava mullat.

Tot era quiet.

Va tornar la nit.

Gitada, sentia respirar el seu home, l'escalforeta del Fill adormit ben al seu costat l'entendria. Es trobava callant en un parenostre que encara no s'havia après.

El seu Fill era com qualsevol altre. Mam, caca i non.

El Fill de Déu se li estava transfigurant en Fill de l'Home. Déu, baixat dels cels a trompetades d'àngel, ara, sense trompeteries, s'anava avesant a ser una criatura d'aquesta terra de mortals. La campa, el poble, els carrers i els terrats, la gent i la cridòria sense remors dels cels, foren l'escola on Déu hi aprendria a ser home, on el Fill de Déu hi trobaria els mots de profeta. A poc a poc, se li allunyaria de la falda, amb Josep per xopluc.

Després, després vindrien d'altres dies.

Mentrestant, tot era quiet.

Adormint-se, el magníficat se li va canviar de registre.

MAGNÍFICAT A NATZARET

La meva ànima és ben llisa
amb Déu infant a tentines,
i el meu esperit oculta la joia
del Senyor aprenent d'home,
perquè m'ha fet pa de cada dia
a la taula del fuster i el Fill.

I, doncs, d'avui i a venir,
seré Mestressa de totes les sopes,
perquè m'ha fet dona de sa casa
el Déu de la llar, el de Nom sabut
sense saber,
el de gràcia llescada
generació rera generació
per als qui no en demanen més.

El seu braç, fent-se a l'eina,
és destral per als poderosos
i aixol per als manyacs,
encenall per als rescalfats
i teia per als enfredorits,
porticó clos als saberuts
i finestra oberta als folls.

Ha fet xopluc d'Israel
el meu Josep, l'home just,
guardià de la misericòrdia
promesa a Abraham i el seu llinatge,
enyorada per tots els pobles.

Per sempre.

Pa cada dia

La casa i el carrer

La porta de la casa era estreta i baixa. Entrant-hi sense parar compte, el Bordegàs es va escarbotar la closca amb el dintell.

—Òndia, quina portota tan baixa tens, fusterot, te'n podries fer de millor.

La Maria li va posar un pegat.

—Tanmateix, ací s'hi està bé.

Se'n va anar després d'una estona de rall.

La Maria donava el pit al minyonet.

Veia com Josep trastejava dient-se que el Bordegàs estava en el cert, en aquella casa s'hi estava bé. Era quieta, entotsolada, amb una mica d'ombres calmoses estades endins, i claps enfora del sol únic de la Mediterrània, que ni s'agrisa ni estavella.

Passà temps. Jesús ja anava a quatre grapes.

Maria se'l mirava. Era nissaga d'Abraham, Isaac, Jacob, Judà, David i una tirallonga de noms desconeguts com Ozias o Sadoc, granets de sorra en el gran sorral dels fills del patriarca. Uns i altres feien la mena d'Abraham. Però. Però el marrequet també, i més, era nissaga d'Adam, de Set, Henoc, Melquisedec i la tirallonga de desconeguts, escampats arreu del món, vés a saber amb quins profetes fent-los de ninot de Déu. Un Déu que podia llevar fills d'Abraham de les pedres.

Passà temps. El fill ja començava a caminar, xerrotejava quequejant.

Era el mot de Déu venint des de l'eternitat d'una sola paraula per aprendre les paraules entabotxades i endevinaires dels homes. Maria es va entendrir, Jesús, contra allò que solen fer tots els marrecs, abans havia dit «pare» que «mare», ella hi veia un homenatge al seu Josep. I més. El Fill li venia des de la infinitud d'un Pare únic.

Passà temps. Més crescut, el noi es vigilava sa mare feinejant.

Salava el menjar, va tastar-lo, era fad, la sal humitejada s'havia fet barloca, ja no podia donar bon gust, li va caldre demanar-ne'n a la veïna. Després va pastar la farina, s'hi va mirar amb el llevat, no fos cas que també s'hagués fet barloc, era bo, ullaria el pa. Es va rentar les mans, Maria sentia la mirada quieta del fill seguint-li els gestos. S'assegué a una cadira baixa, els dits li volaven en la dansa més bella que hom pot veure en aquest món, la voleiadissa de mans d'una dona cosint; va enfilar l'agulla amb fil fi llepat i afuat, el foradet de l'agulla era ben estret; va somriure, segur que no hi podria passar un camell. Estava apedaçant roba vella amb un trossot de roba vella; amb roba nova hi hauria fet un estrip.

Passà temps. Un dia se li va fer de fosc sense adonar-se'n.

El xicotet se li va arrapar als genolls, no li

plavia la foscor, era fill de la llum. Josep va trobar el gresolet a les fosques, el va encendre, tenia un cremallot. De tant en tant, Josep parlava sol.

—Minyó, mai no acabis d'apagar un ble amb cremallot, més val que l'espavilis.

Va posar el gresolet a la postada.

—Minyó, tampoc no amaguis el llum sota el mesuró, fica'l amunt.

Amb la mitja claror tremolosa del gresolet, Maria veia el sagalet a contrallum, amb una aurèola al volt dels cabells. Beneït el Senyor Déu d'Israel, veia la llum del món, amb esplendors de glòria tan menuts com la flama del gresolet.

De nit, la casa era quieta.

Era una casota de pobres, mal estintolada de fonaments perquè vés a fiar-te del sauló a flor de terra. Semblava sempre a punt d'esbalandrar-se, però mai no s'esbalandraria, era bastida amb el Déu d'Israel per roca. Aixoplugava el Fill. Sense saber com, es va estremir. Un dia, el fill, ficat a profeta, no tindria on reposar el cap en uns verals on fins les guilles tenen cau.

El fill ja li rodava pels carrers.

Un dia de mercat va demanar-li un as, volia comprar un parell d'ocellets, va tornar a casa sense as i sense ocellets, els havia engegats a volar. Tot i que a casa no tinguessin pas gaires asos, Maria va somriure complaguda.

El noi era callat, però no s'estava pas de jugar, jugava sense esverar-se. Sa mare el va veure, a plaça, jugant a enterraments tocava la flauta, però els seus companys, que deurien tenir d'altres dèries, no li'n feien cabal, no ballaven; després, el noi se li escanyussava cantant cants de dol, però els altres no es picaven el pit, com feien els grans als enterraments de debò.

Ja més granat, al minyó li plavia de veure Josep treballant.

Passava el dit pel tall de l'aixol, quan sa mare, mirant-se'l el va sentir lluny de l'eina. Cert. Mai no fóra fuster, mai no parlaria com un fuster en les seves paràboles de profeta. Vés a saber perquè.

Espigant-se, la Sabina deia que ja era tot un homenet i que parlava com un vell; la Sabina no era sa mare, sa mare encara se'l veia, sempre se'l veuria, amb l'entendriment, únic al món, d'un nadó xuclant-li el pit. Fet i fet, tots som nadons arrapats a Déu, espernegant al bressol del Senyor.

Seguint aquesta veta, va recordar aquell dia.

Per primer cop, Jesús s'havia assegut a taula, sa mare encara li veia les mans menudes partint el pa, cerimoniosament; encara el veia fent un glop de vi, cerimoniosament.

Un dia s'ho sabria explicar.

De moment, només podia dir-se que aquella casa era un temple.

L'HORTET

Com tants menestrals de poble xic, sense massa floritures a l'ofici, Josep potser era més pagès que fuster. Se'l veia feliç a l'hort. Era un hortet de poc passament, un pegot de terra penjat entre la feixa i el marge, la feixa amb la figuera de coll de dama fent-hi penjoll, el marge amb les arrels i els plançons de l'olivera fent-lo ferm.

Fos com fos, Josep el menava com ningú, el tenia endreçat, polit com un jardí, amb la bellesa espontània, viva, agraïda i feinera que mai no podran tenir els jardins. Els solcs eren a bell reng, l'aixada els havia fet sense turmentar la mare terra, gairebé només acaronant-la.

Aquell matí, a l'eixida de casa, el Josep triava les canyes d'enasprar, n'aprofitava més d'una d'esquerdada, tornant a parlar sol.

—Minyó, mai no acabis de trencar la canya esquerdada.

I tots tres cap a l'hortet.

Maria i Jesús ja s'ho sabien, tot just arribats, Josep es va asseure per guaitar-se quiet aquell menut bé de Déu. Cada hortalissa era un miracle del Senyor, també s'hi afegia el miraclet de la feina d'un home. A l'arbrissó de mostassa hi havia voleiadissa d'ocells, Josep tenia una llavor de mostassa al clot de la mà, un no res de granet.

—Minyó, qui ho diria. D'aquesta mica de no res en surt un arbrissó.

L'asseguda va durar estona. De cop, l'home va alçar-se per arrencar unes herbotes. Havien sortit només de feia quatre dies.

—Minyó, per molt que t'hi escarrassis, sempre et sortiran herbotes.

Va prendre la destral, ronsejava, li recava allò que havia de fer.

—Aquesta figuera ja no fa res de bo.

—Josep, espera un any més, vés a saber.

Entrecavaren els solcs, feren un reng de planter de lletugues, treballotejaren tots tres de gust. Duien un mossec, es van asseure dessota l'olivera. L'olivera és l'arbre més gentil del món, amb una mica de ventet es fa de plata, amb el ventot de tramuntana s'agrisa de tristor, a ple sol és treball d'argenter.

Aquella olivera era l'arbre de la pau. Però Maria es va estremir.

Sense ni voler, va veure l'arínjol entre les bardisses, es cargolava manyac, però l'arínjol que ella havia vist al desert duia unes punxes que fiblaven només de mirar-les.

L'olivera i l'arínjol. Tot i la pau que mai no perdia, Maria va sentir un calfred. Recordava el psalm i Isaïes.

M'han foradat mans i peus.
Es poden comptar tots els meus ossos.
El duran com una ovella a l'escorxador.
De tan seca, la llengua se li apegarà al paladar.
Els borrells l'amallonaran.
Nafrat, ell ve carregat dels nostres pecats.
Esbarrellat, ni té fesomia d'home.
Sembla un leprós.

Esglaiada, no sabia dir-s'ho. Però. Però Déu sobre tot.

A Getsemaní hi havia oliveres.

En el desert, vora Betlem, l'arínjol feia corona d'espines.

El noi i els savis

JERUSALEM

Jesús ja tenia dotze anys.

Havia de pujar a Jerusalem amb tot el poble. Ho deia la Llei.

La corrua de gent baixà cap a la plana d'Esdreló, després va emprendre les primeres costes de l'esquena d'ase que carena cap a Judea. En aquestes, la quitxalla corre, ara avançant-se, ara aturant-se enrera, ara corrent entre les cames dels grans. Fa doble camí, com diu que fan els gossos. Amb la mena de joia pobra que només hom pot veure a orient, la canalla feia camí. Els xics menjaven amb la primera parada que trobaven, fins dormien amb els primers veïns que atrapaven quan es ponia el sol.

No calia pas que els pares se'ls vigilessin.

—Compte, gent, que passem per Samaria. Els samaritans ens la tenen jurada.

La colla s'havia aturat vora el pou de Jacob, quan vingueren els samaritans a pedregades. Aquell pou era seu i no pas de Judà. En el batibull, un natzarè va rebre un cop de roc, va restar atuït a terra. Els samaritans van fugir, potser l'havien deixat sec.

—Malparits del meu poble. Tanta llei i tant

de temple al Garitzim, i mireu com han deixat de xiribecs aquest pobre home que no els havia fet cap mal. Jueus, jo sóc una mala faristela, si voleu, però no us vull cap mal.

La samaritana va embenar el nafrat, només duia un mal cop.

Fent corrua, la gent de Natzaret va arribar a Judea. La canalla la voltava com si res, encara no sabia prou què era Judea per als jueus. Continuaren carenant.

—Josep, Ain-Karem, el poblet de ma cosina.

—Ain-Karem, Maria, el poble del menut Joan.

No els calgué caminar gaire més.

—Jerusalem, Maria.

—Jerusalem, Josep.

La ciutat de David, la glòria del poble de Déu, resplendia al sol, emmurallada, grandiosa, estritllant psalms graduals. Bastida i enrunada, bastida i enrunada, bastida de nou, era tota pedra viva de Déu. I el Temple, grandiós, glòria de Déu voltat de serafins. Bastit i enrunat, bastit i enrunat, bastit de nou no feia gaire, enlluernava com les xardors del Sinaí enmig de l'esplanada, amb els murs de la contramuralla a pic. Era glòria de Déu entre els homes.

Els natzarens van aturar-se contemplant aquell bé de Déu, un bé de Déu de debò, com res més. Josep va prémer la mà de Maria, Maria va sentir l'altra mà en la de Jesús. Se'l va mirar.

Jesús plorava.

Sense sanglots, però a llàgrima viva. Jesús plorava.

Sa mare no l'havia vist mai plorant així.

Continuaren cap a la ciutat santa.

Entraren per una porta, per una altra porta entraren al Temple.

El Temple era a curull de gent, els marxants hi tenien paradetes per canviar diners, vendre xais o tórtores, vendre vés a saber què. Per primer cop en tota sa vida, Maria va veure el seu minyonet enrabiat, prement els punys. Ai, Senyor, el seu anyell havia de ser l'Anyell de Déu, però no pas acovardit.

A prop hi havia el lloc per a les ofrenes al tresor.

Fent-s'hi veure, els rics hi ficaven diners a dojo, els pobres s'hi apropaven avergonyits, donant, potser, un dia de pa a la post. Una velleta, amb tot el posat d'una vídua, hi va deixar un òbol; Maria havia estalviat qui sap-lo per a aquella feta, hi hauria posat més d'un òbol, però, mirant-se la velleta i somrient-li, ben a les vistes, només va ficar un òbol al tresor.

Com tothom, els natzarens feren pasqua. El Temple era a esclat, allà dins, en el misteri llunyà de Déu, l'altar fumejava amb el fum dels holocaustos i de l'encens.

Des del pati de les dones, separada del Temple per dos cinyells d'atris, Maria pensava en les llunyanies ocultes del Sant dels Sants, on només hi entrava el gran sacerdot, i només un cop a l'any. Amb teia de mestressa de sa casa, i sense voler, va pensar que aquell lloc tan sant i sant, ara buit sense arca, deuria ser fosc i ple de teranyines. Ves qui gosaria entrar-hi a esterenyinar.

Va somriure pensant-hi.

I va pensar en la casa de Natzaret.

Sense teranyines, sense ombres misterioses, sense vels sagrats, ni altar dels pans, ni altar de l'encens, ni canelobre amb set brocs. Beneït fos el Senyor Déu de tot home, esbalandrada, pobrissona, amb la porta estreta més acollidora que la gran porta del Temple sempre closa, ca seva era més temple de Déu que el Temple de Jerusalem.

I tornaren a casa.

La quitxalla corria com l'aviram, ara més contenta, eren de tornada a les places i carrers dels jocs de cada dia. Josep i Maria no s'hi amoïnaren gota, però, al caient del sol, s'adonaren que no havien vist el minyó en tot el dia. Es van neguitejar, ningú no l'havia vist entre la colla de canalla. Es van neguitejar, des que havien sortit de Jerusalem ningú no el recordava corrent.

Neguitejats, tornaren a Jerusalem cercant-lo.

Passaren tres dies acorats. Cap dels parents o coneguts no en sabia res, ningú del carrer o de les botigues no havia vist un minyonet galileu rondant pels cantons, tampoc no l'havien trobat a cap hostal. Fins que, gairebé d'esma, anaren a raure al Temple. La quitxalla saberuda s'asseia als peus dels savis i sapientíssims doctors. Jesús era allà.

—Fill, què has fet, ton pare i jo t'hem cercat debades i neguitosos.

—Dona, per què em cercàveu, sabeu prou que em cal estar en allò que ateny el meu Pare.

Josep i Maria ho van entendre.

Els doctors no en van aplegar ni un borrall.

—Teniu un sagal ben eixerit.

—Encara que de poca lletra.

—Emporteu-vos-el, en nom de Déu.

—Jo encara voldria fer-li una darrera pregunta.

—Vejam si la Llei permet de menjar-se un ou post en dissabte per la gallina.

Jesús va etzibar.

—Més val que ho pregunteu a la gallina.

Josep se'l va endur d'estrebada. Maria recordaria aquesta. Josep, com sempre, no es preguntava res, els tenia tots dos a casa, calia que els vetllés i Déu sobre tot.

Arribaren a casa.

El minyó, obedient, creixia en saviesa, planta i gràcia davant de Déu i davant dels homes.

Pa cada dia

La Sabina i el fariseu

Els sentien cridar al terrat veí.

El fariseu havia començat a parlar amb veu oliada.

La Sabina gastava un espinguet que matava el cuc de l'orella.

Al final, ell les engegava rauc, ella s'esgarripava com una trompeta de guerra.

—Sabina, la Llei és la llei.

—No em vinguis amb les teves punyetes del cumí i el fonoll.

—Contra tota llei, Sabina, has trit una espiga de blat en dissabte.

—Trampejant-te la llei, en dissabte has tret el ruc del pou.

—Pau, Sabina. I mira de no badar tant a la sinagoga.

—Ni pau ni res. Més val badar que fer-hi el merda com tu.

—Duc sempre la llei al front i a prop del cor.

—I tant, carallot, però no la duus a dintre.

—Sabina.

—Ets un mal xinat.

—Sabina.

—Te les diria totes menys fill de meuca.

—Almenys em perdones aquesta, Sabina.

—Qualsevol meuca s'avergonyiria de tenir un fill com tu.

—Sabina!

—Sepulcre emblanquinat, amb ossos podrint-s'hi al dedins.

—Sabina!

—Escurçó amagat entre les lloses de la sinagona.

—Sabina!!

—Cec que vol guiar d'altres menys cecs que ell.

—Sabina!!

—Veus la palla a l'ull de l'altre i no et veus la biga al teu.

—Sabina!!!

—Comediant i més que comediant.

—Sabina!!!

—Au, fot el camp i deixa'm tranquil·la.

La Sabina va entrar a casa de la Maria per acabar de desfogar-se.

—Si et digués tot allò que sé d'aquest pocavergonya.

—Més val que no ho diguis, tindràs més pau, Sabina.

La dona se'n va anar.

La Maria va veure com el seu noi mig somreia.

Era dels de la banda de la Sabina.

—Ahir va ploure, Maria, bufava el ponent.

—Avui bufa el mitjorn, Josep, farà calda.

Gent de campa, endevinaven el temps.

Sortiren als camps, el camí era estret, de mal fresar, escorxat per la pluja, amb pedruscalls a torçar turmells. Camí aspre dels pobres. Fent-hi trencall, la carretera era ampla, aplanada de clots i roderes. Duia a casa d'uns prohoms. No era pas el seu.

El caminot passava per un canyar, les canyes es movien al vent que tocava, l'alzina del marge només es deixava escabellar la capçada, ni la tramuntana més esverada no la tombava.

El camí es perdia en un codinar pelat, fent una clapa entre el carrascar. Allà, cels amunt, els voltors feien cercles cercant carn de despulles. Duien el mal averany de la mort. Entre el sotabosc del carrascar hi niaven les merles i algun ocell de pas, a les escletxes de la paret seca els pardals de tot l'any, humils i casolans, piulejaven i picossejaven, jugant arran de terra i enlairant-se les orenetes pinzallejaven l'aire de gargots. Tot era xiscladissa. Beneïts ocells, que no emmagatzemaven als graners, fiats tan sols de Déu.

Estaven asseguts, Jesús es va alçar. A la riba del bosc, fent marget, quatre lliris del camp, que ni filaven ni teixien, anaven abillats amb més gloria que el rei Salomó. Maria es vigilava el fill. Aquest va ajupir-se a tocar els lliris, sa mare sabia pla bé que no n'arrencaria pas cap, els va acaronar amb el palmell de la mà. Va tornar a asseure's amb els seus.

El cel s'havia ennuvolat.

S'aixecaren per aplegar llenya.

Allà, no massa lluny, el Talòs era al seu camp.

El Talòs era un talòs. Sembrant el gra, no sabia escampar bé el ram d'un cop de mà que engrapava les llavors. Les unes queien a la vora del camí, a guany dels ocells; d'altres havien tombat a terra prima a tres dits del sauló, el sol les havia escaldufades; unes quantes havien parat entre l'esbarzeram, que les havia ofegades. Les caigudes a terra agraïda havien donat el cent per u.

Això no havia estat tot. Quan el blat ja començava a canonar, havia sortit la cogula, vés a saber si per ella mateixa o per algun que volia mal al pobre Talòs. El fet és que l'home, volent arrencar la mala herba, va malaguanyar mitja collita bona.

Quan, poca o molta, ja tenia la collita a l'era, va batre amb el ruc ajovat; la bèstia més bella d'orient feia calmosa i manyaga el seu fet, a crits de l'amo. Ara, veien el Talòs esventant la collita a cops de pala, separant el gra del boll.

Jesús s'havia aturat vigilant-se el Talòs.

Hagueren d'entornar-se'n a corre-cuita.

Com sol passar en aquelles terres, la tempesta s'havia desfermat sense avisar. La foscor urpava els racons de la campa, tronava i llampeguejava, mare terra semblava un nen tremolant als retrunys i llanternades. Plovent a bots i barrals, van córrer cap a casa, hi arribaren mullats com ànecs.

Llamps i llamps. Queia foc dels cels.

Maria veia Josep i Jesús canviant-se la roba.

Ni que pogués, Josep mai de la vida no faria baixar foc del cel, era massa manyac, però era prou valent per no témer el foc del cel, les entomava totes com venien i Déu sobre tot. Ai, Senyor, el seu Jesús. Jesús, que podia fer-ho, tampoc mai no faria baixar foc dels cels.

Havia vingut dels cels per fer-nos saber que Déu és manyac.

Tot i que el llamp dugui foc dels cels.

El tocó

El Tocó era ric, molt ric, moltíssim ric.

Al parer de la Sabina, potser tenia més de milanta talents.

Es vantava d'haver nascut pelat amb una mà al davant i l'altra al darrera. No havia d'agrair res a ningú, s'ho havia guanyat tot ben sol. No deia per quin sistema, però el sabia tothom. Al contrari dels bandits generosos, que roben als rics per donar-ho al pobres, ell robava als pobres, que n'hi ha molts més.

La Sabina s'explicava així, ella que no tenia un as.

Maria somreia sentint aquelles lliçons d'economia, que no serien ben enteses fins als banquers i governants de dos mil anys després. Ai, ara sóc jo qui s'embolica, tornem al Tocó.

El Tocó era de Natzaret, i ja havia fet els primers dinerons llargs quan va passar allò de la dracma. La seva dona havia perdut una dracma, compteu, una dracma, quan ja en tenien un bon bossot. Esverada, perquè el seu de casa tenia punts de garrepa, va fer anar criats i minyones en doina, volia saber qui li havia furtat la dracma, ningú no en sabia res; encara malfiada de tot bitxo, va fer remenar tota la casa, movent-ne arcons i gits, furgant als raconots, i vinga remenar. No trovaben la dracma. Quan el seu home va saber-ho, encara fou més embolic. Fins que va sortir la dracma, el Tocó la duia a la butxaca, se li havia perdut allà dins perquè era nat sense butxaques.

El Tocó, de tan content com va posar-se al trobar la dracma, va muntar un festot a casa que li va sortir bastant més car que una peça de diner. Què hi farem, deia la Sabina, els rics tenen un bei, i més els polls ressucitats.

Com tots els polls ressucitats, el Tocó tractava el servei com si fos bestiar de bast. Els pagava bé, deia, molt més que no es mereixien i, en canvi, el sisaven. O es creia que el sisaven. I pobre de la minyona o el criat que no l'esperés vetllant quan tornava a altes hores de la nit, borratxo dels xeflis.

Com sol passar, corria pel poble amb tants de fums que no hi havia qui l'aguantés. Al cap de poc, fins els amics de les primeres pedregades i furts a les pomes van deixar-lo sol. Va marxar del poble.

Però hi tornava de tant en tant.

En una d'aquestes va arribar amb presses, havia de marxar lluny un temps i volia deixar les coses endreçades. S'havia fet una juguesca amb ell mateix. A veure de qui es podia fiar. Anant-se'n, va donar deu talents al Mustela, i espavila't, noi; en va donar un parell al Xerric, i campa-te-la; en va donar un de sol al Trompa, i no t'encantis. Tornant de lluny, més farcit de diners que mai, va arribar al poble per quedar convençut de no haver-la errat. Vés a saber amb quines tracimanyes, el Mustela havia fet criar el diner de tan bona manera que tenia cinc talents més, el Xerric també n'havia fet vedellar dos més. El pobre Trompa, que era un bertranot, es va treure el talent d'una cofurna, un de sol, no se n'havia sabut guanyar cap.

Sentint-se més savi que el savi rei Salomó, l'home va fer sentència. El Mustela fou el seu majordom en tots els quefers al poble, al Xerric va encarregar-li de menar la vinya. Quant al Trompa, com era d'esperar, va enviar-lo a pastar fang.

Explicant-ho a la Maria, que l'aguantava pacienciosa, la Sabina hi reia.

Maria no sabia pas què dir-hi.

Josep deia que malament rai els rics.

Jesús, callava.

La vinya

Aquell dissabte, a la sinagoga, hi havien llegit Isaïes.

Allò de la vinya, diu, més o menys, que «el meu estimat tenia una vinya, la va encerclar de paret seca, va cavar-hi un cup, va bastir-hi una torre per vigilar-la bé al temps dels raïms madurs; però, arribada l'hora de la verema, la vinya només va donar-li agrassots».

Segons el mestre de la llei, El Senyor era l'amo de la vinya i la vinya era el poble d'Israel. Fent-s'ho venir bé, el mestre de la llei va engegar-los un cop de tralla que els deixava a tots ben calents.

La Sabina va dir que, fos com fos, allò de la vinya anava pel Tocó.

Sense bíbliques, el Tocó, que tenia tanta de vinya com volia, duia flaca per aquella del seu poble nadiu. Veureu. De xic, l'amo d'aleshores l'havia atrapat tocant-li els raïms ja fets i va sortir-ne fugint amb els darreres escaldats. El Tocó, així que va fer els primers diners, es va comprar aquella vinya. Amb el temps fou la seva glòria. Costés què costés la va feixar ben feixada, va voltar-la de paret seca, va cavar-hi un cup, va bastir-hi una torre, la feia escabirolar a temps, no li venia d'un jornaler, la feia veremar quan calia. Havia comprat uns ceps vinguts de Tarsís, que no li donaven pas agrassots.

Després de la juguesca amb els talents, el Xerric menava la vinya.

El Xerric tenia dos fills, l'un era bon jan, l'altre un gata maula; però, tant l'un com l'altre duien un bon os bertran a l'esquena; eren uns mandres, per dir-ho clar. Però el pare Xerric no estava d'orgues, quan calia treballar, calia treballar, va dir als dos bordegassos que cap a la vinya. El bon jan, rondinant i dient que no hi aniria, va acabar per anar-hi; el gata maula va dir que sí, i tant que hi aniria, però ningú no l'hi va veure. Sabent-ho, el Xerric va dir-se que no faria mai res de bo amb aquell parell. No l'errava pas de massa.

Tornant a la vinya.

Durant força temps, l'amo Tocó, que d'altra feina tenia, no va comparèixer pel poble, així, que, menant-la i remenant-la, el Xerric ja se la sentia seva quan va arribar-li un enviat de l'amo per saber què. L'enviat de l'amo va fugir a pedregades. Més apedregat va sortir-ne el fill Tocó, enviat per son pare. Al final, el Tocó, enrabiat, va plantar-se al poble amb uns quants soldats romans, el Xerric va acabar-les a grillons.

Era el temps de la verema.

El Tocó s'ho va manegar per ell.

Com diu que encara passa no sé on, a la plaça del poble hi havia tot d'homes esperant feina d'un jornal, a diner per dia. A l'hora prima, el Tocó va enviar-ne uns quants a la vinya, no donaven l'abast. En va enganxar més a l'hora tèrcia, més a la sexta. No donaven l'abast. La darrera enganxada fou a l'hora nona.

Això dels rics, com deia Josep, mai no saps per on sortiran. Vet ací que el Tocó, assegut a una tauleta amb piles de diners, va donar un diner a tothom, tots igual. Ja s'ho podia esperar, els de l'hora prima, que havien aguantat tota la calda, digueren que allò no era just.

El Tocó va picar-se.

—Tractes són tractes, havíem quedat en un diner per jornal i ací el teniu. Pel demés, jo puc fer amb els meus quartos allò que vulgui. Vinga, a campar-se-la. I no en parlem més.

El Mustela

La Sabina xalava contant xafarderies del Tocó.

El Josep, que no estava per xafarderies, hi acabava la paciència, s'aixecava per trastejar, tot fent que se l'escoltava; la Maria, sargint algun estrip, se l'escoltava a mitges. Però, ves qui s'ho creuria, Jesús se l'escoltava a totes.

Ara, els embolics tombaven cap al Mustela.

Després d'aquella jugada dels cinc talents, que n'havien criat cinc com si fossin conilles, el Tocó ho havia deixat tot ens mans del garneu. Endemés, el poll ressucitat s'havia fet un gall de tanta cresta que gairebé ni es recordava de quina closca d'ou havia sortit.

Vet ací. El Mustela feia i desfeia.

La primera de bona que se li va acudir fou la del tresor amagat.

Va anar a ciutat fent-se el misteriós, abans d'engegar-les va tancar portes. Baixant la veu, va engalipar l'amo assegurant-li que al camp del Xeixa hi havia un tresor amagat de temps, als dies de quan els grecs ajovaven Israel. I, com sabia tothom, els grecs corrien curulls d'or. D'aquestes el Xeixa no en sabia mica, li podrien comprar el camp per quatre xavos. El Tocó va dir que endavant les atxes. Tornat al poble, el Mustela va comprar el camp, va furgar-lo, no gaire, només per quedar bé. I va tornar a ca l'amo fent-se l'arrepentit. Ai, Senyor, qui li volia mal l'havia ben enredat, però no volia pas perjudicar l'amo, de cap manera no ho faria amb un amo tan bo. I vinga llepa. Davant de tanta de noblesa de sentiments, el Tocó va dir que bé i entesos. El camp va ser del Mustela, i el seu amo no sabia pas com lloar un majordom tan fidel i complidor.

Fins que va arribar la sonada.

El Mustela sisava a tant com podia, i no era pas poc. Remenant oli, se n'untava les mans, remenant sacs de blat, més d'un queia fora del carro, remenant què fos sempre anava balder de comptes. Va arribar a fer-les tan desvergonyides que el poble n'anava ple. I el Tocó a la figuera. Però, al capdavall, alguna animeta que anava a males amb el majordom, li va ventar tot. Endevinant-ho, el Mustela no va pas badar ni arronçar-se. Ho va fer més fort.

—Ves tu, quant deus al meu amo.

—Cent cargues d'oli.

—Posem-n'hi cinquanta i anem a mitges.

L'oli és de bon amagar.

—Ves tu, quant deus al meu amo.

—Cent sacs de blat.

—Posem-n'hi vuitanta i anem a mitges.

Amb el blat no podia apretar tant, els sacs són de més mal amagar.

El Mustela no es va pas aturar al blat i l'oli. També va trampejar-les amb el vi de la vinya, els xais del ramat, les dotzenes d'ous i l'aviram. Al cap de poc, duien les mans brutes tots els garneus dels verals, podia anar sobre segur, cap d'ells no duria platets a l'amo.

Quan aquest va arribar per passar comptes i fer-lo fora, el Mustela va rebre'l tranquil, no li caldria pas fangar ni captar. Els garneus com ell també anaven empastifats. De més a més, els tenia per amics.

Quan va saber-ho, el Tocó va fer el millor elogi que podia fer del Mustela.

—Aquest carallot és tan pocavergonya com jo.

Contant-ho, la Sabina reia esclafint.

Jesús va riure.

Estranyada, sa mare va mirar-se'l.

Cert. Jesús havia rigut.

Bodes

Al poble n'hi passaven de totes.

De bell antuvi, Maria s'estranyava de la paciència de Jesús amb les xafarderies de la Sabina, fins que se'n va fer cabal, el noi escoltava com un aprenent.

Un dia, la dona va entrar-los a casa com si fos la missatgera de la victòria d'Israel contra Amalec. No res de tanta tropa, era molt més a pla de plaça. El Tocó havia casat el noi.

La núvia no era afavorida ni desafavorida, ni rica ni pobra, ni neta ni bruta, ni feinera ni vagarosa, ni bona ni dolenta. Era com era, pobrica, però amb un mèrit, els seus no havien donat carbassa als de cal Tocó, encara que el nuvi que li queia de sort, o de pega, fos un capcigrany. Fos què en fos, havien fet el festot de les esposalles com Déu mana i com donava la bossa llarga del sogre, que preparava bodes de brama.

Per fer-ho ben fet, el Tocó va invitar tota la prohomenia i més.

Amb l'urc dels nous rics, no s'ho esperava, quan, de fet, ja s'ho podia esperar. Més que ningú dels verals, la gent de tro li feia vores, li va respondre amb excuses de mal pagador. Aquest que si s'havia comprat un mas i, sabent-li molt de greu no podia venir a bodes; aquest altre que si s'havia firat cinc parelles de bous, i, malgrat recar-li, no podia venir a noces; aquell, ves quina casualitat, s'acabava de casar i, novell de dona, no podria ser a casament. El Titella fou més franc, rebent l'enviat del Tocó amb tota finesa, va dir-li que el seu amo ja se'n podia anar a fer punyetes amb el tocason del fill i la bleda de la núvia.

El Tocó va tenir una enfaristolada de ca l'ample.

Per revenja, va convidar els tarats, coixos, cecs, quecs, mecs, sapastres, banastres, ximplets, beneits, esparracats i desastrats del poble. Comptant l'aplega de tan gloriosos conciutadans, l'home va dir-se que encara sobraria calderada. Per fer ple, el Tocó va enviar els criats als camins per enganxar-hi qui trobessin.

I vet ací. El festot de casament pensat per als farts, va ser un afartapobres.

El dia del casament, la calderada ja era a punt.

A l'hora foscant, deu noies per casar es frissaven esperant el nuvi amb la seva colla d'amics, que havien d'aconduir-les a bodes. Ja tenien enceses les torxes untades amb oli i les embúrnies a punt per afegir-hi més oli quan calgués, el nuvi trigava i, vet ací, que cinc de les noies ja tenien les embúrnies seques, demanaren oli a les altres cinc, aquestes, gasives, van dir que s'espavilessin i n'anessin a comprar. Quan les cinc badoques tornaren de ca l'oliaire, el nuvi ja havia passat, corregueren cap a cal Tocó, trobaren la porta barrada i, malgrat els trucs, ningú no els la va obrir.

Fastiguejat de gent, el Tocó l'havia barrada d'un cop de gènit.

Va fer-la obrir d'un altre cop de gènit.

A orient, fins la pobrissalla té vestit de bodes, tothom anava com calia, però un pobre gamarús voltava les cassoles mal guarnit. Els criats de l'amo el van ventar al carrer deixantlo fet un sac d'ossos.

Finalment, anava a començar el gran sopar. Ningú del poble no havia vist mai tanta calderada, tanta vianda, tants de requisits i tants de llamins. Els convidats s'ensalivaven abans d'hora, quan van ser a allò que sol passar sempre.

—Vós primer, amic, que sou prohom.

—I ca, primer vós que sou savi de la Llei.

—De cap manera, passeu vós, que sou de la família.

—Ni pensar-ho, vós asseieu-vos més amunt, que veniu de ciutat.

I vinga compliments.

Fart de compliments, el Tocó va triar-se per veí un geperut mal arribat. Així s'acabaren els punts i contrapunts de miraments jeràrquics.

Fou un festot de bon de veres.

Va acabar-se sense miraments, jeràrquics.

Tot bitxo anava torrat.

El Crostes i el Llàtzer

El Crostes i el Llàtzer eren leprosos.

Quan la canalla, abans de sentir-ne feresa, els escridassava a riotes de lluny, la gent gran, que ja en tenia l'esglai, els feia callar. Tot i el llibre de Job, i potser per saber-se'l massa i malament, un leprós d'aquells dies era com una bruixa del Pedraforca per als de Gósol. I bastant més. Fet i fet, ningú no ha vist mai una bruixa, mentre que de leprosos n'hi havia arreu i encara n'hi ha. Ultra esborronar-se amb la por d'encomanar-se el mal, els del poble s'estremien en la fosca de les supersticions.

La malaventura d'un leprós d'aleshores no s'acabava ací. La llei manava que fossin lluny dels caserius, que no s'apropessin a ningú i que, fessin fugir esperitat qui es trobessin massa a prop cridant-li «impur, impur, impur». A més de la malaltia, els pobrics carregaven la maledicció legal. Per empitjorar-ho del tot, i no els restés sortida de cap mena, eren tinguts per maleïts de Déu.

Allunyats, temuts i maleïts, el Crostes i el Llàtzer malvivien en una barracota de rames en un ermot clapat de bardisses que ni era bo per als conills. I malament rai per trobar què dur-se a la boca, havien de furgar a les escombraries amb els gossos.

Com les feristeles, aquell parell ara anaven junts, ara la fam els descompartia per campar-se-les cadascú a la seva.

El Crostes s'arrossegava sol quan el veieren Maria i Jesús, que munyien una olivera. L'espellifat va cridar «impur, impur, impur». Maria va sentir-se l'ànima punyida. Des del magníficat, sabia que la mà valenta de Déu capgiraria el mal senderi dels homes; els famolencs tips i els tips famolencs. Amb la punyida, va saber que no ho havia dit tot.

La pell encrostada dels leprosos de Déu
resplendirà blanca entre els àngels dels cels.

Ai, Sant dels sants, mentrestant aquest Crostes era a pellingots cridant «impur, impur, impur». Qui li parla dels cels quan vivia als inferns.

—Senyor, Sant dels sants, ajudeu-lo.

Jesús era al seu costat, dret, el cos tes, amb una mirada compassiva que sa Mare li coneixia prou davant de les malestrugues sense remei. Semblava que anés a alçar el braç dret, va deixar-lo caure. Sa Mare l'entenia, encara no era arribada la seva hora.

Deixaren el dinar que duien damunt d'un roc, allunyant-se van veure com el leprós s'agarbonava al menjar, amb la fam se'l calava sense ni mastegar-lo.

—Senyor, Sant dels sants, d'una Llei més alta que la llei, ajudeu-lo.

Maria va adormir-se amb aquesta pregària, sentint que el seu Fill encara era desvetllat. Com ella, no s'oblidava del leprós.

Déu sobre tot.

Al cap d'uns dies, la gent no s'ho acabava de creure. El Crostes, guarit, se n'anava a trobar els sacerdots que li llevarien la impuresa legal. Ningú no va tornar a veure'l.

No havia estat cap miracle, l'home només patia lepra blanca.

El Llatzer sí que la patia ben negra. Va morir sol a l'ermot.

El mateix dia, enterraven a gentada mestre Fartís.

Fins va venir un doctor de Jerusalem a lloar-ne les virtuts.

Els pastors

Maria i Jesús arreplegaven feixines.

Varen trobar-se amb els pastors.

Eren com els que ella no podria oblidar mai, com els de Betlem. Menaven un bon ramat, venien del desert, ara deixaven brostar el bestiar pels rostolls, tornarien al desert.

Asseguts a terra fent rotllana, rosegaven un mossec de pa amb formatge, a cops de vi. Invitaren Maria i Jesús; tan acollidors com esquerps no se'ls veia a pler, ca seva era lluny, a les aspres del desert i en duien les traces als cossos eixarreïts, les barbes feréstegues, els trets a clivella, els ulls enfonsats, les mans argelagoses, la biga de l'esquena valenta. Poc tenien de la bucòlica bellament cantada per poetes que mai no han voltat una fona. Aquesta gent, a més de fona, duia coltells.

Havent menjat, s'alçaren per aplegar els xais.

—Vós, vell, reposeu, ens ho podem fer sols.

El vell va escalfar un tupí de llet, va passar-ne un bol als convidats.

Callava.

El desert

El vell no deia res, ni se'ls vigilava.

Fins que va engegar-se xerrant a batzacs.

—Avui parem ací, demà parem allà, l'endemà enllà.

—Mai no parem, no tenim cau, com en sol tenir qualsevol feristela.

—Ca nostra és el desert sense xopluc.

—I no hi cerquis mena d'arbres. I si n'hi ha algun no passa d'arbrot, com l'arínjol, amb unes urpes que esgarrapen només de veure-les.

—I vés a trobar-hi aigua.

—Malament rai l'aigua morta, oliosa com els ulls d'una bestiola morta.

—Bé rai que, de tant en tant, trobes alguna deu d'aigua viva, que xarbota com de miracle entre quatre arbrissons. Només al desert saps que l'aigua és un do.

—Fum-li. El desert no plany.

—De nit et deixa garratibat de fredor, de dia el sol que estavella et fa cap calent. La closca et brunzeix.

—Cap calent. Amb la panxa prima t'imagines llevant pa de les pedres; sol i vern, et veus l'amo del món; perdut i eixut et sents voltat de dimonis.

—Arribaries a adorar el Maligne.

—Sort o pega que, al desert, creus en Déu per força. Aquelles amplades de cel i aquelles llargàries de terra et fan agenollar sense que ni te n'adonis. Deuen ser la imatge més clara de Déu que hi hagi al món.

—Algun cop se me n'acuden de ben rares.

—Els vostres doctors s'ho prendrien malament. L'ase em fum dels vostres doctors. Arribo a creure que el desert és més temple que no pas aquell que teniu a Jerusalem. Fum-li. Abraham era dels nostres, no tenia més temple que el desert.

—Al desert no hi calen psalms, n'hi ha prou amb el sol de dia i les estrelles de nit, que semblen a tocar.

—Ma mare em parlava de profetes, se'ls sabia tots, jo els he oblidat.

—Però, per com ho recordo, mai no va sortir profeta del Temple, tots són veu que clama a retrunys en el desert. Al desert tot retruny.

—Jo ja no puc viure enlloc més que al desert.

—I hi moriré, esperant una altra vida, si és que hi ha una altra vida.

—Hi sigui o no hi sigui, cal entomar aquesta. Visc entre bestiar, em volten més feristeles i musaranyes que homes. Me'n puc fiar més que dels homes. Els homes aneu carregats de punyetes.

Va mig somriure.
Va callar llarga estona.

El ramat

Va callar llarga estona.

Els altres pastors ja s'acostaven menant el ramat a la cleda.

Al vell va tornar-li la xerrera a estrebades.

—Les ovelles són més afesomiades que els homes.

—Jo em conec les meves una per una, una per una, les meves em coneixen a mi. Demà, a punta de dia, m'aproparé a la cleda, obriré la porta, els faré un xiulet i em seguiran. Només les meves.

—Mala feina la del pastor. A l'aguait de dia, vetllant de nit.

—Quan menys t'ho esperes, l'ovella prenys s'aixerranca i et dona l'anyell belant a tremolines com deuen fer els nadons.

—Jo no tinc fills.

—L'anyell és la cosa més tendra que al món sia.

—Ja ho sé, vosaltres us mengeu un anyell per pasqua.

—Bon profit, però no espereu pas que us vingui.

—Fum-li. Només per aquesta, els vostres doctors ja em ventarien amb la Gehenna.

—Ma mare m'esparverava amb la Gehenna.

—Ara ja no m'esparvera l'infern dels vostres doctors, el Déu del desert no és un déu d'inferns. Deixem-ho que m'embolico i em perdo.

—El desert és perdedor d'una altra mena.

—Malament rai si se t'esgarria una ovella, has de deixar que les altres s'ho facin soles com puguin, i espavila't per trobar la perduda. Bona sort si, després de corre-la amunt i avall, la trobes embardissada o engarristada. Sovint, el llop només te'n deixa una pell ensangonada a pelleringues.

—Maleït llop.

—Maleït llop. Ves que se'm posi a tret de fons, que se'n farà l'estella. Jo volto la fona millor que el rei David. Em sembla que era el rei David. Ma mare m'entabotxava tant de reis i profetes que ja n'he perdut el rastre.

—Maleït llop.

—Maleït llop. Si el falles amb la fona i va prou abrandat per no fugir, t'hi has de fer a coltell. T'hi jugues la vida. No em reca. L'ovella s'ho val, amb el tracte arribes a posar-li voluntat.

—Em dol de tondre-les, què hi farem.

—Tondre-les rai.

—Molt em dol la tria. Els marxants són més bèsties que el bestiar. Aquesta vull, aquella deixo, fum-li fora aquesta cabra. Aquestes me les enduc. Les pobres ovelles belen de por, com si sabessin prou que se les enduen a l'escorxador.

—No m'hi avesaré mai.

—Aquell boc s'està guanyant un cop de fona.

—Diu que per pasqua no sé quines unes en

fan amb un boc. Diu que la bèstia les acaba al desert, carregant els pecats dels homes.

—Prou pecats que duu el boc per carregar-n'hi d'altres.

—Fum-li. Per molt boc que sigui, els pecats dels homes són els pecats dels homes, i ves qui se'ls carrega que no siguin ells.

—Callem, que m'engarristo com una cabra.

—Les cabres semblen les maleïdes del ramat. Sempre van a la seva, ja les pots anar cridant que, si no els ve de girada, et faran el sord. Se t'enfilen allà on no les podries abastar mai, en baixen com si res, les perds i, com si res, te les tornes a trobar amb el ramat.

—Però malament rai d'un ramat sense cabres. Els xais són babaus, s'apleguen i segueixen el manyac amb l'esquella. Les cabres tiren endavant i saben brostar on ni tu mateix, amb tants d'anys de pastor, no hi trobaries herba.

—Tothom està per les ovelles.

—Jo també tinc voluntat a les cabres.

—Si hi ha un Déu, és un déu que vetlla per qualsevol mena de bestiar.

Se'n va anar a aplegar el ramat cap a la cleda.

Maria i Jesús tornaren a casa.

La dona forta

Era dissabte.

I cap a la sinagoga, on van llegir-hi la lloança de la dona forta, que acaba el llibre sapiencial dels Proverbis. Paraula de Déu. Sortint-ne, Josep, Maria i Jesús van aturar-se una estona al rall de la gent, no gaire, no eren donats a ralls. Tornaren a casa, era dia de repòs. Quiet i callat, el fuster Josep recordava, a refrecs, allò que els havien llegit. Paraula de Déu.

La dona forta, tresor més preuat que la perla fina.

Galanor és parany, bellesa és vanitat,

però la dona que tem Déu sí que mereix de ser beneïda.

Josep tenia la dona a la vora. Ai, Senyor, era galana, bella i ningú al món no havia estat tan beneïda, tan temerosa de Déu que no en tenia mica de por.

Fa cap a tot, mai no manca oli al seu gresolet.

Es lleva quan encara és fosc, fa anar tothom en doina.

Torna de plaça amb el cistell curull com una nau de marxants.

Lleugera de dits, fa rodar la filosa i ballar el fus.

Josep continuava rumiant-s'ho. Ningú tan feiner com la seva Maria, ni tan lleugera de dits com ella. Però, ai Senyor, mestressa fustera de mena baixa, sovint se li escurava l'embúrnia d'oli i mai no podria tornar de plaça amb el cistell curull dels qui hi van amb la bossa plena.

De son treball en treu bon profit.

Avalua un camp, el compra; es vigila una vinya, la fa seva.

Va a barates de lli i llana amb els marxants.

Folrada d'estalvis, no tem l'avenir.

Òndia, Senyor, es deia Josep. Ni amb el seu

treball ni amb el de la dona mai no podrien comprar un camp o fer-se una vinya; endemés, i per sort, del passament de casa poca barata farien amb marxants. Tanmateix, sense estalvis a l'arcó, no temien l'avenir, vivien al dia de Déu, que vetllava els seus fent-los gràcia de pobresa.

Té mans donades als pobres, braços oberts als malaurats.

Sa boca parla serenya, sa llengua es destrava a psalms.

Armada de fortalesa, rep honor i lloances de tothom.

Aquesta mestressa de sa casa ha reeixit com cap d'altra.

Arribat a ací, al Josep li ballava la baterola. La Maria era tota psalm, no podia fer massa almoines als pobres, però els donava l'ànima. Més digna de lloances que qualsevol d'altra criatura al món, ningú del poble no en feia massa cabal.

Continuava recordant.

En va recordar unes que el sotraguejaren.

El cor del seu home se'n refia, pot comptar-hi a bon guany.

Mentre ella feineja, ell pot asseure's entre els prohoms,

conegut i reconegut, vistent i respectat.

Els fills de la dona forta no n'acaben mai les lloances.

Beneït fos el Senyor Déu d'Israel, i tant que es podia refiar de la seva dona; refiant-se'n com potser ningú més no ho hauria fet, s'havia trobat Déu a casa. Però, que Déu li perdonés, es deia Josep, l'home de la dona forta era un calçasses, un penques, un vagarro, un barrut. Vinga fer el pollastre de vuit rals amb els prohoms, tan barruts com ell, mentre la dona anava d'escarràs. I els fills. Els fills uns altres penques, en comptes de tantes lloances a sa mare, més valdria que li donessin un cop de mà.

Maria era al seu costat, amb un repòs sabàtic semblant, ben semblant, al de Déu en el setè dia. Quant a Jesús, vivia els anys de Natzaret en un sol repòs, tan callat com els silencis del Pare etern.

El Minyó no deia res.

Guaitant-se, Josep i Maria es van enriolar.

—Marieta, gràcies a Déu, no ets una dona forta.

—Allò m'ha fet pensar en la de cal Càvec, Josep.

La mare Càvec

Ben cert. La mestressa del cal Càvec era pastada a la dona forta tan lloada als Proverbis. I potser més, podrien dir amb raó que li quedava curt, fent-s'ho venir bé, hom podria cantarne les glòries així mateix:

Ni parany de galanor, ni vanitat de bellesa.
És valenta de cintura i poderosa de garrot de braços.
Fa sirgar les minyones a perdre alè.
Corre pel poble com un vaixell marxant d'alt bord.

Amb tots els perdons, la mare Càvec era «mujer de pelo en pecho» com la del Sancho Panza.

Treballava com si anés a preu fet en una feina que, al cap de poc, Israel perdria durant dos mil anys. Era pagesa. Mestressa de casalici gran, fressat de feina, fresat de gent, olorós de blat segat, amb el celler de bótes panxudes. Menaven bona vinya, bon conreu, bon oliverar, bon hort de reg. L'aviram els donava per a molt, tenien cort de porcs, ramat de xais i vacada. Eren pagesos arrencats.

L'amo Càvec, per dir-ho d'un cop, era un tòtila, que deixava la feina per a la dona, mentre ell pontificava a quins se'l vulguessin escoltar, que no eren molts. No, no era mal home, tampoc no podríem dir que fos bo; era una maça sense mànec, havia sortit així i què voleu fer-hi. D'altra banda potser només un banau com ell hauria aguantat la mosca vironera de la seva dona.

Tenien dos fills.

El gran era feiner com sa mare, però no tenia gota de senderi. Atossat, valent, escarrassat, carregava i descarregava saques de farina de deu roves com si res. Feia peus de pala d'erol, braços com uns ternals, treballava com una mula i l'escorçona d'una veïna deia que, per raons, podia anar de tronc amb un ruc.

El fill xic ni s'assemblava a son pare, ni s'afigurava a sa mare, ni semblava germà de son germà. Era nyèbit, escarransit, esprimatxat, xuclat de carona, tot ulls. Tampoc no era pas mal noi, s'hi feia com podia, però, mentre son germà havia enllestit deu solcs, ell encara gratava el primer. I, al vespre, amb la feina feta, mentre el gran emmanegava un magall, el xic es deixava caure, pobret, no podia més.

Ep. La mare Càvec no era pas com la Rebeca d'Isaac, que aviciava el xic i avorria el gran. Els escridassava tots dos, l'un per carbassot i l'altre per nyicris; en patia, prou endevinava que ni de l'un ni de l'altre no en treuria pas bona teia. Fos com fos, en les escridassades hi deixava endevinar una tendresa de bona mare que, tot i el «pelo en pecho», li sortia del bon cor.

Fins que va arribar allò que més temia la pobra dona.

De temps, el xic feia el boira, se'n va fer tant, que va marxar de casa sense que s'hi valguessin raons. Volia viure la seva vida, deia, i adéu. Sa mare li havia entaforat uns quants dinerons al farcell, però li durarien poc, era mà foradada.

D'ençà d'aquesta, la dona forta es va fer manyaga quan recordava el fill; vés a saber per on deuria fer-les, malament rai, era fleuma, sapastre, feble de cos, tan deixat anar que havia d'acabar galdós. Ai, Senyor d'Israel, la pobra dona pensava que, potser, algun dia el noi li tornaria a casa des d'un exili pitjor que el del poble a Babilònia.

La Càvec era tota una altra. Continuava fent sirgar les minyones, continuava feinera a no parar, però grunyia menys. Passava hores abocada a la finestra per si li tornava el xic.

El xic li va tornar.

Esbarrellat, esborifat, estenallat, esparracat, estrafet i retut. Pudia a porcs, amb la panxa prima de només menjar aglans. Sa mare va sortir a rebre'l, el xic ni gosava dir res, la dona va besar-lo a babes. No s'hi va entretenir gaire. Mestressa de casa, va rentar el noi, el va polir, va vestir-lo de gala. I va enviar el mosso a matar el vedell gras.

El pare Càvec va rondinar, fent-se l'home, però, com sempre, va afluixar davant de la dona seguint-li la veta. Aquell mussol no era pas de mal niu.

Però el gran no s'ho païa, va enfaristolar-se. Sa mare el pregava i pregava, continuava enfaristolat, a ell mai no li havien fet cap festot, el tenien per res i totes les moxaines eren per a aquell mocós de bagasses.

Sa mare se'l va asseure a la falda, tan grandassot com era tornava a ser un minyonet, sentint-se dir:

—Fill meu, tu sempre ets de casa, amb mi.

Benaurats

La néta Maisues

D'ençà de la primera pasqua, quan va passar l'àngel de la mort enduent-se els hereus d'Egipte, les llindes d'Israel eren marcades amb la sang salvadora de l'anyell pasqual. Però, de tant en tant, també hi passava l'àngel de la mort, com a tot arreu.

El vell Maisues, carregat d'anys, asclat de cara i clatell, callava hores i hores assegut a terra vora la porta de casa. Era gairebé cec, coneixia la gent pels passos, fins els de la Maria que no feien fressa.

Coneixia el temps per les refregades d'aire a la pell.

—Anys de secada, malament rai.

Era la seva dita, quan no en deixava anar una d'altra.

—A la porta de casa, espero que Déu vingui a cercar-me.

Déu trigava. Abans, l'àngel de la mort va endur-se-li la néta, escaturida, joganera, plena de vida, que sabia passar-se estones a la vora de l'avi sense dir-li res. Quan ell es gitava, la mosseta el descalçava i l'ajudava a llevar-se la roba.

Ara era morta, de mal dolent.

A l'orient, la mort es fa casolana a crits i planys. Els homes s'ennueguen amb lamentacions que prou escauen a la terra de dols de profeta, les dones s'esgarripen esgarrapant-se la cara, la canalla es desfà a xisclets amagant el cap a les faldes de sa mare.

La néta jeia erta. Els pares, els germans, les comares i els veïns se li gitaven al damunt fent-li un sudari de gemecs. El vell Maisues plorava quiet. La Maria se li va acostar sense saber què dir-li.

Ho va dir ell.

—Maria, el Senyor dóna, el Senyor pren.

—Maisues.

No li va poder dir res més.

Li tornava aquell dia d'Egipte, al mercat, quan els marxants vinguts de Judea li parlaren dels innocents de Betlem. No podia oblidar-los, no els oblidaria mai, eren el plany de Raquel.

La seva mort, com la de la mosseta Maisues, semblava sense sentit; tanta de vida colgada en qualsevol ermot, de vés a saber on. Vés a saber on, aquells cossets estripats trobarien una vida nova i eterna, vés a saber on, la néta Maisues es refaria d'aquell mal dolent.

Les veïnes en deien d'aquestes, només davant d'una minyoneta morta. Maria se'n deia d'altres, fent una sola mort la de la criatura i la dels seus innocents, els de Betlem. I de tants d'innocents morts abans d'hora.

La Mare de Déu, també patia el misteri d'aquestes morts, que semblen abans d'hora. I ho són.

I no ho són. Déu, Senyor dels innocents, de tant en tant fa collita d'innocència en aquest fangar. Vol trobar-se al costat una miqueta de no res d'home que faci veïnatge als àngels.

Maria no gosava dir res d'això al vell Maisues.

S'endugueren el cos de la nena.

Ella va restar amb el vell, tornava a reviure el dia dels innocents de Betlem.

Aquells nadons no sols havien mort per gràcia de Déu que volia collita d'àngels. Havien mort perseguits en nom del Just, de la justícia que duria Jesús. I continuaven vius, vius com no ho haurien estat ja granats, fent una sola cosa amb el Fill de l'Home que, sense res més, ara feia anar l'aixol.

No sabia dir-s'ho, però ho endevinava.

Joiosos els perseguits pel fet de ser justos,

L'avi Maisues

Abans d'endur-se-la cap al fossar, el vell s'havia acostat a tocar la néta, resseguint-li els traços de la cara amb les mans. Amb les mans la va palpar tota, fins als peus; les festes van dur-li, altre cop, les mans a la cara de la nena. En sentia la fredor.

S'havien endut el cos i, mentre Maria recordava els sants innocents d'arreu del món, va sentir la mà del vell en la seva. En aquell instant, carregat d'anys, l'avi Maisues era tots els patriarques de la història bíblica del seu poble. I tornava a dir com Job.

—El Senyor dóna, el Senyor pren.

Era Job nafrat al femer, Abraham oferint el fill, Jacob cercant Josep, David planyent-se de la mort d'Abasló. I més, encara que sense saber-ho, era els avis, les mares, les àvies i els pares dels innocents de Betlem.

Com els vells patriarques, plorava acotant el cap al Senyor de tot.

No se li blegaria l'esquena, continuaria fidel al Déu del seu poble, sense provar d'escatir-ne els designis. Continuaria parlant de la secada quan se la sentís al rostre, esperant a la porta de casa des d'on Déu se l'enduria a les fondàries desconegudes on hi tenia la néta.

—Ai, Senyor de la vida, fibló de la mort.

Encara no podia saber que la mort és major naixença.

Al seu costat, la Mare de Déu endevinava que, en algun lloc del si d'Abraham hi brotava l'arbre de la vida, on cada fill d'home hi fóra un fruit sereny.

Tornaren els dies de cada dia.

I tornaren, a ritme de Déu i de repòs, els dissabtes. El dissabte que s'esqueia. Maria va sentir els mots del desert. No els havia pas oblidat.

«El duran com un anyell a l'escorxador.»

Es va sentir la punyida, el seu Fill era aquest anyell. Ja ni escoltava els mots del profeta, quan, desvetllant-se, li deien.

«El més bell dels fills dels homes.»

Era el seu fill.

El seu Jesús fóra el gonfaloner dels innocents de Betlem, la primera garba de la collita d'infants morts abans d'hora, la primera garbera de tantes i tantes morts a la terra, vells o joves, malaurats o desastrats. Abans, però, hi hauria l'escorxador. El seu Fill fet Anyell.

I fet conhort d'esperança per a totes les malaurances.

No sabia dir-s'ho, però ho endevinava.

Joiosos els desconhortats.

El Siboc

Com qualsevol poble que s'ho valgui, Natzaret tenia el seu beneit.

El Siboc era més siboc que l'ocellot de nit.

Havia nascut estrafet, la creixença no va pas millorar-lo, de gran se li havia empitjorat la ganya. Feia un cap com una carbassa de les més grosses amb la fesomia aixafada i rebotida, el nas de cigró, els ullets colgats endins, la boca a destralada, el front estret, els cabells de fregall i les orelles recargolades com una rovellona. Estret de pit, panxut, llarg i prim de braços, curt i prim de cames. El pobrissó.

S'havia guanyat el malnom perque parlava com podia bonament, amb un alenar de flauta esquerdada que feia pensar en el crit planyívol del siboc. Els qui li entenien els mots deien que no raonava pas tan maldestre. Per un no res feia el ploricó.

Els pares n'estaven avergonyits.

Més van estar-ho quan el Carca, sense embuts i amb la mala bava de les rates de sinagoga, va assegurar-los que el noi era un càstig de

Déu a algun pecat ocult de la nissaga. Sortosament, la Sabina era a la vora, també sense embuts i amb la bona mala bava de les marmanyeres, li va etzibar que més vergonya a vendre els pares del Carca amb un fill com ell que, trompetejant la llei de dies, més d'una nit feia el besaroca a ca la Malamaria.

El Carca va fugir rosegant psalms secaners.

I la Sabina, posada a teòloga d'espardenyes, va aconsolar els pares. Déu sobre tot, que no és un mal xinat i, si la naturalesa té les seves males traces, el Senyor d'Israel té flaca pels beneits.

Però quan el pobric va començar a córrer pels carrers, els pares ho passaren pitjor. La canalla hi feia riota. Fins que, com sol passar, el Siboc esdevingué el consentit del poble. Entrava i sortia de les cases quan i com volia, s'hi guanyava llet i mel, la quitxalla se l'enduia a jugar. El beneit s'havia fet el beneït, era feliç.

Passaren uns anys.

De tant en tant algun escamot de soldats de Roma gallejava pel poble, la gent s'arraulia a les cases esperant que escampessin la boira. Els pares del Siboc, tant se val, amagaven el seu noi ben amagat, però aquell dia va fugirlos.

El pobret es trobà voltat de soldats. Els galifardeus reien i reien, encerclant-lo com si anessin a burxar-lo amb les llances. Els esgarrips udolants del Siboc se sentien fins a les vinyes. Després d'aquesta, els romans el forçaven a beure vi agre, quan va envestir-los la Malamaria.

Per motius que no cal dir i endevineu pla bé, la dona bescantada no tenia gota de por d'aquells gamarusos. A empentes, va escampar els soldats, va arribar-se al beneit, va abraçar-lo escridassant la soldadesca.

No goso pas dir com les engegava. La més blana anava per les mares.

Si l'haguessin ben entesa, potser ho hauria passat malament, però parlava una barreja de llatí i arameu que no haurien entès cap llatí ni cap arameu. Els seus crits van aturar l'escamot, i més va aturar-lo el centurió, que se les emprengué amb el fuet.

La Malamaria va entrar a cal Fusteret, Maria hi era sola. Ella i la Malamaria rentaren i poliren el pobrissó. A aquest li va passar l'esglai, els seus ulls, perduts a les galtes, eren manyacs, manyacs com les mans de la Malamaria fent-li festes.

Un dia, ja no llunyà, una Malamaria fóra al peu de la creu.

La Maria no sabia dir-s'ho, però ho endevinava.

Joiosos els misericordiosos.

Al cap de poc, finava la Malamaria.

La Bonamaria, sense dir-s'ho, n'hi esperava misericòrdia.

La filla ja era a l'ofici de sa mare, li deien la Malamaria xica.

La Bonamaria, dient-s'ho, n'esperava que fos misericordiosa.

El pelasoques

El Pelasoques era un d'aquells que en diuen infeliços, però són feliços a la seva manera. En tenia prou amb els quatre dinerons que es feia pelant soques quan hi havia soques per pelar. L'Escanyapobres era d'aquells que en diuen feliços, però no poden ser-ho de cap manera. Curull de diners guanyats vés a saber com, encara en volia més, es passava el dia rondinant de l'encariment de la vida i de com els publicans l'escuraven. El Panxa ni era feliç ni era infeliç, de tronc amb els romans feia tants de quartos que no li vagava de viure.

Posat a aclarir-ho.

L'Escanyapobres no tenia quitxalla, deia que la dona era eixorca, i mentida, els fills costen molts sous. El Panxa en tenia un, de fill, i més val que no en parlem, que prou sabien d'ell les xefles de ciutat. Els Pelasoques tenien deu rebrots, just repartits entre mosses i sagals, que anaven esparracats, se la campaven com volien sense fer massa mal a la gent i s'enduien amb ells la menuda, mocosa de candela; al poble no hauríeu pas trobat llocada que s'ho passés millor, el món era seu.

Cadascú feia el seu fet, i pau per a qui en tingués.

Un dia, però, va córrer el rebombori pels carrers i places del poble. Ningú no entenia com ni per quins set sous el Panxa havia dut l'Escanyapobres als tribunals, li havia estafat quartos, molts. El cas fou que, encara que no servissin ni per atiar porcs, l'Escanyapobres i la dona anirien a raure esclaus. El poble n'anava ple i algun hi sucava pa. Més ple va anar-hi amb la darrera brama. Davant dels planys, gemecs, plors, llàgrimes, súpliques, imprecacions a la misericòrdia i demés trons del registre, el Panxa havia perdonat l'estafador.

Ep. El Panxa ni era bo ni era dolent. Com deia la Sabina, doctora de la seva llei, el panxut aflacava per mandra de maldecaps, ja que, ves com s'aprofitaria d'aquells dos sacs d'ossos.

I vetací, cada merlot a son niu.

Però no van trigar a xafardejar-se'n d'altres. Passats un dies, l'Escanyapobres va emprendre el Pelasoques, que no li pagava un deute de no res. Anava pel bon negoci, l'home, la dona i els deu espellifats foren esclaus que li farien bona feina a cap preu.

El poble va esverar-se de debò. Algú va omplir d'escopits el maleït, alguna va apedregar-lo, la Sabina va amallonar-li la dona que, pobreta, ni gosava deixar-se veure a la font. La Malamaria, anant pel dret, va emprendre el Panxa.

—Guaita, pocavergonya, si no pares els peus a l'Escanyapobres, en cantaré algunes de teves que faran tronar i ploure. Ja m'entens.

El Panxa ni volia aiguats ni volia tronades. Va afluixar. Ningú no va tornar a veure l'Escanyapobres; se n'havia anat del poble a furgar-les lluny, arrossegant la dona. Bon vent. Millor vent per al Pelasoques pelant soques com si res no hagués passat, per a la seva dona que vinga parir i per a la canallada feliç a les seves mentre s'espigava a mocs i rosegons.

En totes aquestes, els de cal Fusteret feien el seu fet. No es ficaven a xafarderies i planyien uns i altres.

La Maria no sabia dir-s'ho, però ho endevinava.

Joiosos els pobres en l'esperit.

L'endimoniat

Tots tres havien anat a escabirolar el pegadet de vinya.

Asseguts per fer un mossec, Maria es vigilava el poble de blancors calentes entre oliveres i xiprers. De tant en tant veia passar algú, la quitxalla jugava per la placeta, la dona del Guilla entrava a casa ajupint el cap a la porta massa baixa.

La dona del Guilla s'havia d'espavilar ben sola, i, encara gràcies a Déu, que, d'ençà de la fugida de l'home, els soldats romans sempre eren a punt d'endur-se-la.

El Guilla era un cap calent. No se sabia qui li havia parlat de les gestes dels Macabeus i es va convèncer, ben convençut, que no hi havia d'altre camí a fer. Els fariseus rosegaven el seu odi a l'invasor espellant psalms que no servien de res, els saduceus i els publicans treien faves d'olla de tronc amb els enemics de Judà, pel demés, poc podia esperar d'un poble mesell que oblidava els dies de glòria amb David.

El Guilla vivia famolenc de guerra i espasa.

Se'n va anar amb un que li deien Barrabàs a combatre com fos. La dona i la canalla que s'espavilessin, prou s'havia envalentit aquella matrona dels Macabeus, que havia vist morir tots els fills.

El sol acalmava els terrossos.

Pels vorals de Natzaret, Maria va veure el Xàldiga que caminava sense esma, fins que va estintolar-se a la paret mig enrunada del seu hort, un hort sense treballar amatollat d'herbotes. El Xàldiga se n'havia desentès, com s'havia desentès d'una mena de gent que, ajovada pels romans, ja no es fiava de Déu. Per a Ell, el Senyor només restava present entre els deserts amb els monjos esenis, a l'aguait de la mar d'aigua morta.

Assedegat d'aigua viva, el Xàldiga aniria a raure vora el Mestre de Saviesa.

Josep i Jesús s'havien aixecat. Maria els veia a contrallum, amb el poble al fons. A contrallum, va veure amb ells dos el Parracs, tot xiscles i tremolines.

Com qualsevol poble d'aleshores que s'estimés, Natzaret tenia el seu endimoniat. El Parracs se les feia en una barracota enfora del poble, només en sortia per voltar el caseriu xisclant, babejant i rebolcant-se. Estava posseït pel Maligne, ningú no se li acostava. Ara, Josep i Jesús provaven d'apaivagar-lo. Apaivagat, es va asseure a prop de Maria.

Es refeia del tràngol, ja no pantejava.

—Maria, no tinc cap dimoni a dins.

La Mare de Déu li va prémer la mà.

—Només em sento famolenc i assedegat

com deurien sentir-s'hi els profetes. Però, malaventurat de mi, els profetes no eren bojos.

Va marxar arrossegant-se.

El poble s'acoloria amb el ponent.

Albirant-lo, la Verge va pensar en les rates de sinagoga, en algun vell fidel com Abraham, en el coratge d'aquell pobret que treia pa de les pedres, en l'urc avergonyit i desvergonyit de la Malamaria xica tan bona dona en el fons, en el galleig de la donota a estiracabells amb qui fos mentre aguantava el marit borratxo. I tants i tants.

Tants i tants d'assedegats i famolencs de Déu sense potser ni saber-s'ho. N'hi havia d'assedegats a la valenta, com el Guilla, el Xàldiga o el Parracs; gairebé tots ho eren a la balba, amb els neguits de cada dia colgant-los d'altres neguits dels fills d'Israel que, tot i ser a la terra promesa, vivien penjant les arpes als salzes d'un exili a casa mateix.

Tornava a veure Josep i Jesús a contrallum.

Josep, a la quieta, era un famolenc i assedegat de Déu.

Jesús, més a la quieta, era Déu assedegat d'homes.

La Maria no sabia dir-s'ho, però ho endevinava.

Joiosos els famolencs i assedegats de Justícia.

Josep

Josep era mort.

Havia mort amb una mà entre les de la Maria i l'altra entre les de Jesús. El Fill li havia tancat els ulls, ara reposava amb una serenor com mai no havia tingut, ell tan sereny. La seva mort no era una caiguda als inferns de la Gehenna, era un traspàs cap a àmbits infinits.

Els homes ploraven a sanglots, les dones s'esquerdaven a xiscles, Jesús s'estava dret, transfigurat d'ulls, que veien el fuster enllà, enllà i molt a prop. Maria va acaronar el front del seu home, ja enfredorit li semblava calent.

Fora de temps, en un instant sense fites, la Verge va viure entendrida la vida amb el Fusteret. No, no era que li vinguessin records a glopades, el duia tan a dintre que els anys passats a la seva vora se li feien un sol moment d'eternitat.

Josep, l'home bo.

El revivia garrell de minyó, sapastre de jove, destre d'ofici, calmós tota la vida, sense rancúnies per ningú, sense perdre mai els estreps ni sortir de fogó. Ajudava qui podia, manyac no era tou, tenia la mà valenta. Encara sentia la seva mirada clara cap a ella quan els vells Bonamaria el blasmaven sabent-se la noia prenys abans d'hora; encara sentia com es trobava protegida quan, el dia de les bodes, alguna desvergonyida deia que vergonya a vendre; encara es trobava als seus braços, acomboiada, després de deslliurar. D'aleshores ençà, havia viscut al xopluc d'aquells braços, sense temences, camí d'Egipte, tornant d'Egipte, arribant al poble. Maria gairebé somreia sentint-li dir que no és boig qui a casa torna.

En els anys de Natzaret, l'home de casa li

havia estat un refrec de l'ombra de l'Esperit Sant que la féu Mare deixant-la Verge. El seu Josep. Mai no havia blasmat ningú, mai no havia alçat la veu. Havia passat per Natzaret com un àngel, tan fi d'ales que els pobletans ni se n'adonaren.

La Maria sabia dir-s'ho de tant com ho sentia.

Joiosos els bonhomiosos,
faran seva la terra.

La terra dels profetes.

Isaïes havia dit «com en són de bells els peus que anuncien la pau i prediquen el bé». Profeta sense mots, Josep mai no havia anunciat pau als carrers ni predicat el bé a les places o als terrats.

Però duia la pau i el bé a dintre. Ella ho sabia prou, era feta d'una pau i un bé innocents, que li foren donats de bell principi per un voler de Déu. La pau i el bé del seu home, guanyats a cops d'aixol, tenien les fondàries de la seva.

El seu home donava pau, la donava a silencis, tan sols amb un gest de les mans i, sobretot, amb la manera d'esguardar. Beneït Senyor d'Israel, els ulls del seu Josep, quiets com una gorga d'aigua viva.

La Maria sabia dir-s'ho de tant com ho sentia.

Joiosos els qui donen pau,
duran nom de fills de Déu.

Tan fill de Déu, Josep.

Transparent ja del néixer, la Verge s'embadalia endevinant la transparència d'ànima del seu home, que duia a dintre les clarors quietes d'allò que un dia fóra Apocalipsi. Des de la transparència del seu dedins, veia tan endins els altres que no podia blasmar ningú, al fons del fons del més malaventurat, hi covava Déu mateix, hi arrelava un tany amagat de l'arbre de la vida.

Maria estava en aquestes quan va recordar aquella de la Malamaria xica.

—Si jo hagués trobat un home així, et juro que ara no fóra pas bagassa.

Fou la més bella que recordava en aquells condols, reblant-li allò que s'ho sabia de tant com ho sentia.

Joiosos els nets de cor,
veuran Déu.

Ara, el seu Josep veia la faç de Déu, com no l'havia vista Moisès al Sinaí, més de com l'havia endevinada Abraham amb els tres àngels. Al Josep, veure Déu no li venia pas de nou, l'havia vist sempre. La Verge va sentir la mà del Fill a la seva espatlla. En el pa de cada dia de la feina, net de cor, Josep en tenia prou de veure Jesús per veure Déu, tan a la vora com l'aprenent de fuster fent-se aprenent d'home.

Ara Josep reposava amb una pau que era un rebrot etern de la que havia tingut sempre. La mà del Fill continuava a la seva espatlla. I Maria va viure pasqua per primer cop, s'ho sabia de tant com ho sentia.

Joiosos els morts,
ressuciten.

Ningú de Natzaret no hauria pas pogut dir que Jesús era qui era. Sa mare en sabia moltes, n'endevinava moltes més i, ara que ja se li havia fet un home, se l'ullava a veure quines en feia.

Feia de fusteret de poble. Anava de tronc amb Josep, s'entenien tant tots dos que gairebé no es deien res. Posats a la feina aixolaven amb el mateix ritme, entrecavaven l'hortet acabant junts el seu rengle, menjaven junts, i aquell bes d'abans de gitar-se era tan planer com el pa de cada dia. Només se separaven quan l'home enviava el noi a ajudar sa mare tornant de l'hortet o de l'alzinar amb massa càrrega.

Ella ho sabia prou, entendrida, mai dona al món no fóra tan bellament acomboiada.

Josep havia mort.

Jesús no va fer-hi escarafalls de crits. La veïna va haver-li de recordar que es fes un estrip a la túnica en senyal de dol. El fill se'l va fer, duia un altre estrip més endins.

Ara, el noi feia la feina sol.

Veient-lo treballar, Maria va saber-ho. Jesús enyorava el seu Josep, li havia fet de pare; l'enyorava tant com l'enyorava ella, i potser més.

Com sempre, en tenia prou d'endevinar-ho, fins que un dia va saber-ho de cert. Ficat en un poblet de no res, mirant, escoltant i callant, aprenia una paràbola de cada bri d'herba, de cada feta de la gent. Lloat el Senyor Déu d'Israel, per al seu fill, Josep era la paràbola del Pare etern.

El seu home mai no hauria donat una pedra a qui li demanés pa ni un escurçó a qui li demanés un peix; d'allò que tenia en donava a mans besades sense fer-se pregar. Per als de ca seva havia estat la providència menant-los a Betlem, cap a Egipte, cap a la tornada a casa, tornats a casa havia esdevingut la cura callada dels seus talment el Senyor vetlla pels ocellets que només valen un as o pels homes, tots, de qui Déu en sap a comptes els cabells.

Anant a una amb Josep, Jesús anava a una amb el seu Pare etern.

Mort Josep, ella va saber-ho.

A Jesús ja no li calia cap més paràbola.

Li marxaria aviat.

Adéu a bodes

La veu del desert

Aquell dissabte van llegir Isaïes.

Aparelleu els camins del Senyor,
adreceu els seus viaranys.
El barranc serà terraplenat,
el pujol desmuntat,
els camins torts adreçats,
els costeruts aplanats.
I tota carn veurà la salvació.

Si allò anava pel seu noi, el seu noi no en donava senyals.

S'esqueia l'any quinzè de Tiberi Cèsar.

Filip era un manega estrany que li deien tetrarca de l'Iturea i la Traconítida, Lisànies era això de tetrarca a Abilena, amb el mateix nom rar Herodes Antipas governava, diguem que governava, la Galilea. Per acabar els quarts de l'esquarterada, Ponç Pilat, un romà, feina tenia amb els jueus de Judea que se li esveraven només que fes un rot en dissabte.

De Natzaret estant, Maria sentia parlar del Cèsar de Roma amo del món, dels dos pallassos herodians i del més pallasso de tots fentse-les a Galilea. Cada cop que pujava a Jerusalem, sentia malediccions al Pilat que, no volent maldecaps, era capaç de dur a la creu qualsevol que li llevés el son.

Maria, tant se val, vivia el pa de cada dia sense amoïnar-s'hi massa; si li haguessin preguntat què dels anys que corrien, hauria respost que el seu noi ja vorejava els trenta. Més o menys, que en aquells dies no encenien candeles ni es recordaven massa del dia de néixer.

Pel demés, Maria, gota xafardera, vulgues que no anava a la font on les esclofollaven totes, i era prou bonhomiosa per escoltar-se amb calma els platets que li duia la veïna. Així va saber-ne de Joan, el fill d'Elisabet.

Com recordava del pastor, el fill de la parenta i del sacerdot, no havia pas anat al Temple per engegar-hi els seus cops de tralla. Se les feia al desert, vestit de pèl de camell, menjant llagostes i mel d'abelles sense arna, i retombant a allò d'Isaïes. La veu que clama en el desert, els camins aparellats i la salvació de tota carn.

Maria encara veia aquell nadó, vingut al món amb senyals de Déu, encara sentia son pare, amb la boca destravada, lloant el Senyor Déu d'Israel perquè havia visitat el seu poble. Ara, però, veia Joan fet un home, amb el cos sarmentós, tot ulls, tot veu engegant-les pel broc gros.

Predicava penitència a la raça d'escurçons, estemordia amb la destral de Déu qui no fos arbre de bons fruits. I gosava afegir-hi que malament rai qui es vantés de ser fill d'Abraham, perquè Déu pot llevar de les pedres tants de fills d'Abraham com vulgui.

Però Joan, capaç de tronades, era manyac amb els de bona fe. Qui tingués dues túniques, que en donés una; que el publicà no fes rampinya; que els soldats passessin amb el sou pelat.

No s'arronsava amb ningú, ni amb aquell tòtila d'Herodes Antipes, amistançat amb la dona de son germà. Se la jugava, i tant. Per molt profeta que fos, per molt que Herodes el temés, rauria a grillons.

Els ecos del profeta arribaven a Natzaret.

Alguns es preguntaven si Joan no fóra pas el Messies.

Joan no se les donava mica de Messies, tan sols batejava la gent al Jordà, sucant-los, ben sucats, d'on en sortien com acabats de néixer. Duia tan sols aigua viva del desert per als qui s'havien deixat engolir per l'aigua morta.

Més d'un natzarè, que se n'havia anat a ferse batejar, en tornava colpit contant-ne moltes de com era profeta el Baptista.

No feia miracles, només batejava amb aigua, però assegurava que darrera d'ell venia qui batejaria amb l'Esperit Sant i el foc, fent net com la pala a l'era de batre. Vetací l'Enviat de Déu, del qual ell, Joan, no n'era digne ni de deslligar-li les sandàlies.

L'Enviat de Déu era a punt d'arribar.

Maria va mirar-se Jesús, assegut i calmós.

Era a punt de marxar-li.

Allà dalt dels cels i ací baix

—Som-hi, Fill.

—Som-hi, Pare, els cal aigua viva.

—Aigua viva i foc.

Adéu

Jesús no duia sarró, ni pa, ni diners, ni dues túniques.

Calçava sandàlies.

—Mare, me'n vaig. Adéu.

—Adéu, fill meu.

Ella restava sola.

A bodes

Ningú no va estranyar-se que Jesús, el de la Maria, anés a fer-se batejar per Joan. Era un bon home i faria com tants, no trigaria a tornar. Però trigava, passat un temps, encara no era a casa.

—No saps pas què se n'ha fet del teu minyó.

—No ho sé.

—Tan asencerat com semblava i mira-te'l, et deixa sola.

Maria no va respondre.

Passaren més dies, s'esmunyia de les xafarderes de la font.

Fins que no va tenir més remei, l'havien invitada a bodes, en un poblet dels verals. La parella de Canà era pobrissalla, però, fos com fos i com solen fer tots els nuvis, volien llençar la casa per la finestra ja abans de tenir casa. Des d'ací, avesats als nostres casaments, ni podem imaginar-nos com eren i són les bodes en aquell llevant generós. Un convidat sempre en pot dur, no un d'altre, sino tanta colla com vulgui; qualsevol passant, vingui d'on vingui, conegut o desconegut, trobarà lloc a taula.

En aquest cas, no va pas mancar-hi el cerimonial del nuvi corrent amb els companys a cercar les noies que esperaven amb les torxes enceses, per acabar enduent-se la núvia cap a la casa que hauria de ser la seva. Després vingué la xefla, amb el primer veí fent-hi de majordom. Com tocava a bons jueus de Llei, abans de la xefla calia purificar-se en una de les sis piques d'aigua adients per a les purificacions.

Maria va arribar-hi, tot era a punt.

No s'hi esperava Jesús acompanyat d'una colla que no feia cap ganya doctoral. Quatre pescadors, un de Betsaida i un que dormia a la figuera i no en pensava pas res de bo dels de Natzaret. A bodes no venia d'un.

Però ella va adonar-se'n, feien curt de vi. Uns mesos abans no s'hi hauria ficat, ara sabia que Jesús tenia arribada l'hora, ho podria endegar.

—*Han fet curt de vi.*

—*A vós i a mi què, dona. Encara no m'és arribada l'hora.*

I tant que li era arribada, Maria va emprendre els servents.

—*Feu tot allò que us digui.*

Jesús no s'hi podia negar.

—*Ompliu les sis piques d'aigua.*

Els servents les ompliren.

—Au, treieu-ne i porteu-ho al majordom.

El majordom no ho acabava d'entendre. Ho va dir al nuvi.

—Tothom passa primer el vi més bo i, quan els convidats ja van mig torrats, els dóna el més aspre. Tu ho has fet a l'inrevés.

Els de la colla de Jesús no s'ho sabien empassar, aquell home era capaç de tornar l'aigua en vi. Creien en ell, era profeta.

Anant amb la colla, sa mare no es podia estar d'un mig somriure.

Beneït el Déu d'Israel. El primer miracle del seu fill no havia estat per tornar la vista a un cec, la parla a un mut, el caminar a un baldat, l'oïda a un sord o la pau a un endimoniat. Res de tan gros, res de tan compassiu, una cosa més d'home de poble xic. La seva ànima exultava de goig. El primer miracle del fill havia estat un gest d'amistat per uns nuvis que havien fet curt de vi. I, de retop, gràcies al miracle, els convidats podien acabar borratxos.

Mai cap doctor de Jerusalem no entendria aquest miracle arran de carrer.

Mentre en rumiava d'aquestes, caminava amb la colla. Al ritme dels passos, Maria va dir-se que Jesús havia començat amb un miracle de bodes perquè ell mateix havia baixat dels cels per ser l'Espòs de les bodes dels homes amb Déu.

A ritme dels passos, endins li cantava el Càntic dels Càntics.

La noia deia:
Endevino enllà
la veu del meu amat.
Ves com m'arriba
trescant muntanyes,
saltant colls;
talment una gasela,
un isard jovençà.
Se m'atura a prop,
rera la tanca de ca meva,
entrellucant per la finestra,
espiant pels espiells.
El noi li responia:
Vine, benamada,
vine, bonica.
Ha passat l'hivern,
ja no hi ha dies rúfols.
Coloma meva,
oculta als esqueis del cingle,
mostra'm el teu rostre,
fes-me sentir la teva veu.
La teva veu és tendra,
bell el teu rostre.
La noia va dir els darrers mots:
El meu estimat és per a mi,
jo sóc per a ell.

La Mare de Déu continuava amb el Càntic al ritme dels passos.

Els homes senten enllà una veu, la senten entre el remoreig. Alguns la senten i no l'entenen, d'altres la senten i no en fan cabal, uns quants ho endevinen. Ho endevinen com ho endevinava Osees, el profeta amb la dona que li feia el salt i, malgrat tot, se l'estimava prou per endur-se-la al desert i retrobar-hi junts el primer càntic.

Des d'Osees, des dels clams de qualsevol profeta, quan deixava Déu Israel feia adulteri.

I vet ací que, amb ella, Déu havia enviat l'Espòs.

Durant trenta anys, el seu fill, vingut saltant muntanyes i colls des dels cels, s'aturava vora la tanca dels homes, els espiava, els entrellucava, esperant els dies del festeig.

Havien arribat els dies del festeig.

Perquè Déu, i més amb el Fill a la terra, s'estima la veu dels homes, la faç dels homes. Tot i que, massa sovint, la veu sigui rogallosa i la faç esborifada.

Un dia, els homes sabrien que Déu fa com la noia dels càntics, dient: el meu estimat és per a mi, jo sóc per a ell. Maria veia Jesús caminant tot sol allà al davant.

Havia vingut per donar-se als homes.

Esperant que els homes se li fessin seus.

El llac

La colla s'havia aturat vora el llac, les aigües eren acalmades, reflectien el blau del cel amb un toc daurat pel sol.

Uns pescadors tornaven amb la barca plena de peix, en feien la tria. Els quatre de la colla, que eren de l'ofici, van baixar a la riba per ajudar-los. Jesús s'estava dret, a tocar l'aigua, l'onatge li mullava els peus.

Maria s'estava asseguda amb dos de la colla.

L'un i l'altre s'estalonaven explicant-se.

—Sabeu mestressa, jo no hi era però m'ho han contat.

—Jo hi era, però em va sobtar tant que ni sé com contar-ho.

—Joan no us volia batejar el noi, deia que no n'era digne. Al capdavall no va tenir més remei, va batejar-lo.

—Els cels es van obrir, una mena de colom va posar-se damunt del cap de Jesús i una veu de tro digué que ell era el Fill.

—Va marxar sense dir res.

—Al cap de quaranta dies va tornar esprimatxat. Venia del desert amb fam. Esbarrellat, amb els ulls enfondits, semblava que se les hagués hagut amb el Maligne.

—Potser se les hi havia tingudes, però tornava amb Déu.

—Uns jueus de tro havien anat a trobar Joan. Volien saber-ne què, que si era el Messies, o Elies o el Profeta. Joan els va respondre que ni mena d'això.

—L'endemà érem amb Joan quan ell va dirnos, veient Jesús, que vet ací l'Anyell de Déu.

—Seguírem Jesús.

—I ací ens teniu.

Jesús continuava dret a la riba del llac.

El fill, es deia Maria, mai no fóra un doctor encarcarat al Temple, ni un profeta escabellat als seus atris. Tampoc no fóra un home de Llei a llamps i trons com Moisès al Sinaí. Poc s'assemblaria al patriarca Abraham vivint al desert.

I, ves com, tampoc no fóra una veu clamant en el desert, vestit amb pèl de camell i menjant llagostes. Com Joan.

El seu fill fóra profeta de llac, coromines manyagues i pobles menuts. Potser faria miracles, ja s'hi havia estrenat, potser caminaria damunt de les aigües o apaivagaria les tempestes del llac. Podia fer-ho. Però, fes què fes, sempre parlaria com un home de poble.

Potser, algun dia, aquella colla d'arreplegats l'entendrien bé.

Els doctors de Jerusalem no l'entendrien mai.

Magníficat al desert

El desert dedins

La colla de Jesús, Maria, els deixebles i la parentela va arribar a Cafarnaüm, un poble d'anants i vinents, fronterer amb tota mena de gent, amb una sinagoga a l'aiguabarreig. Un temps, aquesta ciutat fóra un lloc d'aturada per a Jesús.

Aquest primer cop no s'hi van aturar gaire.

Jesús marxà amb els deixebles, Maria i els parents tornaren a Natzaret.

—Ves, Maria, quin bei de profeta duu el teu noi.

—Més li valdria tornar a casa i casar-se, que prou li toca, al grandassot.

—Mai no m'hauria imaginat que el teu Jesús pogués deixar-te sola.

—I ves què vols que faci de profeta, no en té mena, és del rostoll.

Maria callava, què els havia de dir.

Van arribar al poble, ella va tancar-se a casa, la casa tan plena de records de Josep i Jesús, tan plena que cada racó n'hi duia més d'un. Allà, Josep hi deixava la llenya al costat de la primera destraleta que havia emmanegat Jesús. L'escambell, la taula, els aixols a l'eixida, el celler fent cova endins, el matollet de fonoll. Les màrfegues.

Josep era al si d'Abraham, l'enyorava sense neguits, el veia sense veure'l amb el cos transfigurat, però ben bé ell, dels qui són a la glòria de Déu. Josep rai.

Jesús li donava neguit en una pau que no podia perdre. Encara havia trigat prou a marxar-li des que, només amb dotze anys, havia dit que li calia estar en les coses de son Pare. Tardana, li havia arribat l'hora, ara feia colla amb uns quants arreplegats de mena baixa. No en podia ser d'altra, de mena baixa. Veia, sense veure'l, el seu noi corrent món i anunciant una bona nova mai sentida abans. Tenia pau, però alhora començava a sentir-se punyida talment li ho havia anunciat el vell del dia de la presentació al Temple.

Va continuar la seva vida del pa de cada dia.

Però, bo i planyent-la, les dones li feien vores.

—Vaja, Maria, diu que el teu noi fa miracles.

—Que vingui a casa, on ens sobra l'aigua i no donem per vi.

—Jo no me'n crec res.

Una altra dona que no tingués el seu tremp d'innocència s'hauria tancat a casa, donada a la pregària i a la solitud. Ella, però, no era ermitana, com tampoc el seu fill no era home del desert; si el noi era profeta de llac, Maria era mestressa del pa de cada dia. Va continuar mestressa, feinejant, passant serena pel carrer, amb la tenalla que no li tremolava al cap quan feia camí de la font o en tornava.

Va aguantar pacienciosa que el cap de la sinagoga en deixés anar alguna rifant-se dels qui se les volen fer de profeta i millor estarien treballant com cal a casa i tenint cura de sa mare.

Era dissabte, dia de repòs.

Quieta a casa, la Mare de Déu va saber-ho. Mentre el fill escampava la bona nova pels vorals de Déu, entre pescadors de llac, gent de poble i algun bona fe de ciutat, a ella, amb el pa de cada dia de sempre fet rosegons, li arribava el desert sense que li calgués marxar del poble.

El desert en aquella casa, la més beneïda de Déu.

On ella hi havia de ser la veu que calla sense cap eco.

S'ho deia d'una altra manera, encara més al dedins. Essent verge havia esdevingut mare per un voler de Déu, ara, per un altre voler de Déu, se li canviaven les tornes, tornava a viure les solituds de la verge.

Déu sobre tot.

Com deia el seu Josep.

Tres anys

Foren tres anys de desert al dedins d'ella.

De tant en tant, i sense preguntar-ne res, la Verge sabia noves del seu fill. Com les havia rebut de Joan, a la font n'hi esclofollaven alguna de gairell, la veïna n'hi afegia d'altres més agres, de més agres en sentia quan es pensaven que no escoltava.

Mentre la colla de Jesús, almenys la colla i algun altre, veien el profeta pel dret dels seus mots i de les seves obres, a Maria, gairebé sempre, li arribava la bona nova a la revessa, la gent del seu poble no s'acabava d'empassar que el fill del Fusteret en fes de tan sonades. De més a més, els parents l'ataconaven.

Com mai, Maria era el desert callat. Fins avui dia, quan hi ha marededéus a tots els racons de món, quan Maria és lloada a desdir, pocs han pensat en les solituds d'una dona durant aquells tres anys. Durant aquells tres anys, Maria va ser pa de cada dia amargantós i alhora benaurat.

Des del desert, seguia de lluny les traces del fill.

Sense saber-ne massa de les menudes, malgrat els veïns i els parents, Maria endevinava els camins del seu noi, fets al cel serè dels primers passos enduent-se la gent meravellada, reviscuts tombant a la cruïlla dels primers que el deixaren, soferts sabent-lo passar pel pedregar dels afrontaments amb els mestres de la Llei, patint-los recordant la panxa contenta dels saduceus que també li tenien jurada. Fins que la tempesta es desfermaria.

Déu sobre tot.

Jesús fóra l'Espòs d'unes bodes a preu de sang.

Déu sobre tot.

Jesús feia miracles, ningú del poble no s'ho creia.

La més desvergonyida de les dones va envestir Maria.

—Ja ho veus, mocosa de cal Bonamaria, casada a cuita-corrents amb el Fusteret, ara diuen que el teu fill fa miracles. A veure si ens ve per ací i aconsegueix que la sogra no m'amalloni.

N'havia dit de massa, alguna dona la va fer callar.

Al cap d'uns dies, ni dona d'espinguet ni home de veuarra, no podien fer callar aquell que les engegava com una trompeta de guerra enmig de la placeta. Tenia bon buf, de tant en tant s'aturava per alenar.

Maria podia sentir-lo de casa estant.

—Sou una colla de merdosos; si us dic que el fill del fuster fa miracles, és que el vostre fill del fuster fa miracles. Ho he vist amb els dos ulls, també gràcies a un miracle d'ell, abans que em toqués l'ull perdut, amb un dit, jo era borni. Sí, carallots, jo era borni.

—L'he seguit uns quants dies, he vist com guaria la sogra d'un de la seva colla. Com, a l'hora baixa, li duien malalts i malalts amb totes les malures que vulgueu, els imposava les mans i els guaria.

—Encara que no us ho cregueu, treu dimonis. Com ho sentiu, descreguts. He vist un pobric, escumejant mala bava i rebolcant-se per terra, tornar-se tan manyac com un xaiet.

—També hi era quan aquella feta del leprós demanant al vostre Jesús si podia llevar-li la lepra. Ell va respondre-li que podia. Va poder, i ja tens el pobre home net com un nadó.

El foraster se'n va anar fent-los llengotes.

Algú encara va gosar dir-ho.

—Vés-te a fiar d'un borni.

Els altres van callar, el borni ja no ho era.

Passaren uns dies, potser algunes setmanes sense noves, deixaren Maria més o menys en pau, no li parlaven del fill com si aquest no fos al món. Fins que tornaren a esverar-se. Els de Canà, mala gent, havien fet rebuda de gala al natzarè.

—Només li mancava aquesta, que anés a bones amb els de Canà. Diu que hi ha guarit el fill d'un manaia del rei. Si és un miracle, malaguanyat miracle per a un llepa d'Herodes.

Vingut de Jerusalem, algú va dur-ne més.

—Diu que un tal Nicodemus s'ha picat amb els seus del sanedrí per culpa d'aquest Jesús. Entabanat per ell, el savi Nicodemus només sap parlar de la llum de no sé quina llumenera i de què ens cal tornar a néixer, com si haguéssim de tornar al ventre de la mare.

En sabia més.

—S'ha fet una colla de seguidors encaterinats, triats entre la rampoina de pescadors del llac, algun tòtila de poble i algun altre de ben beneit. No crec que cap d'ells vagi llarg de lletra. Vaja un seguici. Ho han deixat tot per seguir-lo, amb la promesa de fer-los ministres quan arribi el seu regne. No sé pas quin regne, sigui com sigui ja se'l poden esperar asseguts mentre somnien truites.

Ho va acabar rodó.

—Ara volta tota la Galilea dient que ja ha arribat no sé pas quin regne dels cels. Ai. El món va ple de babaus, el segueix una gentada. Això sí, diu que parla com ningú i no dóna la llauna amb la llei i vinga la llei, com fan els doctors.

L'home va enllestir, ja en tenia prou.

Maria va adormir-se joiosa, arribava el Regne.

Les benaurances

Ja era nit closa quan van trucar a la porta.

Maria va obrir, la Malamaria xica va entrar de cop.

—Ja sé que em deixaràs seure una estona, tot i que sigui qui sóc.

Les mans li tremolaven amagant-li la cara, estava fora de si mateixa. Ara, amb les mans damunt dels genolls, els ulls li lluïen. Va alçar-se per fer un tomb per l'estança, va tornar a asseure's, va tornar a alçar-se. No sabia pas per on començar. Es va asseure més acalmada, Maria mai no l'havia vista així.

—He anat a escoltar-lo.

Era això.

—S'estava assegut en un pendís d'herba, amb la gent també asseguda ròssec avall. La seva colla era al primer rengle, va dir-los que ells, els de la colla, eren la llum del món i la sal de la terra. Si els haguessis vistos els quatre arreplegats. Si ells són la llum del món, jo sóc la reina de Saba.

Ho tornava a viure.

—Feia un dia de sol clar, el llac lluïa al fons, sense calitja, et podria dir que fins els ocells callaven quan deia que Déu té cura dels ocells del cel i dels lliris del camp. Vaig arribar a pensar que Déu també té cura de les dones com jo. Ai, Maria, desbarro.

Tornava a tapar-se la cara amb les mans.

—S'ha ficat amb la llei i les lleis, no n'he aplegat mica. Tampoc no n'he aplegat gaire quan deia no sé què dels dejunis, de no profanar les coses santes que no sé pas quines són. Jo me l'escoltava sentint més el seu to de veu que no pas comprenent allò que deia. Em sembla que ha blasmat els falsos profetes i ha ensenyat a pregar. Ja ho saps, Maria, això de pregar fa temps que em ve balder, no crec que Déu pugui escoltar-me, tot i que el teu noi ha donat entenent que Déu s'escolta qualsevol bitxo.

Se la veia trista.

—Potser va dir que al seu regne cal entrar-hi per la porta estreta. Em costa de creure-ho. No crec que em guanyi cap mena de cel quan entro per una porta estreta. Ja m'entens.

No se la veia tan trista.

—Potser no me l'he escoltat prou a tota la tirallonga, perquè duia els primers mots ficats al cuc de l'orella.

Els ulls li lluïen.

—N'ha engegades vuit de cop. Tant de bo me'n recordés. Començava sempre tractant de joiosos els vuit de la mena.

Estava entotsolada.

—Els primers joiosos de la tirada, ho recordo pla bé, eren els pobres. Aquesta la vaig entendre prou; encara que volti ben guarnida sóc més pobra que les rates. Però se m'hi ha embolicat, afegint no se què dels pobres en l'esperit. Ai, Maria, amb el meu ofici t'oblides que tinguis esperit.

Anava engegada.

—Ha tombat cap als qui pateixen i els compassius. D'aquestes llàstimes en sé prou. Després no sé què s'ha empatollat de la justícia, la fam i la set dels qui són perseguits en nom de no sé quina justícia. M'hi he perdut. I jo, que tinc un gènit del fotim, li he sentit lloar els bonhomiosos.

Tornava a aturar-se.

—Les ha acabades amb els nets de cor i els qui donen pau. Pobre de mi. Jo, res de neta, sóc un fangar. I pau, com vols que doni pau si jo mateixa no en tinc i visc de fer guerra.

Gairebé havia perdut l'alè.

—Allò que he entès menys és les promeses als seus joiosos. Res de feliços ni de sortosos amb munt de diners a la tenalla amagada. Maria, el teu fill ho capgira tot. Per als tronats, als de mena baixa, als ximplets, als de bona mena, als que sempre se la carreguen, vinga regne dels cels, vinga posseir la terra, vinga rebre conhort, vinga ple de pau, vinga ser fill de Déu. I vinga veure Déu.

Estava trasbalsada.

—Li sentia dir jo, que visc als inferns, no tinc un pam de terra, no trobo conhort enlloc, visc sense compassió de ningú. I tinc Déu tan lluny que ni me'n recordo.

Mig somreia.

—Ha vingut a dir que tots som fills de Déu.

Somreia.

—Si és així, ningú del món no és fill de mala mare.

Va mirar-se la Maria.

—I tú què m'hi dius.

—Que no ets tan lluny del Regne dels cels com t'afigures.

La cadença

No havien passat gaires dies.

A l'hora baixa, els homes, havent enllestit la feina, s'aplegaven als terrats xafardejant. Les dones s'eixugaven les mans després de pastar el pa, tenien una estona de lleure abans de fer bullir el tupí, xafardejaven a les placetes.

La Maria Bonamaria, que mai no sortia de casa a aquestes hores, passava adelerada sense veure ningú. Tothom però, se la ullava bescantant-la amb el baix continu de la remugadera.

No n'hi havia per menys.

Feia cap a ca la Malamaria xica.

Va trucar-hi.

—Déu te guard, Malamaria xica.

—Bonamaria, aquesta casa no és per a tu.

—I tant que ho és.

Va entrar.

—Bé, i què vols.

—No fa massa vas dir-me dites del meu Fill.

—I ben galdosa missatgera que vas tenir.

—Sé que Ell va ensenyar-vos una pregària.

—Poc podria recordar-la tota.

—Prova-ho.

I tant que se'n recordava. A ulls clucs, el cap cot, els dits de les dues mans entortolligats damunt de la falda, feia cadença de psalms girats a la revessa. El plany sense esperança els deixava colgats en el buit.

Parenostre

Pare nostre.
Més aviat padrastre de llamps i trons,
senyor d'esclaus endogalats de lleis a miques.
Només el fill del fuster gosa dir-vos pare.
Que sou en els cels.
En els cels, allà dalt de tot nit i dia,
allà lluny entre estels, assoleiades i boira
mentre la terra es corseca de solitud.
Sigui santificat el vostre Nom.
L'encens del Temple, diuen, santifica el nom de Déu,
a la sinagoga, sembla que també hi santifiquen el nom de Déu.
A ca meva, el malnom no santifica ningú.
Vingui a nosaltres el vostre Regne.
Els doctors d'Israel duen la boca plena amb el regne,

el regne dels justos, dels purs, dels fidels a la seva llei.
Oidà vingués un dia el regne dels arreplegats a les escombraries.
Faci's la vostra voluntat.
La voluntat de Déu, diu Moisès, apedrega dones com jo,
la bona voluntat de Déu, si n'hi ha, no sé quina és,
mentre jo, sense ni saber què vull, vaig d'esma per la vida.
Així a la terra com es fa en els cels.
No sé mica dels cels amb serafins cantant,
en sé massa de la terra amb diables brogint,
ho sé tot de la cremor dels inferns.
El nostre pa de cada dia.
Tinc pa sobrer a la post, sobrera de vestits a l'arcó,
no sé pas de quin pa vol parlar-nos el fuster,
en sé tan poc que ni en tinc fam.
Doneu-nos, Senyor, el dia d'avui.
El dia d'avui, un dia com tots, de planys podrits,
de desvetllar-me sense acabar-me de desvetllar,
fins al vespre, un vespre sense remei.
I perdoneu les nostres culpes.
Els mestres de llei a l'eixuta no perdonen res,
el fuster, pobre home, sembla que ho perdoni tot,
jo, pobra dona, no puc pas trobar perdó enlloc.
Així com nosaltres perdonem els nostres deutors.

M'han fet tant de mal, m'han fet tant de mal,
vaig tan nafrada que ni puc sentir rancúnia,
tan mig morta que fins me n'he oblidat.
I no permeteu que caiguem en la temptació.
Ai, visc dels qui es deixen caure en la tempta-
ció,
jo mateixa he caigut en un clot a les fosques,
sense eixida.
I el fuster, pobre benaventurat, vinga dir que
llum.
Ans deslliureu-nos de qualsevol mal.
Qualsevol mal, un mal qualsevol que et rose-
ga,
un mal tan sabut que t'esparraca les tripes,
el mal sense conhort del plany sense espe-
rança.

Amén

La Bonamaria s'havia alçat amb un crit.

Era al primer magníficat.

—Malamaria xica, torna-ho a dir.

—Què vols que torni a dir.

—Allò del tant de mal.

—Més m'estimo no burxar-me el dedins.

—Torna-hi.

—M'han fet tant de mal, tant de mal.

—Continua.

—Tant de mal que, nafrada, no puc sentir rancúnia.

—Acaba-ho.

—Tant de mal que, mig morta, ho he oblidat tot.

—Malamaria xica, de la raça de Déu.
—No diguis bestieses.
—Déu és Pare nostre.
—Però no ho sembla.
—Arreu el seu Nom és santificat.
—Segons a on.
—El seu Regne ens arriba.
—Segons a qui.
—Sense que ens n'adonem dóna del seu pa.
—I hi ha qui no n'ha tastat ni els rosegons.
—Beneïda tu, Malamaria xica, de la veta de Déu.
—No diguis ruqueries.
—Déu, més que res, no té rancúnies i oblida.
—Vés a explicar-ho a la sinagoga.
—Com tu, no té rancúnies i oblida.
—Tant de bo hi pogués dir amén.
—Ho dic per tu: amén.

Natzaret

Maria s'ho temia, un dia o altre havia de passar .

Jesús va anar al seu poble.

La gent li feia mitges vores, més encuriosida que rebeca no gosava dir-li res. Fes o no fes miracles, prediqués o no prediqués com ningú no ho havia fet, per a la seva gent era un fuster pelat. Aquí, a casa, no els podia entabanar.

Era dissabte, sa mare se l'escoltava a un racó de la sinagoga, amagada entre les dones. El fill havia obert el volum d'Isaïes.

L'Esperit del Senyor
damunt meu
m'ha ungit per anunciar
bona nova als pobres
alliberament als captius,
guaitar als cecs,
llibertat als ajovats.
I ser pregó
d'un any de gràcia de Déu.

Mig tapada per les altres dones, Maria el veia. El seu noi era el de sempre, però els ulls li lluïen i la veu, plana sense crits, barrejava oneig del llac i oreig del desert. Les dones del seu voltant n'estaven meravellades.

Sortint de la sinagoga, no va esperar pas de veure's amb el Fill, va córrer cap a casa, acabant de sentir el safareig de la gent.

—Qui es pensa que és aquest.

—No és més que el noi de cal Fusteret.

—Que no ens vingui amb orgues.

—Coneixem sa mare i tota la parentela.

—Au, vinga, profeta, fes-nos algun miracle.

—Espavila't, que et coneixem massa per engallofar-nos.

Maria no en va voler escoltar més, va tancar-se a casa, acomboiada per les ombres i el silenci. El carrer també era callat, fins que va sentir fressa, la fressa va fer-se crits, els crits foren aldarull de gent que s'allunyava potser cap a la banda del bals. Altre cop la callada al carrer, va sentir remor de passos i veus rondinaires, altre cop la callada. Ja era de nit.

Van trucar a la porta.

Era una parenta.

—Maria, el noi ens acabarà malament, avui mateix no sé pas com s'ha escapat d'una i bona.

No sabia com arrencar-les.

—Li han demanat que fes algun miracle, dels que diuen que sol fer arreu. Però, en comptes de ser complaent amb coneguts de tota la vida, ha respost que mai cap profeta no és ben rebut entre els seus.

La dona gairebé somicava.

—Imagina't que tenia al davant el de cal Sord esperant que el guarís. Doncs ell s'ha ficat a explicar que, al temps d'Elies i les secades, el profeta fou enviat per Déu a una vídua de Sidó. Pagana. Sentint aquesta, algú l'ha escopit.

Ara somicava.

—Ai, Maria, els parents no hi podíem fer res. La gent s'ha agarbonat damunt del Jesús, empenyent-lo cap al bals, arrossegant-lo avall. Els parents, t'ho torno a dir, no hi podem fer res. I no tenim la teva sang freda, que saps tancar-te a casa.

—T'ho diré ben clar. El noi que ens semblava tan sereny, ha agafat un bei, no és ben arribat. I tant de bo que no sigui obra del Maligne.

—Maria, hem de fer una cosa o altra, si no l'aturem acabarà malament.

La parenta se'n va anar.

Maria es va passar la nit en blanc.

I no pas de neguitosa.

Li cantava el magníficat al desert.

Magníficat al desert

La meva ànima és tota silenci
sentint de lluny els mots del Fill,
i el meu esperit és deu d'esperança
a cada coix que camina,
perquè ha fet doll d'aigua
en el desert de la meva solitud.

I, doncs, d'avui i a venir,
seré Mare de tots els perduts,
perquè m'ha deixat sola a casa
el Fill de dites com glavis,
el Noi que passa fent bé,
el de mirada entendrida,
generació rera generació,
per aquells que ningú no plany.

El clam de les seves benaurances
esgarrifa els mestres de la llei
i acomboia els pobrics,
neguiteja els busca-raons
i dóna pau als qui donen pau,
enfosqueix els cors encegats
i fa veure Déu als nets de cor.

Només el veig de lluny
obrint estesos els braços,
xopluc de tota tristor,
fent palesa la misericòrdia
promesa als nostres pares,

i més promesa als benaurats
en les solituds dels sorrals.

Per sempre.

La benaurada

El magníficat del desert li cantava.

Cantant-li, Maria va sentir-se la joia de les benaurances.

Guaitant enrera, Déu l'havia fet benaurada com a ningú més.

Però ara era als tres anys del desert.

En donava gràcies a Déu, que li concedia una benaurança com la de qualsevol.

Era pobra, sense un clau. Josep ja no li podia dur el pa a la post, no tenia un sou a l'arcó, el Fill se n'havia anat, vivia de l'almoina dels parents. Era a les mateixes que la dona i la sogra de Pere, que els fills d'algun de la colla, que la mare de més d'un.

Tenia pau, potser com mai. Recordava els sorrals d'Egipte esverats pel vent amb l'arena arremolinant-se, fins que la calma d'un dia, només d'un dia, deixava la sorra pentinada com una cadència de psalms. També ella se sentia arremolinada de ventades, que se li aquietaven a psalms en el magníficat.

Déu sobre tot i pa de cada dia. Tres anys.

Tocat per les benaurances, el magníficat d'ara se li escapava dels tres anys, li fugia dels temps. Recordaria les dites i fetes del Fill que li arribaven a degotall, però mai no podria enfilar l'ordre dels dies, mai no podria dir si la multiplicació dels pans fou abans o després d'alguna de les paràboles. Els tres anys del Fill Profeta se li feien un sol moment. La puresa de cor se l'havia enduta a l'eternitat.

Va passar aquell temps sense temps.

Però pastava el pa de cada dia.

Pa cada dia

Les fuetades

Per pasqua, Maria va pujar a Jerusalem amb tot el poble. Com sempre.

Jesús també hi era, sa mare el va veure, però, tornant cap a casa, la seva gent se la vigilava de lluny, se la mirava compadint-la i no li gosaven parlar d'allò que duien al pap.

Fins que un homenot, potser més brètol, potser més drecer, va esclafir de tan rebotit com anava. Havent-lo encetat ell, els altres hi feren cor.

—Bona dona, no saps pas quina una n'ha feta el teu noi.

—A ple Temple, nogensmenys.

—Com saps prou, a l'esplanada del Temple hi ha venedors de bous i ovelles per als sacrificis a l'altar. També hi venen colomins per a les ofrenes.

—Tots tenen permís dels sacerdots i els doctors de la Llei.

—També en tenen els qui canvien diners per poder ficar un diner legal al tresor del Temple.

—Tot coses santes per al Sant dels Sants, Maria.

—Doncs el teu fill n'ha fet una de ben grossa.

—A fuetades, ha ventat fora del temple els marxants, ha fet anar en doina les taules dels canvistes, els bous encara fugen, les ovelles encara belen i els colomins s'han escapat volant.

—I el teu noi vinga cridar que la casa del Pare, del seu Pare, no era una botiga ni un mercat.

—Ha fet un bon mullader.

—I quan li han preguntat què de la feta i amb quin dret se l'havia empresa tan a la valenta i contra tota llei, el banastre ha respost que ja podien aterrar el Temple, ell el rebastiria en tres dies.

—Tres dies per refer una obra de més de quaranta anys.

—El teu fill és foraseny, Maria.

—Si no l'aturem acabarà malament.

Amb aquestes, arribaren al poble, el poble n'anava ple.

Els fariseus

Els pobles sempre han sigut com són, per un tres i no res, a picabaralles.

En aquells temps, al poble de Maria, més que barallar-se entre els de dalt i els de baix, anaven a tornes pels fariseus.

Els de la crosta, amb el Carca per capdavanter, tenien els fariseus pels purs, els incontaminats, els fidels a la llei cargolant-ne totes les clavilles. Se la sabien tota i més, l'esclofollaven com Déu mana, perquè el Déu d'Israel, deien, no debades va donar la Llei al seu poble. I pobre de qui se la salti. Guardians de la Llei, només ells, doctors i savis, podien menar el poble pels camins del Senyor. I que tomba i que gira.

Els de l'estripada, amb la Sabina per mariscal de camp, deien que els fariseus eren uns caragirats, que predicaven i collaven a les més estretes, i vés a saber quines unes en feien d'amagatotis. Ventaven qualsevol pobre tòtila a la Gehenna amb un colador que colava un camell i no deixava passar una brossa. Deien. Eren uns encarcarats, que escopien al passar un pagà, prou bon home, i ataconaven el poble amuntegant lleis sobre lleis que no deixaven ni respirar. I que gira i que tomba.

I vet ací que arribaren noves del fill del fuster.

Se les tenia, justament, amb els fariseus.

El Carca s'hi esverava.

—Diu que la gent el segueix com xais, s'apreten a la casa on viu i s'amunteguen al carrer. Tant que per fer-li arribar un paralític hagueren d'alçar el trebol del terrat. I el Jesús ha tingut la gosadia de dir-li que li perdonava els pecats. Blasfemava. Només Déu pot perdonar.

La Sabina ja hi va ser.

—Sí, però tinc entès que el paralític se'n va anar amb el baiard a coll.

No trigaren a saber-ne una altra.

—Quin escàndol. Diuen que ha trobat un publicà robant els diners de la gent, l'ha cridat, l'ha seguit, n'ha fet un dels seus i han acabat a xeflis.

—Ja pots comptar què penso d'aquests mal xinats dels publicans. Així rebentessin. Però el noi de la Maria ha donat entenent que els metges són per als malalts i no pas per als sans.

En va venir de més.

—Els fariseus i els qui els seguim, dejunem i dejunem a tots els dejunis que marca la llei i algun de més, també ho fan així els deixebles de Joan, el Baptista. Mentre que la colla de Jesús s'afarta així que en troba la manera.

—Pobra gent, deixa'ls que s'afartin, van amb la panxa prima. Guaita, mestre, si de tant en tant féssiu alguna afartanera, els del teu ram no tindríeu aquesta ganya de pomes agres.

Encara no havien acabat.

—Vaja uns deixebles, els del fuster. Tinc entès que algú els ha vist esclofollant espigues amb la mà. Un dissabte, Senyor, un dissabte.

—També m'ha arribat aquesta. Diu que el fuster dóna entenent que Déu ha fet el dissabte perquè l'home reposi en pau, sense neguits i sense que l'apunyeguin amb els vostres vitricolls.

Tornem-hi.

—Un dissabte, just en un dissabte, diu que aquell home n'ha guarit un que tenia la mà baldada.

—Tingues per cert que, dissabte o no, el baldat en dóna gràcies a Déu.

Amb tot, tant el Carca com la Sabina no s'acabaven d'avenir a què el fuster, tan conegut de tothom durant temps sense res de nou, ara s'hagués engegat a fer miracles. Ves qui s'ho creu.

Mentrestant, el poble brunzia amb les noves que arribaven del fuster.

Vulgues que no, tot i que s'estigués sola a casa gairebé sempre, tot i que no es fiqués als safareigs, alguna d'aquestes n'arribava a la Maria. I més se n'olorava, perquè, sovint, passant pels carrers o anant a la font, li feien mutis.

Així que en va saber una gairebé de retruc.

Els soldats d'Herodes havien empresonat Joan, el reietó ja estava tip dels penjaments del Baptista, que li reprotxava d'haver-se amistançat amb la dona del germà. No van acabar així. En una gresca, quan Herodes ja anava torrat, va fer present a una ballarina del cap del Joan dut en una safata.

Maria va pensar en el magníficat de la visitació, en el crit d'Elisabet, en el càntic de Zacaries beneint Déu. Un Déu que permet la mort a sang dels seus profetes.

El seu Fill era el Profeta.

Maria no es va estranyar de sentir què deien uns del carrer.

—Els fariseus s'han conxorxat amb els herodians per perdre Jesús.

El desert de Maria es féu més aspre, la pau més fonda.

El marxant

Els Fusteret tenien un parent de lluny, d'aquells que ací en diríem fill de cosins, però a orient, on la sang mai no s'hi torna aigua, en diuen germà. Era un germà de mal bei, li deien el Marxant i en feia, trafiquejava fins a l'Egipte i podia engalipar algun fenici dels qui se les saben totes.

No era gota bon jueu. A Jerusalem observava el dissabte, a Sidó adorava Baal i no feia pas escarafalls si havia d'oferir encens als déus pagans o a l'emperador de Roma.

Com deia la Sabina, el seu déu era el diner.

No treia gaire el nas pel poble, quan hi passava li feien vores, en fugia d'esquitllentes. Ja·feia molt i molt de temps que no li veien el pèl quan la Maria va sentir-lo cridant esverat.

—On és la Maria.

—Sol ser a casa.

L'home va trucar, la Maria va obrir-li la porta, va entrar de revolada.

—Maria, has de fer alguna cosa pel ximple del teu noi.

La Maria va callar mentre les hi engegaven pel broc gros.

—El teu noi, dona, sembla un esperitat.

—Se les fa de profeta. De profeta, un mal fusterot. Però ha fet enrenou, i tant enrenou, la gent li va al darrera engalipada per no sé quin regne. Un regne de quatre esparracats.

—Diu que fa miracles, ja veus.

—Miracles, dona, un bordegàs que s'ha passat anys i anys al poble mal gratant quatre fustes. Era tan poca coseta com el teu Josep. Pobre Josep, s'ha mort a temps, ara rebentaria d'un cop de sang sabent-ne del seu noi.

—Arreu hi esvalota el galliner. Els uns diuen que és profeta de miracles. Els més assencerats no s'ho empassen, els de la fanàtica li'n volen la pell.

—Miracles. No me'n crec mica.

—Diu que a Canà va fer vi de l'aigua.

Maria va continuar callada.

—Vaja un miracle, un miracle de torrats.

—Tornat a Canà diu que va guarir el fill d'un manaia d'Herodes. I vinga anunciar el regne. Conten que no parla com els sòmines mestres de la Llei, ho fa com si fos algú que ho ve a canviar tot. I vinga anunciar el regne dels tronats sense un sou i morts de fam.

—També he sentit dir que a Cafarnaüm va treure la febre de la sogra d'un dels seus. De repicó, diuen, imposava les mans a tota mena de baldats, guerxats. I endimoniats. Endimoniats, Maria, el teu noi fins juga amb el dimoni, potser el té de la banda. I vinga anunciar el regne. A Genesaret i arreu, després del predicot diu que s'hi tornava a miracles.

—No me'n crec mica. Algun ximple diu que, travessant el llac a barca, va apaivagar la tempesta. Algun altre, encara més ximple, assegura que camina damunt de les aigües, el teu noi es deu pensar que és Moisès.

—A Cafarnaüm hi ha un centurió d'aquests mal xinats que, fent-nos la gara gara, ajuda a escalivar-nos els quartos. Doncs bé, el centurió tenia un criat malalt i, diuen, el teu Jesús li va treure la malura de lluny, sense ni entrar a veure'l.

—N'hi ha d'altres de més crespes. A Gerasa hi havia un endimoniat de mil dimonis, gairebé una ferota que calia engrillonar quan li venia la mala i corria nu dormint als sepulcres. Com ho sents, dona, i ara ve la de riure. Conten que va treure els mil dimonis de l'endimoniat i va ventar-los a una colla de porcs que, esverats, va tombar rostos avall. Com t'ho dic, ves qui es cala aquesta.

—N'hi ha de més mal calar. A Naïm, diuen, havia ressucitat el fill d'una vídua. No en tenia prou. La gent, un altre dia, s'amuntegava al seu voltant quan una dona, només de tocarli el voraviu de la túnica, es va guarir d'un mal que tenen les dones. Això de passada, perquè se n'anava a cal cap de la sinagoga per ressucitar-li la filla. Aquest cop, almenys, no es va amagar la trampa, va dir que la mosseta només dormia. Ep, no ho he vist, ho conten.

—Maria, la gent, capaç de seguir un sonat com el teu fill, veu pampallugues i miracles allà on no hi ha res. I ell vinga predicar el regne, amb tants d'agombolaments de gent que, un cop ho va fer des d'una barca, amb els tanoques escoltant-lo des de la vora del llac.

—Uf, dona, encara n'hi ha més. Aquesta no te la creuràs ni tu, que ets sa mare. Diu que amb cinc pans i dos peixos va atipar-ne milers. La gent embogida volia fer-lo rei, però no es va deixar atrapar. I vet ací que va raure a Cafarnaüm. Jo hi era. Es va embolicar a si tomba si gira per acabar dient que la seva carn era per menjar i la seva sang per beure. Imagina-t'ho, dona. Molts van deixar-lo, ves qui n'aguanta d'aquestes. Però un dels seus li va engegar una bertranada.

—Una bertranada, t'ho pots ben creure.

—Era el de la sogra. Encara el veig dient amb cara de tòtila: «on vols que anem, només tu tens paraules de vida eterna».

—Vaja una vida eterna. Amb mi que no hi compti.

—T'ho dic pel teu bé i el seu. Hi has de fer alguna cosa.

L'home se'n va anar sense ni dir adéu.

La Malamaria xica

La Malamaria xica, ja està dit, anava per les traces de sa mare.

Però el poble no li donava curull de feina, en fugia sovint per campar-se-les vés a saber on. Quan tornava, més d'una dona s'esgratinyava amb el marit, més d'un marit deixava d'estossinar la dona perque d'altres dèries duia.

D'ençà d'allò de les benaurances, la Maria no havia vist la mossa.

Però hi pensava sovint, no amagava tan mala teia com deien.

Així que havia passat un bon temps quan la Malamaria xica va trucar, la Maria la va deixar entrar, la sagala es va asseure callant estona, sense mirar enlloc, potser guaitant-se endins.

—L'he tornat a seguir. De tant en tant.

Desbotava a poc a poc, amb pauses.

—Parla amb paràboles.

—Tu, Maria, no deus pas saber què és això. Jo tampoc. Ell diu que les engega a vitricoll perquè només l'entenguin els qui tinguin l'orella prou fina per escoltar-lo sense taps.

—L'he seguit i l'he escoltat sense aplegar-n'hi gaire. Parlava del sembrador que escampa malament el ram i malmet les llavors. Posat a pagès, s'embrancava a comparances entre el seu regne i un camp amb barreja de blat i cogula. Un altre dia, fent-se-les amb pescadors, el seu regne era una xarxa que arreplega de tot i que, duta a la platja, demana una tria.

—Mai no l'acabes d'entendre. Tot d'una sembla que la seva mena de regne sigui a esclats com el de Salomó, doncs no, dona, no ho és, és un regne menut com el gra de mostassa que creix a poc a poc, com un conreu fent-se al llarg de mesos. El teu fill no les acaba mai. També li he sentit dir que el seu regne és tan ocult com el llevat en el pa o la sal en la vianda, i tan poc vistent com la llum del gresolet a la postada.

—De pic o de palada, sempre tomba cap al regne. Uf, no he acabat de saber de quina mena de regne se les fa. Això sí, dóna entenent que val més que un tresor o una perla fina.

—Una perla fina. No fa massa em van donar una perla fina, tant se m'en donava, l'he perduda. Si el regne del teu noi val tant com una perla fina, més valdria no encaparrar-s'hi.

—Però m'encaparra. El teu noi diria que sóc una figuera eixorca, i no aniria pas lluny d'osques.

Va callar estona.

—Diu que cal arribar al seu regne per camins de mal caminar i portes estretes de mal entrar. Si fos així, rai. Només conec mals camins d'amagatotis i portes estretes amagades a la fosca.

—Tant de bo jo l'entengués a ell.

—No l'entenc mica, però, tornada al poble, em sembla que l'endevino de lluny. Els conreus, el sembrador, el blat i la cogula, el gra de mostassa a l'hortet, el llevat i tantes d'altres que n'engega, les ha apreses ací.

—La gent no l'acaba d'entendre perquè s'afigura que ell parla pels savis. No, Maria, parla pels rucs.

—Ai, Maria, en el meu ofici malament rai de la ruca, te les has de saber totes. I no em facis dir més. Uf, dona, jo no sóc sàvia, però en sé tantes perquè la vida m'ha bastonejat.

Alçant-se de cop, va besar la Maria.

—Joiosos els rucs, que diria el teu noi.

Va obrir la porta, dreta a la llinda, la Maria la veia allunyant-se entre el polsim de bolves a sol batent. Es va perdre en una cantonada.

Trigaria a reveure-la.

Les filles de Malnom

Va trigar a reveure-la.

Potser havia passat més d'un any quan la Malamaria xica, sense trucar abans, se li va arrupir a l'escambell. S'havia esprimatxat, els ulls li lluïen a la cara afinada. Tot i tot, continuava guarnida com les del seu gremi, però semblava que dugués disfressa.

Per a la Maria, aquesta trobada i la de temps abans se li feien un sol record, un sol instant.

—Bonamaria, ja pots plànyer les de la meva mena.

Les mans quietes, a la falda, també se li havien afinat.

—No sé si ho saps. El teu noi ja no és el profeta seguit per la gentada encaterinada amb les seves dites i fetes, ara només té una colla. Els dotze triats, uns quants més. I algunes dones. No pas rates de sinagoga, gairebé totes foren guarides de malures dolentes i de mals esperits.

—La dona del Cusa, el bergant que se les fa a la vora d'Herodes, una Susanna que té ben poc de casta com ho era aquella del llibre de Daniel. Em sembla que és al llibre de Daniel, ma mare m'ho llegia encara que no t'ho creguis. Ja ho veus.

—He perdut el fil. Ai, sí, érem a les dones que van amb el teu noi. També hi ha la Magdalena, diu que ell li'n va treure set dimonis. Set dimonis. De cert que n'arrossegava bastants més, li hauries de veure la ganya.

—Pla que conec les de la meva mena.

Gairebé somreia.

—Ja t'ho pots afigurar, Bonamaria. Els de la carca peten de dents, diuen que duu dimoni, li tenen jurada i li volen mal. Però al teu noi no hi ha qui l'aturi quan s'ha engegat. En una d'aquestes, després de lloar aquell Joan de la degollina, va escopir-les dient que ell tocava la flauta i els altres no ballaven.

El dia queia, la Maria va encendre el gresolet. La dona parlava acomboiada per la fosca.

—Els samaritans fan la rebeca, pero no són mala gent.

—Vaig passar unes setmanes entre ells. Quan me n'anava, ves que, allà on ells en diuen el pou de Jacob, m'hi ensopego amb una de la mena.

—Havia sentit parlar del teu noi.

—Deia que, just al pou de Jacob, una garsa amb passada de cinc marits se'l va trobar assegut. I vinga xerrar-hi. El teu noi li va dir no sé què de l'aigua viva. S'hi va embolicar talment que la dona no en va pescar ni mitja. Imagina-t'ho, li parlava d'una aigua que xarbotava fins a la vida eterna.

—Ves a qui el teu noi parlava de la vida eterna. Algun cop penso que no hi toca, però, sentint-lo, se t'emporta encara que no l'entenguis.

—I vinga xerrar. Encara que no t'ho creguis, el teu noi no feia escarafalls a heure-se-les amb una dona, samaritana i de mala vida per més cop.

—Tombant d'aquesta a aquella, ell li va endevinar que havia tingut cinc marits i que ara la corria amistançada amb el sisè. A la dona, tant se val, no li venia pas de gust que li treguessin els drapets al sol. Girant les raons, va envetar-les a veure qui té raó, si els jueus o els samaritans. Sembla que el teu noi li va respondre amb el ciri trencat de no sé quin pare cal adorar arreu.

—Fos com fos, la dona del pou va tornar al poble dient-los que havia conegut el Messies. Ja ho veus, prenen el teu noi, un fusteret, pel Messies.

—De pitjors en podrien triar.

Els ulls li feien espurnes.

—Un fariseu, dels de més biga dreta, el va convidar a menjar. No res de bo, ho feia per parar-li parany, sense cap compliment dels que se solen fer. I vet ací que una dona de la meva mena se li va acostar, va trencar un vas de perfum oliant-li els peus i assecant-los-hi amb els cabells.

—Ja saps com són els fariseus, aquell poca-solta va dir-se que un profeta mai de la vida no es deixaria amanyagar per una bagassa. El teu noi li va aturar el mal pensament amb una de les seves. Una de les seves. Un usurer va perdonar el deute a un que li devia cent diners i a un altre que tan sols li'n devia cinquanta.

—El teu noi no tocava vores, no hi ha al món cap usurer que perdoni un deute. Però donem-ho per bo. Ell va acabar preguntant al fariseu quin dels dos deutors havia de restar més agraït. El carallot va respondre que el dels cent diners. Tant se val.

—I ja hi van ser. El biga dreta havia rebut el teu noi d'urpes, mentre la pobra dona l'havia amoixat. Aquesta estimava més perque tenia més per perdonar. I no van acabar-les així. Posat a totes, el teu fill va dir que perdonava els pecats de la dona, mentre el fariseu rosegava cebes.

—Jo no hi era, m'ho han contat.

—Tu què en penses, Maria.

La Maria va somriure, la Malamaria xica va marxar.

No la van veure més pel poble.

Jesús no tenia germans, vist des de dalt dels cels en tenia prou i a ple amb el Pare etern, la Mare verge. I Josep sobrevingut i benaurat. Però qui ho explica a la parentela de cosins, fills de cosins i fills de fills de cosins que, encara avui, se les donen de germans al migdia més al sol d'Egipte.

Tant els de la banda Bonamaria com els de la Fusteret van veure amb bons ulls les esponsalles d'aquell parell, que, si bé no en farien de molt bones, tampoc no anirien massa per les dolentes, eren blans.

El primer sotrac els va venir quan ni se l'esperaven, la parella s'hagué de casar a cuitacorrents. Qui ho diria. Després, després se n'anaren a Betlem, la família va saber-ne del naixement d'un noi; després, després en perderen el rastre. Tornats a casa, la Maria callava, el noi xumava i Josep s'esmunyia de les xafarderies dient que no és boig qui a casa torna.

Durant trenta anys, pau i poc soroll. Aquells tres anaven tan per la plana que ja ningú no en feia cabal. No es ficaven a cap safareig, ni en feien de males ni en feien de bones, un pic esquerps no tancaven la porta a ningú.

Com s'esqueia, els parents van plorar a crits la mort de Josep, sobtats, però, de com s'ho agafaven el noi i sa mare. Tan calmosos. Van pensar que el dolor els havia deixat balbs.

Solemnement, el cap de la família va deixar-ho anar.

—Jesús, ara ets el cap de casa, estem amb tu amb tot i per a tot.

I cada xai al seu corral. El Jesús, deien, havia sortit a son pare, no en podien esperar res de bo ni de dolent. Era sereny, treballador, de poques paraules i no pas mal afesomiat. Però, encara que el cap de la família li'n fes algun toc, continuava conco. A trenta anys, Déu d'Israel.

A trenta anys, quan ningú no s'ho esperava, els va sortir amb la revessa, deixava sa mare sola i verna per engegar-se-les de profeta.

—Maria, el teu fill no deu saber que hi ha un quart manament.

Ella va callar, no podia pas dir-los que, just per un quart manament fent joc al primer, Jesús se n'havia anat per honorar el seu Pare i, endemés, per honorar de benaurança sa mare.

—Sigui com sigui, si el teu fill és un mal fill, nosaltres no som pas uns mals germans. Estarem amb tu amb tot i per a tot.

I hi van estar, no era mala gent.

Però es posaven neguitosos, molt neguitosos per les que els arribaven del parent embardissat a profeta de set soles. Que si feia miracles. Senyor. Que si en predicava de crespes. Senyor Déu. Que si feia vores a la bona gent i rodava amb espellifats. Senyor Déu d'Abraham. Que si se saltava el dissabte i els dejunis. Senyor Déu d'Abraham i Isaac. Que si ell, un fusterot de pega, s'acarava desvergonyit amb els savis doctors de la Llei. Senyor Déu d'Abraham, Isaac i Jacob.

Per acabar-los d'enfaristolar, només faltava que es presentés al poble tant d'escantell que es va cuidar a ser empès bals avall pels qui coneixia de tota la vida. En aquell tràngol, la parentela, morta de vergonya, no va sortir de casa.

I tornem-hi. Que si miracles, prèdiques i rebequeries. Senyor Déu d'Israel. Prou burxaven sa mare, però la dona ni tan sols no els responia, mai no s'haurien imaginat que fos tan beneita, fins semblava en pau.

Cert. La Maria tenia pau, la pau que li venia de les benaurances dels qui són menystinguts per causa del nom de Jesús. I els parents no deixaven d'ataconar-la.

—Maria, venim de veure el teu noi per durlo a casa i tornar-lo al bon camí. No hi ha res a fer, és del morro fort i sembla boig. Tant de bo que no sigui endut pel Maligne.

A la mare no li van poder treure un sol mot.

Fins que ella va trobar-se arrossegada pels parents. El seu Fill era voltat de gentada, el veia de lluny mirant als cels i movent els braços, no podia sentir què deia. Endemés, el cap de la família cridava.

—Deixeu-nos passar, som els seus germans i sa mare.

La veu corregué fins a Jesús.

—*La meva mare i els meus germans són els qui escolten la paraula de Déu i la guarden.*

Maria va tornar-se a trobar arrossegada, de camí i d'arribada al poble els parents s'esbravaven. Jesús era un mal fill, un mal germà i ves qui pot fiar-se d'un profeta així.

A les festes assenyalades la Maria pujava a Jerusalem, Jesús també hi era. Els parents mai no van poder saber si s'havien vist i parlat.

Passà temps. Jesús se les tenia a la brava amb els prohoms i els savis, que n'estaven tips i li volien la pell. Ja ni es plantava a Jerusalem. Maria va saber que la família, gairebé per mofa, l'havia burxat.

—Au, vinga, vés-te'n a Judea i no t'amaguis. A veure si allà en fas de tan sonades com diuen que les fas ací.

Maria estava ben sola, ni els seus més propers no creien en el Fill. El magníficat del desert li cantava somort.

Se li va avivar quan un dels parents li va contar aquella.

—El teu noi estava predicant, a plena gentada, que si dimonis i que si redimonis de no sé què, quan una esborifada del poble, que no n'havia pescat ni mitja, va cridar a esgarrips: *«Joiós el ventre que t'ha dut, joiosos els pits que t'han alletat.»* I ell, ves que li venta: *«Més joiosos els qui escolten la paraula de Déu i la guarden.»* Sant tornem-hi, aquesta és la segona vegada que te la diu; pobra Maria, amb un fill tan desagraït.

L'home se'n va anar remugant de tan mal fill.

Maria era joiosa, el Fill li havia fet el més bell compliment.

Aquell parell

No sabia pas quan, però la feta li recordava dies de pau.

Amb una mica de sol lleuger de tardor.

La Maria havia sortit a fer llenya.

Quan va trobar-se amb aquell parell.

S'espolsaven la pols dels peus. Enrabiats.

—Dona, vós deveu ser d'aquest poble de mala mort.

—Sembla.

—Deuríeu conèixer el profeta natzarè.

—Sembla.

—Sembla impossible que un profeta com ell hagi sortit d'ací.

—Sembla.

—D'un poble de tan mala mort i tan mala gent.

—Seieu i feu un mossec.

Asseguts es descapdellaren.

L'un se la passava a l'altre.

—No n'hi ha cap com ell.

—Fa miracles.

—En diu de tan belles que et deixa embadalit.

—No et pots imaginar, dona, com n'és de manyac.

—Va voltat de gentada.

—Se'n va triar dotze.

—Va enviar-los a predicar.

—I a treure dimonis en el seu nom.

—Ara se n'ha triat setanta-dos.

—Ens ha enviat a predicar per parelles.
—Com anyells entre llops.
—Sense bossa ni sarró.
—Ni calçat.
—Mirant de no encantar-nos pel camí.
—Posant a les cases de bé.
—Sense rondar d'una casa a l'altra.
—Entrant on ens acullin desitjant-los pau.
—Hem de guarir malalts.
—De miracle, diu ell.
—I hem d'anunciar el regne.
—Com bonament podem, que no ens en sortim com ell.
—Però malament rai qui no ens vulgui rebre.
—Fins ens hem d'espolsar la pols dels peus.
—Ens has trobat fent-ho per aquest poble.
—Mala gent, mala gent a tant com n'hi hagi.
—Però vós no sembleu pas mala dona.
Maria va somriure.
—Sembla.
El parell va tornar-hi.
—Malaguanyada per aquest poblot.
—Més us valdria que en marxéssiu.
—Podríeu venir amb nosaltres.
—Potser us faríeu dels nostres.
Maria va tornar a somriure.
—Arreu hi ha de tot, bons homes.
Es van alçar.
—Ja veig que no ens seguireu.
—Déu us pagui la bona estona, homes.
—La pau sigui amb vós, dona.
I se n'anaren.

La Maria no hauria pas pogut dir com n'hi havien arribades tantes.

Les havia espigolat d'aquest, d'aquell, d'aquest i d'aquell altre que venien d'escoltar el seu noi. Els uns s'ho prenien per bé, més d'un per mal, els més ni per bé ni per mal.

Eren paràboles de més mal entendre que les contades per la Malamaria xica, quan només parlaven de sembradors, llavors, conreus i coses menudes, Jesús les havia apreses de jovenet. Aquestes les havia fetes seves ja de granat. Tocaven dites i fetes dels homes.

La primera li recordava la dona del perfum i la mala vida, perdonada pel Fill, a contrapunt del fariseu, perquè havia estimat molt. La d'ara també anava de deutes i diners. Un servent devia un gavadal de quartos a l'amo, l'amo compadit li va perdonar el deute, però va fer-lo engarjolar quan va saber que el servent s'havia agarbonat amb un pobric que li devia una misèria.

Era la justícia de Déu mateix.

I aquella tan viva. Pujant de Jericó a Jerusalem, per secaneres de Déu i el dimoni, els lladres havien amallonat un home fins a deixarlo estès a terra mig mort. El camí era fresat. Un sacerdot va passar de llarg, un levita va passar de llarg, però un samarità va aturar-se.

El seu Noi duia salvació a qualsevol, fos qui fos, que s'aturés compassiu.

Una altra. La del qui trucava a casa del veí, demanant-li pa a les menudes de la nit. El veí ja dormia i li feia mandra d'obrir, però l'altre vinga trucar i trucar, fins que li obriren la porta per donar-li el pa que demanava.

Maria va somriure. A cal Pare dels cels hi escolten qualsevol truc.

I més, aquesta tornava a anar d'amo i criats. *«Joiosos els servents a qui l'amo troba vetllant ni que sigui a hores de nit.»* «Davant de Déu no sou més que servents inútils.»

Cert. Cal vetllar, i més cal sentir-se servent inútil d'un Déu Pare.

N'hi havia moltes més. Una d'elles recordava a la Maria com a les bodes tothom fa compliments per seure amunt de la taula, quan, de fet, tothom espera seure ben amunt. Sola, la Maria va somriure. Aquell capcigrany, de bones a primeres, s'havia assegut a prop del cap de taula. Com tocava, li havien dit que capcigrany avall, i capcigrany avall, i capcigrany avall, fins que va trobar-se a la cua, davant d'una bona plàtera de vianda. El capcigrany havia pres la plàtera, se n'havia anat de bodes i les havia acabades tot sol cruspint-se la vianda. Mentre es deia: «capcigrany avall, capcigrany avall».

Lloat fos Déu. El Regne no menystindria els capcigranys.

Les paràboles

Les dites del Fill li arribaven a degotall, ni es recordava pas de com li venien, les rebia des del desert, sense fer-se-li garbuix, les destriava. N'hi havia de pagesia, de pescadors, de diners i de reis.

Alguna fins i tot anava de guerra.

Començava per l'home que, volent-se fer una torre, no ho havia comptat prou bé i va ser la riota dels veïns quan se li van acabar els quartos a mig. Semblantment, un rei volia guerra a l'enemic, però, comptant i descomptant les seves tropes migrades, no va tenir més remei que signar pau.

Ben mirat, Jesús ho acabava a capgirell. Per ser-ne deixeble només calia seguir-lo pelat, sense quartos ni espases. El Regne era pau.

Seguint-ne d'aquestes, el seu Noi donava els cels a un leprós més que pelat i més que desarmat, mentre en feia fora un ric tip i prohomeniós.

Déu beneït, el Fill es recordava de dos del poble.

Fins ací totes eren lliçons de l'esperit de pobresa, de la primera benaurança que cal abastar.

Però, enfilant-se pel Càntic dels Càntics, Jesús parlava de bodes, just perquè era Déu a bodes amb els homes.

No costava pas d'entendre. Arribat a bodes, vingut per convidar-hi a les primeres els fills d'Abraham, aquests havien fet l'orni, refusantlo. Però calia fer bodes. Els invitats ja no serien els escollits des de segles entre el poble de Moisès, haurien de ser els arreplegats arreu pel carro de les escombraries de la misericòrdia del Senyor.

La paràbola acabava a les males, feien fora de casament un pobre diable, com el capcigrany, que no duia vestit de festa. Maria somreia sovint recordant-ne tantes. Ara ho feia a pler. Per entrar a les bodes del Fill només calia dur l'ànima vestida de blanc dels nets de cor.

Prou nets de cor per demanar perdó quan no n'hi havia d'altra a fer.

Hi havia un perdó fins per als esparracats sense vestit de noces.

Ho deia el Fill parlant de pastors.

La Maria ho havia sabut de sempre, encara que visqués a Natzaret fent de fuster, el seu Fill, nissaga de David pastor, nat a Betlem fleca de pastors, era pastor d'ànima. Duia als ulls de dedins les amplades del desert, el sol asclant els roquissars del mal i els claps d'un ramat d'ovelles, blanc sobre el roig, que brostaven herba d'on semblava que no n'hi hagués. Ovelles guardades per pastors esquerps com l'arínjol i de més bon cor que no aparentaven.

Eren els pastors de nadal.

Jesús els reveia contant la paràbola. Un pastor de cent ovelles deixava les noranta-nou per cercar l'esgarriada. Quan la trobava feia festa amb els companys.

I festa entre els àngels dels cels.

Una altra paràbola en seguia les traces.

Ves quina dona, amb deu dracmes a l'arcó, si en perd una no posa la casa cap per avall. Quan la troba, fa festa amb les veïnes.

I més festa entre els àngels dels cels per un sol pecador penedit que no pas per cent justos a qui no els cal penediment.

Maria tornava a somriure.

El Fill, com solia, havia saltat a capitomba per fer-se entenedor. Però a ella, a ella no li calia penediment i havia conegut la joia dels àngels, el dia de l'anunciació.

Es va adormir.

L'àngel encara li deia «*Déu vos salve, Maria*».

La paràbola

La gent deia que Jesús, ben sovint, era de mal entendre, se les agafava pel bardissar de paràboles a mig dites. La Maria es deia que pobra gent, avesada al bardissar dels mestres d'una llei esmicolada a menudalles legals, no acabava d'entendre que, des de Jesús, tot era ben senzill.

Els mots li feien pi de tres branques.

La primera branca.

Joiosos els pobres en l'esperit, soca del Regne. Joiosos els nets de cor que, tan sols amb un gest de penediment, fan joia d'àngels.

La segona branca.

Joiós qualsevol home, perquè qualsevol trinquelis és invitat a bodes del Fill de Déu. Sigui de la mena que sigui, capcigrany o sereny, fariseu o publicà, dona de temple o dona de bordell, fill d'Abraham o fill de pares desconeguts.

I la tercera branca.

Pensant en la paràbola, Maria va esclatar en un crit de joia. Amb tant de crit que, sentintho, la veïna va entrar a veure què.

—Et passa res, Maria.

—No res, gràcies.

La veïna se'n va anar, aquella Maria era ben rara.

I la Verge va recordar la paràbola amb gust de pa fresc a la boca.

Jesús havia fet seva la història de la mare Càvec. Canviant-ne més d'una.

Un home tenia dos fills, el gran era fidel i treballador, el xic havia sortit boira. Aquest se'n va anar de casa, es va rebentar els quartos ja us podeu imaginar com, va acabar-les a la misèria guardant porcs, la fam va tornar-lo a casa. Sense ni donar-li temps per demanar perdó, son pare va petonejar-lo. Feren festa matant el vedell engreixat.

Fins ací, era la història d'un pare enyorant el noi xic. Que Déu n'hi do.

Però la feta continuava. El fill gran era al tros, ningú no l'havia avisat de la tornada del xic, sabent-ho d'arribada a casa, es va enfaristolar. Pobre noi, es deia la Mare, raó que duia, un cop més el seu Fill les capgirava per fer-les més vives.

Tornant a les fetes. El pare va anar a l'encontre del gran enfaristolat dient-li les paraules més belles de tota la bona nova. Vet ací.

—*«Fill, tu sempre ets amb mi, i tot allò que és meu és teu.»*

Per no esverar la veïna, Maria va estar-se d'esclafir en un altre crit de goig. Mentre el Fill obria les portes del Regne als esgarriats, ella era al desert, vivia les asprors de la solitud, se sentia menystinguda pels pobletans, però la seva ànima magnificava Déu que sempre era amb ella i tot allò de Déu Pare era tant d'ella que tenien a mitges un Fill.

Fou, potser, el moment més quiet d'aquells tres anys.

Va durar molt.

Ja feia nit quan la Maria, a les fosques, sortia de l'entotsolament preguntant-se per què, per què el seu Fill, recordant la mare Càvec, ho havia tombat cap a un pare de dos fills, oblidant-se de la mare, que prou devia patir tant pel fill esgarriat com per l'altre.

Més d'un ho reprotxaria.

Ho reprotxaria perquè no acabaria d'entendre-ho del tot. Jesús, Fill de Déu, parlava del seu Pare etern, tan a ple de paternitat que era pare i mare alhora.

Pare i mare per al Fill de Déu.

Tendre com una mare per als homes.

Heus ací la tercera branca.

La Revessa

La Maria recordava prou qui li havia contat aquesta tan rara.

Fou la Sabina fent més bigotis que mai.

—Sí, Bonamaria, sóc tafanera, xafardera i furgueta, ho saps prou.

Semblava una gallina periquina.

—He anat a escoltar el teu noi. Per tafaneria, que mai no em faré dels seus.

Ves què li havia de dir.

—Aquest Jesús a vegades sembla que hi toqui, a vegades et fa enrabiar, a vegades el planys. No saps com prendre-te'l. Potser és un boig que fa bitlles, potser és un sonat que ni bitlles no fa.

Maria mig somreia.

—No t'ho prenguis tan a la fresca. Si fos de tu, arrossegaria el noi cap a casa, li refrescaria la closca amb draps mullats i a fer bondat. Ja ho sé, tu no ho faràs, no tens els meus bigotis.

Ben cert, la Maria no tenia els seus bigotis.

—Parla fent-se uns embolics que en diu paràboles, sembla que n'ha engegat de ben encertades. Jo només vaig ser capaç d'escoltar-n'hi una, amb una ja en vaig tenir prou i massa.

Maria somreia.

—Escolta, dona, escolta quines unes se li acuden.

Va engegar-les rabent, gairebé sense ni alenar.

—No t'ho prendràs a la fresca quan m'hagis sentit. Veuràs. Contava d'un de ric que tenia un majordom tan pocavergonya com el Mustela. Quan l'amo va dir al majordom de passar comptes ben comptats, el barrut s'ho va veure venir, l'amo l'enviaria a can taps. I, ves com, se'n va rumiar una de crespa. Va estafar encara més amb els deutors de l'amo. Que si deus cent barrals d'oli, escriu-ne cinquanta; que si li'n deus cent cargues de blat, escriu-ne vuitanta. El garneu, untant els amics, comptava que aquests el rebrien a ca seva atipant-lo de grat. Guaita quin galan pocavergonya. Doncs, encara que no t'ho creguis, el teu noi va lloarlo, empatollant-se que els fills d'aquest segle són més espavilats que els fills de no sé pas quina llum.

Maria se l'escoltava a ulls oberts.

—Sí, Bonamaria, ja em diràs qui rediastre són els fills de la llum.

Maria s'aguantava el riure.

—Tornant a allò que ell en diu una paràbola. El teu noi encara va lloar el desvergonyit de repicó. «*Guanyeu-vos amics amb els diners d'estafada.*»

Maria no va poder més, va esclafir a riure.

—Vaja, Bonamaria, esperava veure't plorar de sentiment per tenir un fill sonat, i te m'engegues a riure a cor què vols.

—Sabina, no ho has entès tot.

—Ni tot ni mica.

—Pensa-hi, que no ets pas banastra.

Botida, la Sabina se'n va anar a cop de porta. Mort el Josep, es deia, a cal fuster s'han tornat sonats tant la mare com el fill.

La Maria ja no reia.

Acabava d'escoltar la paràbola més revessa, de més mal entendre, de totes les del Fill. I, tanmateix, la que duia més esperança.

Si anava per comptes ben comptats, el majordom era perdut, no tindria manera de guanyar-se la vida. Però, per endiastrat que fos, encara li restava un no saps què de bo, prou de bo per fiar-se dels amics que s'havia fet estafant.

El joc amb Déu s'hi assembla.

A Maria li va venir el record d'anys llunyans a Egipte, on li havien dit d'un déu que pesava amb unes balances les bones obres contra les males obres dels qui morien. Malament rai, Senyor. Pobret del qui vulgui trobar-se davant de Déu a pes de balances, la justícia dels comptes no plany.

Davant de Déu, venia a dir el seu Fill, l'home només podrà dir-li que, tot i pocavergonya, mai no ha anat a comptes amb els amics, sempre ha cercat el capmàs. I podrà prendre Déu a la revessa de la seva justícia.

—Senyor, tinc tants de deutes amb Vós que malament rai, però som amics, Vós i jo. Anem pel capmàs.

I, ves com, per la Maria, la paràbola revessa era tan entendridora, duia tanta esperança, com la del pare que tenia dos fills.

L'ànima li reia com mai.

El pa llescat

Camins

Els primers passos del Fill profeta li recordaven les tentines de quan començava a caminar. Se n'havia anat a Cafarnaüm, corria pels voltants, no pujava gaire a Jerusalem. Els seus mots, més que crits en el desert eren remor d'oreig a l'alzinar o gronxadissa d'onades vora el llac.

No podria dir quan, abans d'un any d'haver marxat de casa, el seu Jesús havia fet més brogit, continuava sovintejant la Galilea, però s'arribava fins a terra dels pagans a tramuntana i es presentava a Jerusalem sense embuts, amb tants pocs embuts que sempre les acabava topant amb els prohoms i els samalers de sinagoga.

Maria, que no lligava dates, lligava llocs, com sol passar amb qui viu de prop les fetes d'algú que li rau lluny. Tants de llocs, corrent d'ací cap allà. Com Abraham havia deixat la caseta i l'hortet d'Ur a la vora del gran riu, el seu noi havia deixat el poble podent dir, com deia, que fins les guilles tenen cataus però el Fill de l'home no tenia on reposar el cap.

De tant en tant n'hi sabia alguna.

A Jerusalem, a la piscina de Bezatà, la dels cinc porxos, hi havia sempre la colla de baldats esperant el miracle. Vés a saber. El cas és que trobant-se amb un baldat, Jesús va dir-li que prengués la llitera, caminés. I ja hi van ser. S'esqueia en dissabte, el sant dissabte del sant repòs, en un dia que ni Déu mateix no baixaria dels cels per fer un miracle.

A Galilea, tornem-hi amb els de les lleis. Els deixebles no cumplien les tradicions dels ancians, malhagin els deixebles, no es rentaven les mans abans de les menjades, i no els ho manava pas cap tractat de «urbanidad y buenas maneras», era un precepte preceptiu.

Maria cada cop estava més sola.

Només de tant en tant en sabia del Fill i, gairebé sempre, les noves li arribaven per la mala banda, com per un de molta crosta li va venir aquell de la dona de Tir.

—Imagina't, pobra Maria, el teu noi se n'ha anat a terra de pagans i fins hi fa miracles. Bé, allò que ell en diu miracles. Una dona li demana que guareixi la filla endimoniada, el teu Jesús li respon que només és enviat als fills d'Israel, i la pagana té la barra de respondre-li que els gossos de sota taula també atrapen algun crostó de pa que cau a terra.

Maria va pensar que Tir era lluny. Llàstima. No podria conèixer aquella bona dona que havia fet fer la girada al seu Noi.

Barrejat amb d'altres, li van dir que el seu Fill havia tornat a multiplicar els pans i els peixos. Set pans i uns quants peixets per atipar la gentada. Ella va pensar que, potser, d'una sola feta, la brama n'havia fet dues. Tanmateix no s'hi va amoïnar gaire, al seu Noi no li'n vindria d'una mica.

Maria, la de Betània

Fou en una altra pujada a Jerusalem. Maria no hauria sabut dir si abans o després de la dels mals averanys.

Era a casa d'unes parentes que la burxaven. Ja s'hi havia avesat.

—El teu noi, tant que predica, no és pas un bon fill.

Més burxada.

—Mira que ni venir-te a veure.

—No em cal veure'l.

No la van burxar més, aquella pau de la natzaretana les aturava.

—Una dona demana per tu.

Es movia com un jonc, feia uns grans ulls.

—Vós sou sa mare.

—Ja ho saps.

—Jo sóc la Maria de Betània.

La dona va descapdellar, tenia la veu greu, parlava sense neguits, movia les mans com si hi enfilés els records. De tant en tant s'aturava; amb les mans quietes a la falda i els ulls clucs, tornava a reviure allò que havia passat.

—El vostre fill posa a casa sovint. Som tres germans, la Marta és la gran, jo sóc la xica. El germà es diu Llàtzer, que es fa amb gent de tro. Més ben dit, s'hi feia; des que rebem Jesús a casa molts dels qui se'ns deien amics ara ens fan vores.

—Mai no oblidaré el primer cop de posar a casa. Assegut a l'eixida parlava del regne dels cels, dels qui donen pau i dels qui es fan com infants. Jo m'estava asseguda a terra, escoltant-lo. Sóc de mena vagarosa, sabeu, puc passar-me hores i hores només seguint el vol de les orenetes. Aquest cop, però, tancava els ulls sense ni fer cabal d'allò que deia, en tenia prou amb la gronxadera de la seva veu.

—No us podria pas dir l'estona que vaig estar-me així.

—Ell continuava parlant quan ma germana va escridassar-me. Tenia la seva raó, mentre jo m'estava sense fer res, la Marta corria atribolada pel serviment. Ell va dir-nos que jo havia triat la bona llesca i que no em fóra llevada.

—Que no em fóra llevada.

—Sortosa vós, Maria de Natzaret.

—De cert que mai no li heu sentit un sermó. Però li coneixeu el so de la veu des del primer mot que va dir de xic. Tampoc no li seguiu els passos de profeta, però no us cal. Sou sa mare.

La Maria de Betània va restar llarga estona sense dir res.

Sense dir res, se'n va anar.

La Maria de Natzaret va restar quieta. Només per aquella minyona, només per aquella minyona ja valia la pena que Déu baixés a la terra.

Va passar un temps.

Maria va saber que Llàtzer era mort, que el seu Fill l'havia ressucitat al cap de quatre dies de ser al sepulcre, que la gent cantava meravelles del seu Fill i que els prohoms mai no li perdonarien aquesta.

Més quieta que mai, la Maria de Natzaret va dir-se que Déu hauria baixat a la terra ni que fos per donar una punyida de gràcia a aquells que volien la mort del seu Fill.

JOAN

També fou a Jerusalem estant.

—Dona, em coneixeu.

—Ja ho crec, tu eres a Canà, a bodes i vi.

Més o menys amb els mateixos anys que el seu Jesús, Joan afigurava més jove; de cara afinada i pell de blanc emmorenit semblava un tany a punt de neular-se, però se li endevinava que podia ser llamp i tro.

Parlava amb una veu que pujava i baixava de registre, molt viva, com un torrent revingut. Tot d'una, se li feia gorga.

—Sembla que hagi passat una eternitat des d'aquell dia, quan vam trobar-lo al Jordà, batejat per Joan. Li vam demanar on parava, ens va respondre que anéssim amb ell i ho veiéssim. Des d'aleshores no l'he deixat, ja ni em recordo d'on tinc la xarxa de pescador.

—Sembla que hagi passat una eternitat.

—Més. Amb ell ets a l'eternitat. L'eternitat arran de terra.

—Si voleu seguir-me, deia, preneu la vostra creu i veniu amb mi.

—Després.

—Després. N'hi ha una que no puc contar.

Maria va dir-hi la seva.

—Doncs no me la contis.

—Érem mon germà, Pere i jo.

—Joan no continuïs.

—Al cim de la muntanya se'ns va fer resplendent.

—Deixa-ho, Joan, que jo sempre me'l veig així.

Joan va continuar, la Maria se'l tornava a escoltar.

—Va tornar-nos a parlar de passió, hi va afegir no se què de resurrecció. A vegades no es deixa entendre.

—A vegades es deixa entendre massa.

—Un de ric se'ns volia afegir a la colla, però, sabent que ho hauria de deixar tot, se'n va anar trist. Aprofitant-ho, va dir-nos que abans un camell passaria pel forat d'una agulla que no pas un ric entraria al regne. Vegeu quin estirabot, no s'està mai d'estirabots.

—Diu que ens hem de ser com infants. Aquesta sí que l'entenc. Més la deveu entendre vós, que l'heu vist infant.

Ara Joan era a la gorga.

—És el bon pastor que dóna la vida per les ovelles.

—És aigua viva.

—Parla del Pare, que no li és pare com a tots. «*El Pare és en mi i jo en Ell.*» Els jueus xerricaven de dents sentint-li aquesta.

—És la llum del món.

—També parla de no sé pas quin Esperit Sant.

—No l'entens ben bé. No saps pas si parla de l'esperit o del vent.

—Menys el vam entendre quan va dir-nos que se n'anava sense nosaltres.

Continuava a la gorga.

—Mestressa, de cert que ens tornarem a veure.

—Ens tornarem a veure de cert, Joan.

El regne i les claus

—He anat a tafanejar, Bonamaria.

Aquesta només podia ser la Sabina.

Encara que trigués segles a haver-hi escopetes, la dona parlava a escopetades sense engaltar, tirant a balins i no pas a perdigons.

—Bonamaria, el teu noi corre voltat d'una colla de dotze rucs.

—Més val rucs que doctors, Sabina.

Quan la Sabina s'engegava, vés a aturar-la.

—Els he seguit el rastre, eren a Cesarea de Filip, o pels voltants. Hi anunciava aquest rediastre de regne que ningú no sap on les farà.

—I, ves com, va donar les claus del regne sense regne a un que es diu Simó, Pere de malnom. És un carallot com tots. Repunyals, quin espantaocells de primer ministre del regne.

—Els altres, tan carallots com el Pere, van començar a remugar, tots se les volien de primer ministre. Endevinant la picabaralla, el teu noi va dir-los que a Jerusalem les ballaria molt magres, i a veure qui el seguia.

La Maria es va esglaiar.

—Tots sonats somniant un regne amb Pere de primer ministre, tots amb escó de ministre i el Judes de ministre d'economia. Judes és el més llest, però fa una cara de mal xinat que ja paga.

—Bufa, quin regne.

—Tu, Bonamaria, mai no seràs reina mare.

La Bonamaria només era pa i llesca.

Un dia fóra Reina i Mare.

«In saecula saeculorum. Amén.»

La dona dels tabernacles

Altre cop a Jerusalem.

La dona la va emprendre com gairebé tothom.

—Vós sou sa mare.

Era menuda, desimbolta i viva, però s'arrupia com un animaló al cau.

—Va ser a la festa dels Tabernacles.

—Ja ho sabeu, la gent viu a tendes, corre molt de vi, hi ha gresca, més d'un va torrat; jo anava a mitja vela, el meu home a tota vela.

—Em van atrapar amb un home que no és el meu.

—Ja podeu comptar amb la resta, la llei d'aquell Moisès vol que fos apedregada. El tanoca del Moisès i la llei no sap quines unes en passa una dona amallonada pel marit, avui sí i demà també.

—M'arrossegaren cap al vostre fill.

—Als garneus tant se'ls en donava de mi, anaven per posar parany a ell. Li van sortir amb la llei del Moisès dels trons i llamps. El vostre Jesús no deia res, s'havia ajupit fent gargots amb el dit a terra, fins que es va alçar.

—Dret, encara el veig dret, va engegar-los que qui fos net de pecat, ja podia ventar-me la primera pedra. Arraulida, m'esperava la pedregada; res de res, de reüll vaig veure com tots se n'anaven.

Va esclafir a riure.

—Els primers d'anar-se'n havien estat els més vells.

—I el teu noi va dir-me que me n'anés en pau, que no hi tornés.

—I cap a casa a rebre pallisses de l'home.

—Ara vaig molt més assenyalada.

Maria va acabar-ho.

—Però ara saps què és el perdó de Déu.

Falca fora de temps.

La història no s'acaba ací. Quan la Maria i la dona ja eren als cels, passats uns quatrecents anys de la feta, la dels Tabernacles va emprendre la Mare de Déu.

—Mestressa, ja ho veieu, l'església és plena de llumeneres sàvies, basíliques, processons, salteris i mandangues litúrgiques. Uf. I dejunis, penitències, pregàries i purificacions per als pecadors.

—Bona cosa, dona.

—Bona cosa, però han tret dels evangelis la meva història, diu que per als qui fan adulteri no hi ha perdó. Què m'hi dieu, Mestressa.

—Hi haurem de donar un cop de mà, dona.

Va trigar, però el cop de ma s'hi va conèixer.

Avui dia, i de molt de temps enllà, fins els més carques se saben la feta.

Una altra és que l'entenguin.

El cec de naixença

Tornava a ser a Jerusalem.

Aquell home tenia els ulls com els d'un nen que hi veu sense encara haver après a mirar.

—Vós sou sa mare.

Maria ja s'ho havia sentit dir molt sovint.

—Jo sóc el cec de naixença.

Maria, callant, li feia garlera.

—Jo captava vora de Siloè, era cec, em coneixia tothom. Els deixebles del vostre noi li van preguntar si jo era cec per culpa meva o dels meus pares. Encara que sigui una bestiesa dels doctors, la pregunta no em va venir de nou. Els doctors són uns mal xinats.

—Deixant-se de pecats i de doctors, Jesús va pastar fang amb un escopit, m'hi va untar els ulls, em va enviar a netejar-me'ls a la piscina de Siloè, i, vet ací, hi vaig veure.

—Us afigurareu que després tot van ser flors i violes.

—Doncs malament rai. Els uns deien que jo era jo, el cec; els altres deien que jo no era jo, que només n'era un que s'hi assemblava. Em vaig afartar de dir que jo era jo, el cec de naixença. I que, als trenta-vuit anys, hi veia gràcies a Jesús.

—I ja hi vam ser. Els mal xinats del fariseus vinga i vinga preguntar-me i escatir què. Fins burxaren els meus pares, els meus pares, mal vent els venti, se me'n van desentendre.

—I els mal xinats vinga furgar. Fins que, per acabar-les, els vaig dir que, per a mi, el Jesús era profeta i que l'ase em fum si feia miracles en dissabte. Ho vaig arrodonir a la garneua, dient-los que potser me'n demanaven tantes d'ell perquè se li volien fer de la colla. S'enrabiaren, i al botavant.

—Ara, els meus pares diuen que per culpa del vostre noi no porto un sou a casa. Ja ho veieu. Ni puc captar ni sé cap ofici.

Maria no es va estar de dir-li.

—Però tens els ulls oberts a la Llum.

—Ben cert, dona, però la llum no atipa. I Déu me perdó per dir-ho així.

—Tens tota la raó, pobric.

—Potser podeu fer-ne alguna per mi.

—Puc.

Al cap d'uns dies ho va saber.

Algú havia emparat el cec.

Els voltors

Era una dona d'aquelles que, quan se'ls trenca un plat, fan un sagramental, però, a la mort d'un fill, s'empassen el dolor covant-se'l a dintre. A ella se li acabava de morir un fill, ja no era la comare xiroia que sempre en tenia una per dir, l'angúnia sense esbravar li escanyava l'ànima.

Maria era a casa d'ella, donant-li el condol. Totes dues soles.

—Tu m'entens, dona. A mi se m'ha mort un fill, el teu és com si se t'hagués mort, s'ha embrancat a profeta i farà mala fi.

Un cop més, la mare de Jesús callava.

—El meu fill mort, el teu perdut a camins sense sortida, els fariseus entestats a esmicolar la llei, els sacerdots de tronc amb els romans. Guerres arreu, mentre alguns fugen al desert vora la Mar Morta i els altres recorden els Macabeus fent bandidatge. El món és a les tres pedretes.

—El teu noi, que també rau a les tres pedretes, ho ha dit.

—Pobret.

—Pobret. Predicava un regne ací, a la terra, que no li arribarà mai.

—Mai no tindrà ministres de debò, ni soldats ben armats que el defensin, ni tron reial on asseure's. Abans el mataran.

—Ho sap. I això l'ha fet canviar.

—Ja no s'espera res ací baix.

—Diu que vindrà un regne cels avall que esbandirà la terra. I llestos. Ens el trobarem de sobtada com el llamp. Diu. I ves que ens encantem, no hi ha ningú a segur. Diu.

—Diu que qui vulgui salvar la seva vida la perdrà.

—I més. Troba senyals de judici en aquest món a les darreres, talment els voltors, volant a cercles, assenyalen alguna bestiola morta.

La dona ho veia tot negre.

Maria, malgrat tot, hi sentia esperança.

Cap a Jerusalem, tocava festa.

Maria s'havia aturat a fer nit en un poblet de la Judea, posava a casa d'una parenta de lluny. Era una bona dona, picada del revenxinament dels qui són d'allò més de la crosta. Qualsevol dita d'un mestre de la llei, li era llei sense més embolics, tan llei que, qui no la cumplís, anatema i fora.

Maria s'ho veia venir, va engegar-les sobre Jesús.

—No acabo d'entendre aquest fill teu.

—Faria molt millor plegant de profeta i tornant a l'aixol, però ens ha sortit del morro fort. Ves qui ho diria del fill d'algú tan manyac com el teu Josep.

—Del morro fort. Tu què hi dius, dona.

La Maria no hi deia res.

—Pobra Maria, ni tu mateixa, sa mare, no li tombaràs la mala girada.

—Diu que fa miracles, vegis. No m'ho crec.

—Això sí, diuen que té bona xerrera. Ai, dona, ves qui podia esperar-s'ho d'un fuster de poca lletra. Perdona'm Maria, sé que estàs amb ell. Una mare sempre va encegada pel fill, faci què faci.

—A vegades diu que s'engarrista tant que ningú no l'entén. Que si el Pare i ell són un, que si no sé què d'un esperit que bufa no saps per on, que si llum i tenebres, que si aigua de vida eterna. No les acaba mai.

—A vegades parla clar. A casar-se i una sola dona per tota la vida. Que Déu n'hi do. Però, engegada aquesta de tan crua, sembla que es va embolicar amb no sé quins ximplets que s'hauran de fer eunucs del regne dels cels.

—Eunucs, homes sanats.

—Maria, el regne dels cels ha de ser per a homes sencers.

—Seguint-les, s'ho deixa penjat, i endevina'l. No sé què va empatollar-se d'un jutge que es ven per quatre quartos i d'uns treballadors a la vinya que, llogats a deshora, van cobrar com si haguessin suat tot el dia.

—Me n'han contat una que ni me la crec.

—No pot ser que un bon fill d'Israel en digui de tan tortes. Veuràs. Dret al davant de Déu, un fariseu es vantava de complir la llei com cal, mentre el publicà, arronçat i avergonyit, demanava perdó.

—El teu noi ni sap què es diu.

—Cert que algun fariseu, no tots, té urc de massa. Però no puc ni imaginar-me arrepentit un pocavergonya de publicà.

La dona va badallar.

Se n'anaren a dormir.

Nicodemus

Era nit closa quan van trucar.

—Ves qui truca a aquestes hores.

Trucava un home fet un farcell amb la capa.

—Vós sou sa mare, jo em dic Nicodemus.

Se'l veia savi, parlava tan polit que costava d'entendre.

—Sóc un prohom entre els mestres de la Llei.

Ben clar que pronunciava Llei amb majúscula.

—Vaig anar a veure'l de nit, com ara.

—No volia maldecaps amb els de la meva mena alta.

Ho revivia.

—Fins aleshores havia viscut en pau, sentint-me fill triat d'Israel. Però el vostre fill em va sobtar. No era un mestre dels nostres, tot i tot parlava com un mestre. I feia miracles.

—Em vaig trobar a soles amb ell.

—Va dir-me que calia néixer de nou, de l'Esperit.

—No el vaig entendre.

—Va dir-me que, per ser mestre d'Israel, n'entenia ben poques.

—Parlava calmós a la calma de la foscor. Em costava de seguir-lo. Amb un to de veu gairebé adolorit, recordava com Moisès havia alçat el serpent de bronze a ple desert per guarir els picats de serpent. Així mateix, deia, el Fill de l'home fóra alçat en senyal de qui cregui en ell tingués vida eterna.

—Es deia Fill de l'home, l'anunciat pels profetes. Em sembla.

—Aquest fill vostre em va deixar penjat. Tot i doctor com sóc, tot i saber-me la Llei a les menudes, tot i conèixer les escriptures de cap a cap, no l'acabava d'entendre.

—Però, enllà dels mots, era vida eterna. O m'ho semblava.

—Vós sou sa mare, el deveu entendre com ningú més.

Aquest cop la Maria va saber què dir-hi.

—L'entenc sense mots.

Va somriure a l'home.

—Nicodemus, potser per entendre'l et sobra llei.

L'home s'ho va rumiar.

—He nascut i viscut de la Llei.

A Maria li semblava una criatura, encara al ventre de la mare, espernegant per néixer.

Es va alçar.

—Dona, el vostre fill és ben bé fill vostre.

Fet un farcell, es va fondre en la nit.

Senyals de mal temps

Com s'esqueia, Maria pujava a Jerusalem a les festes assenyalades. Sobre el cap del seu Jesús s'hi congriava la tempesta. Fins els samaritans l'havien rebut a males, no pas pitjor que els prohoms de ciutat. Tement-se-les, Jesús s'hi deixava veure poc.

Els carques fariseus i els panxacontents dels saduceus, que anaven a matadegolla entre ells, ara anaven de conxorxa, calia acabar amb aquell home. Pel guilla de l'Herodes no quedarien, estava amb ells.

Fins i tot, deien, un escamot havia provat d'empresonar Jesús, però va deixar-lo; tenia por de la gentada i, de més a més, aquella mena de profeta els estemordia.

Ningú no sabia on era Jesús.

Rams i garrics

El camí

Tocava.

La pasqua era a prop, havia de pujar a Jerusalem.

Començant el camí, Maria va recordar tantes pujades a la ciutat santa.

Els ulls meravellats de quan va anar-hi per primer cop amb els pares, sentint-se ja una doneta d'Israel. La primera anada amb el Josep donant-li la mà. Totes aquelles anades i vingudes a lluna plena, amb records d'Egipte. Totes a so de festa, només amb el sotrac de quan perderen el Noi que ja tenia dotze anys.

Ara era la tercera pasqua a Jerusalem sense el Fill.

Havien fet ja un bell tros de camí, deixant enrera les coromines de Galilea aplanant-se a conreus estesos i hortets arrapats als pobles. Tot racons on el seu Fill hi havia anunciat la bona nova. Aquell pendís, cap a tramuntana, era el de les benaurances; pendís avall, les aigües del llac havien retut homenatge a Jesús que les havia apaivagat caminant-hi damunt. Allà lluny, sota mateix dels alts de Síria, hi havia multiplicat els pans.

Ara, però, no sabien on parava el profeta natzarè.

Per Samaria, els escridassaven, algun roc no va tocar ningú. Ella va pensar què deuria haver-se'n fet de la dona del pou de Jacob.

Ja eren a Judea; la terra, filla del desert i dels carrascars, lluïa endolcida pel sol de primavera, que esclatava de blanc en el raconet d'Ain-Karem. Un racó de bells records. De quan va arribar-hi apressada i joiosa amb Déu al ventre.

Llavors era una dona novella a punta de dia. Ara tot se li havia canviat. La mà del Senyor tornava a fer-la benaurada, però a la revessa, benaurada amb el sol amagant-se-li al ponent, vist de lluny, molt de lluny des de les eixorques del desert. Era una dona ja feta, a l'hora baixa, entrant a les fosques de la nit.

La colla s'havia aturat.

Enrogits pel sol, els murs de Jerusalem cremaven els ulls. La gent cantava psalms de goig. «*Quina joia de reveure't, Jerusalem.*» Maria, però, va recordar que d'altres psalms duien planys, perquè Israel havia conegut l'exili, com ara mateix en sabia prou del jou estranger.

Maria recordava la història del seu poble entre d'altres pobles.

El seu poble era el de Déu.

Tant de Déu, que el Senyor, sovint, n'havia fet holocaust.

Dia callat

La Mare de Déu va viure aquells dies en un sol dia callat.

De camí cap a ca la cosina Elisabet, allà temps, li havia xarbotat enfora el magníficat del goig. Ara, a les fredors de la ciutat santa i en els dolors que li arribaven, li brollava endins el magníficat adolorit de Getsemaní.

Era un dolor net, d'anyella esquarterada sense culpa, un dolor que no podia llevar-li la pau de la innocència en mans de Déu.

En el temps quiet, les noves del Fill li arribaven colades.

Ni n'hauria sabut dir el dia ni gairebé qui les hi havia dutes.

La nit

Eren arribats a Jerusalem.

A la casa on posava l'havien rebuda sense alegrois; la bona gent se la mirava compadint-la, anava de puntetes, com a les cases on hi ha un malalt, i, de tant en tant, Maria sentia la mà d'algú que se li posava a l'esquena, com donant-li condol abans d'hora.

Soparen quatre mossecs, callant, la posobra li va semblar llarga.

S'havia gitat en pau, s'adormiria en pau, però recordava aquella vetllada.

Volien dir-li'n moltes, ningú no gosava començar. Fins que, empenyent-se els uns als altres, desbotaren.

—Havent fet tants de miracles no creuen en ell.

—Déu els ha encegat perquè veient-hi no hi vegin.

—Així ho diu Isaïes.

—Tanmateix, algun dels prohoms hi creu, però no gosa dir-ho, els fariseus li fan feresa. Endemés, hi ha qui calla perquè s'hi juga els quartos.

—Maria, t'ho hem de dir. Els prínceps del Temple i els mestres fariseus de la llei, tenen decidit de perdre'l.

—Però no gosen acabar-lo, temen el poble.

—Fins aflaca algun dels deixebles. A més, entre els dotze més triats, n'hi ha un que no fila prou fi.

Ella els havia respost.

—Déu sobre tot.

I se n'havia anat a dormir. Gitada, encara se sentia la galta humida per les llàgrimes de la vella que l'havia acompanyada. La vella li recordava aquella Anna, l'Anna li recordava el vell Simeó, el qui havia parlat d'un glavi que li esquinçaria l'ànima.

D'això en feia anys. Era al Temple, quan hi presentaren Jesús nat de poc.

El Temple.

El lloc dels sacrificis expiatoris, dels holocaustos, dels xais i vedells immolats a glòria del Senyor i a perdó dels homes pecadors. Però Déu mateix havia dit, per boca de profeta, que poc cabal feia de l'encens de l'altar i de l'ofrena sagnant de xais i vedells.

Fet i fet, recordant la història del poble, només hi havia hagut una ofrena plaent de debó a Déu, la d'Abraham, a punt de sacrificar Isaac i aturat al darrer moment per la mà d'un àngel.

Déu Pare, havia volgut un sacrifici de pare.

Ara era a les mateixes, Déu sacrificaria el Fill, que també era el d'ella, i cap àngel no aturaria la mà dels borrells.

No s'ho acabava de dir, però ho sabia. Si el Pare era prou generós amb els homes, prou generós fins a lliurar-los el Fill, a ella li tocava ser tan donada com Déu mateix, donaria el Fill.

—Déu sobre tot.

I va adormir-se.

Va adormir-se perquè, com el seu Josep i fos com fos, s'adormia sempre en el clot de les mans de Déu fent-li bressol.

Betània

Potser aquestes les hi van contar a Betània.

—La gent es preguntava on era Jesús, que s'esquitllava de Jerusalem amb prou raó, li'n volien la pell. S'havia guardat a Efraïm.

—Tornant cap a Jerusalem, va dir als dotze arreplegats que pujarien a la ciutat santa per donar compliment a les profecies.

—I els dotze arreplegats ja es veien asseguts a dotze trons.

—Però ell no parlava pas de regne i victòries

glorioses. Ben al contrari. Esperava ser lliurat als pagans, ultratjat, escopit, crucificat.

—I ressucitat. Tal com ho sents, Maria, ressucitat.

—Ha ressucitat Llàtzer, però ves com s'ho faria per ressucitar-se ell solet. A vegades se'n va d'osques. I costa d'entendre.

—Menys el van entendre aquells banastres dels dotze. Just després de sentir-ne de tan males, Joan i Jaume, apuntalats per sa mare, van i li demanen de seure l'un a la seva dreta i l'altre a la seva esquerra quan vingués el regne. Ja podeu comptar com va enrabiar-s'hi Pere, el de les claus.

—No va venir a Jerusalem pel dret.

—Va fer marrada per Jericó.

—I hi va guarir el cec Bartimeu.

—N'hi ha que diuen que eren dos cecs.

—No li'n ve d'un.

—La més sonada de Jericó no fou pas la d'aquest miracle.

—La més sonada, Maria, no te l'acabaràs de creure. En aquell poble hi viu un publicà, menut, escanyapobres i més dolent que la tinya.

—Jesús va veure'l enfilat a un sicòmor guaitant com passava, va dir-li que baixés de l'arbre i que posaria a ca seva. Ja hi vam ser. El teu noi, dona, sembla que s'ho cerqui. La gent de bé no entenia com un, que se les fa de profeta, té tractes amb pocavergonyes com el Zaqueu.

—Doncs sembla que el Zaqueu ha buidat la bossa donant-ne molt als pobres.

—Fa de mal creure, no hi ha ric que afluixi els calés.

—Aprofitant-se de la feta, en va engiponar una paràbola.

—D'aquelles que vés-les a entendre.

—Veuràs. Hi havia un home de tro, mal vist per tothom, que va anar-se'n lluny. I, abans de marxar, va donar cinc talents a un servent, dos a un altre i un al més soca. Mentrestant, els enemics de l'home van fer saragata.

—Tornat a casa, el de cinc talents n'havia guanyat cinc més. L'amo el va lloar i premiar a l'engròs. El de dos talents n'havia guanyat dos més. L'amo el va lloar i premiar a la menuda. El soca havia enterrat el talent, tenia por de l'amo. Aquest li va passar un ramblatge de ca l'ample. I, posat a fer, va degollar tots els enemics.

—Ja ho veieu, Maria, al vostre noi no hi ha qui l'entengui del tot.

N'hi havien contat d'altres.

L'una parlava de la Maria de Betània.

—No sé pas ben bé si fou a cal Llàtzer o a cal Simó Leprós.

—Més aviat havia de ser a cal Llàtzer, la Marta hi servia.

—La Marta trafiqueja on calgui.

—Bé, fos on fos, feien un sopar, amb la Marta aqueferada. Mentre la Maria, sa germana que té un bei de virada, no movia un dit fins que no se li'n va acudir d'altra que rompre un vas d'alabastre amb perfum de nard, ungirhi els peus de Jesús.

—I eixugar-los-hi amb els cabells.

—Aquella mossa no té senderi.

—Més val això que massa senderi, com el de Judes, un del dotze, que va rondinar dient que, malaguanyada despesa, podria ser per als pobres.

—Judes és de mal fiar.

—El vostre fill li va fer la reprotxa, afegint-hi no sé què de la seva sepultura. No el vam entendre.

—La seva sepultura.

—Pobre home, no en parla debades.

—A alguns prohoms, encara que no ho diguin, els fa un cert respecte. Però els qui més remenen les cireres, li tenen jurada. Volen matar-lo, i, posats a fer, també volen matar Llàtzer, que fa tant de renou ressucitat.

—T'ho hem de dir encara que et dolgui i ens dolgui, Maria.

—No hi podem fer res.

—El teu fill, Maria, acabarà malament.

Al si de la Mare de Déu ja hi fosquejaven les ombres de Getsemaní.

Rams

Li preguntaven si es veia amb el Fill.

Mai no va respondre.

Fos que sí, fos que no, se sentia el Fill eixint-li del ventre com quan el deslliurava a Betlem entre àngels. Ara, però, res d'àngels, el donava al món amb el seu dolor fet un amb el del Fill.

No li calia veure'l.

Però prou que li'n contaven.

Aquella dona rebentava de goig.

—Maria, Maria, l'he vist entrant a Jerusalem a cavall d'un ruquet tan xic que gairebé tocava de peus a terra. La gent cridava i cridava. En aquells moments em semblava aclamar el rei David.

—La gent estenia els mantells al seu pas, brandava palmes i cridava que hosanna el fill de David i beneït el qui ve en nom del Senyor. Arribat al temple, algun coix va caminar i algun cec hi va veure.

—Mals xinats els doctors.

—Remugaven dient-se que fins on havíem arribat, el poble anava darrera d'ell. El rebia gairebé com si fos el Messies. Esverats, aquells guilles de sinagoga li van dir que aturés la brama.

—Encara el veig. Va respondre que si els feia callar, parlarien les pedres. No en va tenir prou, els va ventar un psalm pels nassos. Diria que era un psalm. «*La lloança ve de boca dels nens que encara mamen.*»

—Joiosa Maria, el teu fill ha conegut la glòria de Salomó.

Maria va pensar que la glòria de Salomó era una ben xica glòria.

No va tenir temps de pensar-hi gaire, n'hi van arribar de més noves.

—Uns vinguts de la Grècia han demanat per veure'l. No sé pas si ho han aconseguit, Jesús era voltat de gent. De sobte, hem sentit una veu vinguda de molt amunt, com de tro. No l'he entesa, hi ha qui diu que d'un àngel. Ell, el teu fill, s'ha embolicat a no sé quines, dient que qui s'estimi la vida la perdrà. No n'he pescat mica.

Ara li parlava un de tants que seguien Jesús.

—Fa nit a Betània, allà el deixen tranquil. Però, un matí, tornant cap al Temple, se n'hi ha acudit una de ben rara. La figuera de la vora del camí havia llucat, com tocava a temps, però no duia figues. Vés a demanar figues a una figuera amb la lluna de pasqua. Doncs el teu Jesús l'ha maleïda tan maleïda que l'endemà era ben seca.

—No sé pas si calia un miracle per fer-nos entenent que els mestres de la llei i la collivada són figueres sense fruitar. Potser anava per d'altres. Ha dit que si tinguéssim tan sols una fe menuda com el gra de mostassa somouríem muntanyes.

S'ho rumiava abans de dir-ho.

Ho va dir en un patac.

—Allà als primers dies amb ell a la Galilea, el sentia parlar quiet i calmós, tan calmós i quiet com les comes i coromines. Tot semblava benaurança. Però ara se'ns ha destravat, les engega cremants.

Cert, es deia Maria, el Fill s'havia destravat.

Era als darrers mots, tan a les darreres que li sortien a crits.

Garrics

El fariseu era un bon home.

Tot allò que deia s'ho creia.

Jesús l'enfaristolava però el planyia, més

planyia sa mare, li havia anat a l'encontre per si ella podia treure'l del mal camí.

Parlava amb una veu aplanada, que volia ser amable i li sortia aspra. A la Mare de Déu li feia pensar en el garric, una carrasca arrapada a terra que esgarrinxa.

L'home parlava.

La Maria encara pensava en els garrics. El seu Fill pujava, ben segur, el darrer coster de sa vida entre garrics de la llei, que l'anirien esgarrintxant, fins que. Fins que.

Déu sobre tot.

La veu de l'home continuava.

—Els doctors li han preguntat d'on li ve el dret de ficar-se on no el demanen. S'ha esmunyit dient que si ells no sabien amb quin dret Joan va fer les seves, ell tampoc no estava per dir-los qui l'havia enviat.

—Ho he vist clar, els doctors li paraven paranys.

—Però se'n sortia. Li han preguntat què dels tributs i ha respost que donessin al Cèsar allò que és del Cèsar i a Déu allò que és de Déu. Pobre fuster, si sabés una mica de llei, sabria que els tributs també són de Déu.

—Després ha perdut els estreps.

—Ha tractat els doctors d'Israel de mals fills que diuen d'anar a la vinya del Senyor i no hi van. Per a ell, els qui hi van són les dones de mala vida i els publicans.

—Ai, Senyor. Ja estava engegat, ha comparat els doctors i els savis amb uns mals vinyaters que, per fer-se amb la vinya, maten el fill de l'amo.

—Es creu fill de l'Amo.

Era a punt d'estripar-se les vestidures.

—Em temo que es creu el Messies.

Estava apesarat de debò.

—Maria, el teu fill és ben foll, te l'has d'endur a casa.

La Mare de Déu només se'l va mirar.

—Ja ho sé, em diràs que ja no té aturador. I és llest. Els saduceus, que no creuen en Déu ni en el diable, se l'han emprès, tampoc no creuen en la resurrecció. I li han parat parany. A veure amb quin marit s'hauria de quedar, de ressucitada, una dona casada amb set marits, l'un darrera l'altre. El teu noi, com tots els folls, fa bitlles. Els ha respost que els ressucitats són com àngels.

Va semblar satisfet i tot. Recordava com Jesús havia trabucat aquells saduceus rebotits de calés.

—Els ha fet callar recordant la dita de Déu a Moisès. «Senyor d'Abraham, d'Isaac i de Jacob», morts de segles enllà. Si Déu era Senyor d'aquests, aquests han de ser vius ara, en un lloc o altre. Déu és Senyor de vius i no de morts.

—Diràs que m'embolico.

La Maria no deia res.

—T'ho torno a dir, el teu fill és tan foll que es creu el Messies.

La Maria havia aclucat els ulls.

—Em sembla, dona, que no n'has aplegat mica i t'he encaparrat.

I tant que n'havia aplegat.

—Però, al final, ha vingut la pitjor.

—Després de bescantar els mestres de la llei, s'hi ha agarbonat. Com si fos dut per un mal esperit cridava i cridava que ai de vosaltres, escribes i fariseus cecs i guies de cecs, sepulcres emblanquinats amb podrimener al dedins, hipòcrites. I no sé què més.

Estava trasbalsat.

—Me n'he anat, ja en tenia prou.

Va guaitar la Maria.

—Tu tampoc no em voldràs escoltar.

Sense dir-li res, entenia prou que no el volia escoltar.

Se'n va anar.

Maria va saber, adolorida, com n'és de mal fer que un home, entestat a la llei, hi vegi més enllà del nas.

Déu sobre tot, pobrissó.

La vídua

Saber-ho per una de la casa on posava li va treure el coragre del fariseu.

—Maria, el teu fill és dels nostres.

—Ha apunyegat els doctors, també n'hi ha hagut per als sacerdots. I embolica. Que si el Cèsar, que si no sé pas quins vinyaters, que si la resurrecció, que si Abraham, Isaac i Jacob. No hi bufava cullera, i millor, totes aquestes borinades m'he estalviat.

—Però és dels nostres.

—Alegra't Maria, que et veig tristoia.

—S'estava guaitant com els rics donaven el curull dels seus diners al tresor del Temple. Hi feia mala ganya. Però, vet ací, una pobra vídua hi ha tirat dues peces menudes.

La Maria va somriure.

—Ell ha dit que la dona ha donat més que tots perquè, sense curull de bossa, pobreta, ha donat del pa que menja.

Va canviar les raons.

—Si no s'espavila, el teu fill se'n farà l'estella. Ho sap prou i s'esquitlla. Quan vespreja se'n va de la ciutat. Diuen que a Betània, n'hi ha que l'han vist fent nit a la serena en un oliverar.

Va aturar-se, dubtava.

—Aquesta no sé pas si dir-te-la.

Brandava el cap.

—Te l'engego, Maria, tot i que ho prenc per una xafarderia.

Va tornar-se a aturar.

—Ha de ser una xafarderia. Diuen que un dels dotze l'ha traït.

Maria va restar sola.

Per primer cop li parlaven de l'oliverar i de la traïció.

Xais i cabres

—Ai, Maria vinc tota esparverada.

Era una marmanyera.

—I doncs.

—Ho sé per un de la seva colla.

La dona prenia alè.

—Es diu Mateu i ningú diria que ha estat publicà. Sembla que el teu fill el va veure assegut fent la mala feina, el va cridar i ell va seguir-lo.

Més alè.

—Diu que s'estaven guaitant el temple, lloant-ne l'esclat, quan el teu Jesús ha destapat la caixa dels trons. Escolta, Maria, escolta bé. Ha dit que de tant d'esclat no en restaria ben aviat ni pedra sobre pedra. I vinga anuncis de guerres, terratrèmols, daltabaixos, terrabastalls, tràngols, pestes i fam.

—I els seus deixebles aniran arriats, els perseguiran, els engrillonaran, els en faran de totes i a cuidar-se de degollina. Mentrestant, mentrestant llamps dels cels.

—Terratrèmols, fam i pestes, aparicions de les que fan tremolins, falsos profetes, tot bitxo creient-se el crist, més llamps dels cels. No sé què més. I un que vindrà dient-se el fill de l'home. Com si tots no fóssim fills d'home.

La dona es va vigilar Maria.

—Tu tampoc no deus saber qui és aquest estrafolari fill de l'home.

Va tornar-hi.

—Diu que vindrà amb gran glòria i majestat per fer el judici. Sí, Maria, el judici, aquesta l'he entesa bé. I farà la tria de bons i dolents a trompetades d'àngel. Els bons a la dreta i amunt, els dolents a l'esquerra i avall cap a rostir-se per sempre més.

Va tornar-se a vigilar la Maria.

—Bé, Maria, tu què m'hi dius.

La Maria no hi deia res.

—Ha explicat la tria d'una altra manera. Els xais a la dreta i les cabres a l'esquerra.

Se li veia que aquesta no li venia a gratcient.

—Malament rai per mi, sempre m'han tractat de cabra.

Maria tenia els ulls clucs.

—No me'n dius res.

La Mare de Déu ja no la sentia.

Tot el ramat

La marmanyera continuava xerrant.

Maria va quedar-se amb allò dels xais i les cabres.

Ai, Senyor.

Per als mestres de la llei, els xais eren ells mateixos, manyacs observants de totes les observàncies legals i més que n'hi haguessin. I les cabres, les cabres eren les dones de mala vida, els publicans i tanta de gent esgarriada que gosava encendre foc en el sant repòs del sant dissabte.

Maria va viure un clap de llum en aquells dies ombrívols.

Lloat fos el Senyor, el seu Fill havia baixat a la terra per fer-hi el truc.

Trucant-les totes, per a Jesús les ovelles eren les dones de mala vida, els publicans i els qui no fan Déu tan menut que s'encaparri per menudalles.

I, tant se val, les cabres eren els fariseus, els saduceus i qualsevol que es cregués tenir Déu a la butxaca només perquè pagava els delmes. Pobra gent, mai no entendrien el bon pastor.

Posat a fer, el seu Fill no en tenia prou amb el truc.

Hi deixava entendre el retruc.

Al ramat no hi havia tan sols xais i cabres. Hi havia xais, cabres, marrans, ovelles, xots, anyells, cabrits, cabridets. I vés a saber qui més, perquè, ho sabia de cor, Jesús havia baixat per arreplegar qualsevol mica de no res de bona voluntat.

Maria gairebé va somriure.

Jesús havia vingut per a tot el ramat.

I per a tots els ramats.

Les deu verges

En aquestes, el temps se li havia aturat del tot.

Va adonar-se que la marmanyera encara rallava.

Se les tenia amb unes verges a punt d'anar de convidades a bodes.

—Torna-ho a dir, dona.

—Ja em semblava que no estaves pel que et deia.

—Torna-hi.

—El teu fill ha acabat els llamps i trons del judici, i el seu fill de l'home, amb allò que en diu una paràbola. No sé pas si n'hi he pescat res.

—Conta-me-la.

—Diu que una vegada hi havia deu mosses esperant el nuvi que les havia d'aconduir al casori. Totes s'esperaven amb el gresolet encès; però cinc de garrepes duien embúrnia amb oli de més, les altres cinc, tòtiles, no hi havien caigut.

—Continua.

—I vet ací que el nuvi trigava, tant que se les va trobar totes deu endormiscades. Correm-hi tots i ja hi vam ser. A les cinc tòtiles se'ls havia acabat l'oli, en demanaren a les garrepes i aquestes van respondre que s'espavilessin.

La dona s'ho rumiava.

—Em sembla que, ben repartit, l'oli hauria arribat per a totes. Veuràs, no tinc gota de flaca pels garrepes.

La Maria era del mateix parer, però no s'hi volia aturar.

—No ens hi emboliquem, dona, que el meu Fill deuria anar per d'altres.

—Doncs acabo. El nuvi es va endur les cinc garrepes al festot. Les tòtiles van fer tard, es trobaren amb les portes barrades. I tururut viola.

S'ho tornava a rumiar.

—Tururut viola de qui, quan vingui aquell fill de l'home, no estigui a punt.

Maria havia acluclat els ulls.

—Ja no m'escoltes.

Ja no se l'escoltava.

Tornava a ser a noces.

El seu Fill era l'espòs de les bodes de Déu amb els homes.

Ho sabia de sempre, ara en sabia més. Serien bodes a preu de sang.

La Mare de Déu era a un pas de Getsemaní.

Magníficat a Getsemaní

Jerusalem

Ja era nit closa.

Maria estava arraulida en un racó.

Jerusalem callava.

Estava adormida, els carrers sense passants tenien el silenci de la buidor, que no s'assemblava de res al del desert o al dels camps i boscos, on tot calla però la vida s'hi fa sentir.

Adormida, semblant a morta, la ciutat potser vivia un malson.

Sense ni panteig, recordava la seva llarga història entre glòries i runes, desfetes i triomfs, encens del temple i fumeres dels saqueigs.

Era pasqua, adormida li venia tremoladissa recordant el pas de l'àngel de la mort a cada casa dels egipcis, mentre passava de llarg de les cases dels hebreus, marcades amb sang d'anyell. Era a temps llunyans. Ara, esplèndida de glòria al sol de dia, a la nit callada semblava que tornés a viure a les runes, mentre el poble penjava les arpes de l'enyorança als salzes de l'exili de Babilònia.

Maria estava arraulida en un racó.

Les dones es pensaven que no les sentia, parlaven baixet.

—Un dia a l'altre, a no trigar, l'atraparan.

—Però el poble li fa costat.

—El poble, ho saps prou, és un penell que es mou al vent que bufa.

—No té remei, duu la sentència al damunt.

—Diu que Caifàs ha dit que calia que un home morís per tot el poble.

—I així se'l treuen del damunt.

—Se'ls fa fonedís, ningú no sap on és ara.

—Ha fet el sopar pasqual amb els dotze.

—He vist Judes sortint-ne d'estampida.

—Al cap d'una bona estona, ha baixat avall, al torrent amb els onze.

—Deuen ser a Getsemaní.

—Allà hi tinc el meu Marc, s'entesta a dormir a la serena.

—La Maria deu dormir, deixem-la en pau, almenys aquesta nit.

Les dones se n'anaren a mal reposar. Ni podien imaginar-s'ho, aquella pasqua en donaria pas a una altra, que faria de Jerusalem la ciutat doblement santa.

Getsemaní

Tot era a les fosques, un raig de lluna pasqual, entrant per l'esberla d'un finestró, semblava una ganivetada.

Maria continuava arraulida, asseguda a terra, embolicada amb el mantell que fins li tapava la cara. Tenia el cos plegat ànima endins, la foscor li entrava ànima endins.

No li calia pas haver-ho sentit de les dones, el seu esglai ho pressentia.

Tant de bo tingués Josep al costat. L'hi havia tingut sempre, i potser més de mort, fent-li sentir l'adolorida, inefable i manyaga companyia dels morts. Ara no sentia la mà de Josep, potser el si d'Abraham també era a les fosques.

Tot el món era a les fosques.

Anava a veure la mort de Déu.

El Fill de Déu, Déu com el Pare, deuria trobar-se capolat de dolor a Getsemaní. Getsemaní. El so del nom acabava esmolat com un glavi, tot i que també duia ressons de temple. Amb ofrena de sang.

Li va venir una suor freda.

Se sentia amb les mares dels sants innocents, amb els planys de Raquel, el tremolor de la mà d'Abraham a punt de sacrificar el seu noi, el plor de David cridant Abasaló i Absaló. El món era un misteri de mares de sants innocents, de pares amb fills morts quan encara no eren més que esperança.

Es va arraulir més.

Des de l'exili, Israel havia psalmejat enyorant Jerusalem. Els jueus en parlaven sempre, mai no ho oblidarien. Però només pensaven en el seu poble. Al llarg de la història dels homes, tants i tants de pobles havien viscut esclaus, foragitats de les seves terres o tancats covant dolors entre les runes de ciutats que havien perdut fins el nom.

Va pensar en Egipte.

La mà de Déu l'havia assotat de plagues i, mentre Israel lloava el Senyor pel pas de l'àngel de la mort, les mares del palmerar ploraven la mort de l'hereu. Mentre Moisès, a l'altra banda de la mar, cantava la lloança sense fi, les mares de la vora del riu planyien el fill mort, engolit a les aigües amb els carros del faraó.

La història dels homes era un seguit de guerres entre nacions, d'odis de veïns i feina de borrells. Als moments més triomfals d'un poble, ningú no pensava en els grillons dels esclaus.

Potser tot venia de Babel, de quan els homes volien fer un gratacels que gratés els cels sense ajuda de Déu. Sense ajuda de Déu, acabaren esbarriats, no s'entenien la parla.

No, tot venia encara de més lluny. Havia començat al paradís, quan el primer home i la primera dona es deixaren enganyar pel serpent, que els prometia ser com Déu.

Ai, Senyor, tot venia del delit de l'home per ser déu.

Els faraons de l'Egipte es deien déu, els emperadors de Babilònia es deien déu, el Cèsar de Roma es feia dir déu. I no calia pas pensar en gent de tan amunt. Qualsevol pobric escambellat ni que fos a una cadira mal embogada, duu un déu al cos.

La suor se li va fer més freda.

Ai, Israel, que apedregues els profetes, mes ai Israel a punt de sacrificar el Fill de Déu en nom de Déu. Amb la lucidesa que dóna la foscor, veia els ulls com punxons legals dels fariseus, els ulls enterbolits dels sacerdots amb massa vianda a taula. Pobrets. Eren tant el poble de Déu que es pensaven tenir el Senyor de cels i terra tancat al seu celler. Eren com eren, ho farien. Ho farien. Durien al patíbul l'Anyell de Déu.

Va passar una estona balba, atuïda.

Tot d'una, la tenebra li va ofegar l'ànima.

Déu, el Senyor dels cels també havia conegut passió.

Tants de pobles amb ídols, tantes de cases sense senyals del cel, tantes de places sense signes d'enllà, tantes i tantes de terres esteses sota els cels que ni es guaitaven els cels. Tants d'esclaus, tants d'esclaus del diner, tants de vivents oblidant-se de qui els és Pare.

Li va venir tremolor.

Era a les fosques amb el Fill, allà a les fosques de Getsemaní.

El seu Fill, el Fill de Déu, deuria suar angoixa de sentir la impotència de Déu davant de la llibertat dels homes. Dels homes que, si a bé saben alçar les mans captant als cels, a mal volen ser Déu.

Ai, Senyor, els homes. El seu Jesús havia anunciat la bona nova i només el seguien uns quants que ni havien entès el Regne. Ara Jesús es trobava sol. On eren els baldats guarits de miracle, els qui varen atipar-se a gentada només amb uns quants pans i uns quants peixos, els qui, encara no feia una setmana, l'havien rebut a Jerusalem brandant rams.

Ai, Senyor, de quina terrissa tan grèvola havia fet l'home.

Al pit se li feia un ofec, com si la tenebra l'escanyés.

Però l'home valia la sang de Déu. Valia les seves angoixes de mare.

Es va somoure tota.

Benaurats els desconhortats, hauran conhort.

No li va pas baixar cap àngel per aconhortar-la.

L'ànima se li havia arraulit sencera en el racó d'innocència que duia a dins des que fou concebuda.

Fins la tenebra podia dur conhort.

Era al magníficat de Getsemaní.

Magníficat a Getsemaní

La meva ànima és tota condol,
tristor de mort amb Déu fet home,
i el meu esperit s'ascla d'angoixa
en la suor de sang del meu minyó,
perquè ha tornat planys de mare
els meus esclats jovençans de verge.

I doncs, d'avui i en els segles,
em diran Senyora de Dolors
totes les generacions,
perquè ha fet meva la seva agonia
el Déu morent,
el Fill sense nom,
el de sang vessada a desdir,
generació rera generació,
per a tota la mena d'Abraham.

El seu braç, valent de feblesa,
ha obert escletxes de plor
en la carcassa farta dels farts,
ha afamat d'esperança
la manyagueria dels famolencs,
ha escampat misericòrdia
a qualsevol espurna de misericòrdia.

Déu home sense conhort,
conhort dels desconhortats,
s'ha fet compassió donada
a pares, fills i néts,
nou llinatge de Déu sofrent.

Per sempre.

La suor de sang

S'havia endormiscat entabotxada per l'angoixa.

Va sentir trucs a la porta.

—Obriu.

Va obrir.

Era Marc, el fill de Maria mestressa de la casa. Tenia la veu esquerdada amb aguts de minyó i greus d'home, plorava a sanglots. Anava mig nu.

Maria, la Mare de Déu, es va asseure altre cop al racó amb el xicotet als braços, li passava la mà per la cara humida, el sentia tremolar. Va acalmar-se en aquell xopluc.

Els de la casa s'havien llevat, feien rotllana; amb el cap amagat entre els plecs de Maria, a Marc li tornaven els sanglots.

—Se l'han endut pres, era un escamot amb bastons i espases enviat pels prínceps dels sacerdots, els escribes i els ancians. Sabien prou on trobar-lo, els menava Judes, un dels dotze.

Més sanglots.

—Judes li diu «Mestre». I el besava. Aquest fou el senyal. Els de l'escamot li posaren les mans al damunt i el prengueren.

Va aturar-se, s'aixoplugava de nou entre els plecs de Maria.

La Maria, sa mare, va encoratjar-lo.

—Marc, fill meu, sigues un home, no sanglotis i conta'ns-ho tot.

Més apaivagat, parlava tallant-se-li l'alè.

—Jo havia anat al nostre hort per passar-hi la nit. No podia dormir, estava mig abaltit quan la fressa de passos va desvetllar-me. Era ell amb els seus. Jo els veia a la claror de la lluna, anaven consirosos. Un d'ells, em sembla que Pere, deia que tenien dues espases, ell li ha respost que bona feina farien només amb dues espases.

Parlava amb més arrencada.

—Va dir a la colla que s'asseguessin mentre ell se n'anava a pregar. Van adormir-se. Enduent-se Pere, Jaume i Joan, li veia la cara esbarrellada dient-los que la seva ànima era trista fins a la mort, afegint-hi que vetllessin i preguessin. També aquests tres van adormir-se. Ell era una mica enllà, a un tret de roc.

Li tornaven els sanglots.

—Encara el veig a la mica de llum de la lluna clapada pel brancam de l'oliverar. Estenallat a terra, dient: *«Abba, Pare, Vós ho podeu tot, lleveu-me aquest calze.»* Ha alçat l'esguard als cels: «*Però no es faci la meva voluntat sinó la vostra.*»

Ni esma no tenia de plorar.

—S'ha alçat cap als tres que dormien. «*Simó, Pere, ni una hora no has pogut vetllar amb mi.*» Afegint-hi: «*vetlleu i pregueu per no ser temptats.*» Se'ls ha guaitat compassiu. «*El vostre esperit és a punt, però la carn aflaca.*»

Els ulls del minyó encara ho veien.

—Altre cop estenallat a terra, repetia allò del calze. Es va alçar de nou, els tres dormien. Altre cop estenallat a terra. Es va alçar de nou, els tres dormien. «*Ja podeu dormir i reposar. N'hi ha prou. Ha arribat l'hora, el Fill de l'home és a pic de ser lliurat a mans pecadores.*» Els ha sotraguejats. «*Alceu-vos, mireu, qui em traeix ja és a dos passos.*»

El Marc va tapar-se la cara amb les mans.

—Encara el veig. Encara el veig allà, dret, a mitges fosques, amb la cara esbarrellada i entresuada amb suor com de sang.

Va estar-se una bona estona sense dir res.

—Ja us he contat com el prengueren.

Tornava a prendre alè.

—Un de la colla, diria que Pere, va brandar l'espasa, va tallar l'orella d'un dels del gran sacerdot. No ho he vist bé, em sembla que ell, de miracle, ha tornat a enganxar l'orella d'aquell home.

La veu se li va fer rogallosa.

—S'ha adreçat a l'escamot. «*Heu vingut a cercar-me com si fos un lladre. Prou podieu ferho al Temple.*» No ha dit res més, que recordi.

Es va mirar els de la rotllana.

—I se l'han endut.

La veu se li tornava espinguet.

—Tots els de la colla han fugit cuita-corrents.

Va fer un gest d'homenet.

—Jo he provat de seguir-lo embolcallat amb el llençol. M'agafen, els deixo el llençol a les mans. I també fujo.

Maria, la Mare de Déu, li va fer una festa.

—I no us puc dir res més.

Sa mare se'l va endur, s'adormiria a tremolins de malson.

Maria tornava a ser sola, arraulida en el magníficat del dolor.

Sant Marc i la gramàtica

Nota del traductor. Haureu vist que hi ha canvis de temps verbals, que destaroten la sintaxi. És l'estil de l'evangelista sant Marc, que s'embolicava amb els temps del grec.

L'arínjol

El neguit

No va dormir ningú.

Maria no es va moure de casa, els homes s'havien amagat, les dones entraven i sortien anguniejades per saber-ne de noves, alguna coneixia la dona d'un peix gros, alguna d'altra tenia un mig parent que podia picar molt amunt.

La casa no reposava.

Maria era a les fosques, cada nova del Fill li duia un neguit que no havia sentit mai, les estones llargues sense saber-ne res més li deixaven l'ànima a batecs.

El Fill afrontava la passió, ella no podia ferli costat.

Les dones continuaven els anants i vinents, ella callava arrupida, semblava mesella, potser ni escoltava.

D'Herodes a Pilat

Les noves venien degotant i no pas ben certes.

—L'han dut a Caifàs, el gran sacerdot.

—No, és amb Anàs, que manega com vol el gendre.

Anants i vinents.
—De cert és a casa de Caifàs.
—Hi han vist Pere escalfant-se al pati.
—Xerrava amb una minyona.
—Sembla que també hi havia Joan.
Entrades i sortides.
—Els escarcellers li tiren escopits.
—El tenen amb els ulls tapats i el peguen.
—Hi juguen a endevina qui t'ha tocat.
Anants i vinents.
—A casa de Caifàs hi ha tot el sanedrí.
—L'han condemnat a mort per blasfem.
—Però no el poden matar, diu que això toca als romans.
Ja era a punta de sol.
—L'han dut a Pilat.
—Cap d'ells no ha entrat al pretori.
—Per no contaminar-se.
—Més s'embruten condemnant un just.
Entrades i sortides.
—És al pretori dels romans.
—D'allà en podrem saber ben poc.
—M'han dit que els del sanedrí hi han canviat les tornes.
—Ara l'acusen de voler-se fer rei dels jueus.
—Contra el Cèsar.
—Sembla que Pilat no sap pas què fer.
Les dones cada cop eren més neguitoses.
—L'hem vist passar pel carrer, Pilat l'envia a Herodes.
—Surt del foc per caure a les brases.
En va entrar una amb la cara més aclarida.
—Potser encara es podrà salvar.
—Herodes l'ha tornat a Pilat.

—Aquest voldria deixar-lo lliure.
—És pasqua i solen alliberar-ne algun.
La mica d'esperança va durar poc.
—Deixen anar el Barrabàs.
—El poble, esvalotat, ha escollit el bergant.
—L'atien els prohoms.
—La gent crida que el crucifiquin.
Ja no n'esperaven de noves.
Sabien prou quines unes en vindrien.
—L'han assotat.
—L'han cofat amb una corona d'arínjol.
El neguit s'havia fet tristor aplanada.

L'ARÍNJOL

Joan va entrar quan no se l'esperaven.

En veure'l, Maria va alçar-se cap a ell.

—Mestressa, anem.

—On és Judes.

—Deixeu-vos de Judes.

—On és Judes.

—Deixeu-lo. El vostre fill va cap a la creu.

—On és Judes.

—No ho sé i tant se me'n dona, l'ha traït.

—On és Pere.

—Tampoc no ho sé, s'haurà amagat com tots.

Maria ja no va dir res.

—Anem, mestressa.

Sortiren al carrer, la mà de Joan la guiava per entre la gent que l'empenyia cap al pretori. La mà era manyaga, li donava pau. Uns galifardeus, passant a cops de colze i a contracorrent, estigueren a punt de fer-la caure a terra. Cridaven contents, eren companys de Barrabàs.

Ella i Joan s'aturaren davant del pretori. Unes dones xerraven.

—Diu que la dona del Pilat ha passat una nit de malsons per culpa d'aquest.

—Pilat ja no sap com fer-s'ho.

—S'ha rentat les mans, no vol maldecaps.

Gairebé esclafada entre la gent, protegida per Joan tan bé com ell podia, la Mare de Déu va veure el seu Fill. Duia un mantell de soldat romà i una corona d'arínjol, era un rei de befa amb la sang que se li escolava cara avall.

Pilat va mostrar-lo a la gent.

—Vetací l'home.

—Crucifica'l.

—Feu-ho vosaltres.

—Et toca a tu.

Els crits no li van deixar sentir res més.

La gentada ja s'aclaria quan va veure el seu Fill carregant la creu.

Anava tan baldat que ni en tenia forces, els soldats n'atraparen un i, sense compliments, l'obligaren a carregar la creu de Jesús. Sense la creu, ell caminava encorbat, a passos insegurs.

Va aturar-se davant d'unes dones que ploraven per ell.

—Filles de Jerusalem, no ploreu per mi, ploreu per vosaltres mateixes, ploreu encara més pels vostres fills.

Jesús parlava embarbussat, n'era massa lluny, no en va poder entendre més.

Seguint el Fill, va arribar amb Joan a una

codinera pelada com un cap de mort. Mentre el crucificaven no va deixar de guaitar-se'l, ho vivia tan amarada que ni podia adonar-se del seu dolor. Jesús restava alçat entre dos malfactors.

Per un instant va sentir com un estrill, un no res d'estrill de goig. El títol de damunt de la creu deia *«Rei dels jueus»*. Senyor d'Israel, el Fill trobava una altra benaurança, la creu esdevenia senyal de reialesa, la corona d'arínjol era més reial que el llorer dels cèsars.

Va acostar-se al Fill. Gairebé ni sentia com la gent li'n deia de totes. Els soldats es repartien els vestits i es rifaven la túnica quan ell va parlar. La veu era només un alè, però el va entendre.

—Pare, perdoneu-los, no saben pas què es fan.

No debades el seu Fill havia ensenyat el parenostre.

Jesús tenia els ulls clucs, va obrir-los mirant-se-la.

—Dona, aqui tens el teu fill.

Amb el cap assenyalava Joan.

—Vetací la teva mare.

Anava per Joan. Tenia la seva mà en la d'ell; menys feta que la de Josep, la mà del deixeble no la deixaria mai.

Després va viure tan endins d'ella mateixa, tan quieta en el dolor que ni l'ofegava, que ja ni podia sentir res. Els jueus s'escridassaven, un dels lladres parlava amb el seu Fill i aquest, semblava, li prometia el paradís. Jesús va tornar a parlar algun cop més.

No li calia entendre'l.

Els cels s'havien entenebrit mentre ell cridava.

—*Pare, a les vostres mans lliuro el meu esperit.*

Va mirar-lo, era cert, havia mort.

Pels segles dels segles

Adoramus te, Christe, et benedicimus tibi.
Quia per crucem tuam redemisti mundum.
Us adorem, Senyor, i us beneïm,
perquè amb la vostra santa creu heu redimit el món.

La llosa

L'ànima li pesava com una llosa, Joan provava d'aguantar-la.

—No cal pas Joan, no em vindrà cap basca.

Le gent se n'anava. Al lluny, embolicades amb els mantells, va veure-hi les dones fidels, la mare d'en Joan entre elles. I Maria, la de Magdala, que, allà temps i no feia gaire, no havia estat pas una xaieta.

El centurió que manava els soldats estava trasbalsat.

—*Tanmateix aquest home era fill de Déu.*

A bona hora ho deia.

Encara no era vespre, però s'havien d'afanyar a enllestir els crucificats. No podien restar a la creu en el repòs sant d'aquell santíssim dissabte de pasqua.

Dret com un soldat fent guàrdia, el centurió s'esguardava Jesús mort. Encara se'l veia trasbalsat. Maria va cloure els ulls, era el primer cop que ho feia esfereïda, els soldats trencaven les cames dels dos lladres perquè finessin. Va tornar a obrir els ulls. Un dels soldats traspassava el pit de Jesús d'una llançada. En sortia sang i aigua.

Maria continuava dreta quan Joan va avisar-la. Davallaven Jesús de la creu, va asseure's a terra per rebre'l a la falda. Mort i masegat era el més bell dels fills dels homes.

Sense dir-li res, aquell Nicodemus de les hores de la nit, i un peix gros que li deien Josep d'Arimatea, li prengueren Jesús, amb molta de cura el dugueren a un sepulcre nou de prop, amb molta de cura l'embolcallaren en el sudari; tots sortiren del sepulcre, un dels homes el va cloure fent rodolar la llosa per la regata, la llosa era com una mola de molí.

No havien pogut fer més, venia el dissabte de repòs obligat. Les dones, acabat el dia sant, tornarien a l'alba per ungir el cos amb perfums, com se solia fer.

Tornaren a casa.

No hi hagué crits de dol, la llosa al cor els ennuegava.

Començava un dissabte amb un repòs com el del mort.

El dissabte

El sant dia del santíssim repòs va donar-los un repòs sense repòs, un silenci somort, que no trencaven els passos a puntetes per no fer fressa.

Marc dormia estenallat, alguna de les dones ja no podia més i també dormia, alguna s'estava asseguda sense mirar enlloc, alguna hauria volgut trastejar per alleugerir-se però no podia, era dissabte.

Era dissabte, el dia de repòs en record del setè dia, de quan Déu va reposar després dels sis dies de la creació. Ara, es deia la Mare de Déu, el Fill reposava mort, després de la nova creació que havia estat el seu pas per la terra.

De tant en tant sentia el gemec d'alguna de les dones o el rauc de ràbia d'un home. S'havien acabat els anants i vinents, ningú no podia sortir a cercar-ne de noves. Totes les noves eren closes en un sepulcre. I els deixebles, amagats vés a saber on, amb les portes de la casa barrades de por, vigilaven l'eixida per on fugirien si fos cas que els vinguessin a cercar.

Joan parlava baixet amb un parell de dones.

—Em fa vergonya dir-ho, tinc por. Endemés sento que hem viscut en el somni impossible d'un regne que mai no arribarà. I això rai. La pitjor és que he perdut, hem perdut tots, aquell a qui més estimem.

Va amagar el cap entre les mans damunt dels genolls. Maria se li va acostar.

—Joan, asserena't. M'has de dir una cosa. Mira, vull que em recordis aquelles vuit dites amb les quals va anunciar el Regne en el pendís a les vores del llac.

—El Mateu s'ho va apuntar, jo no. No sé pas si me'n recordaré.

—Prova-ho.

—Els pobres en l'esperit, perseguits per viure assedegats de gràcia de Déu i prou compassius per plànyer qualsevol que pateixi.

—Més o menys només te n'han sortides cinc, Joan.

—Ara caic a d'altres. Joiosos els qui donen pau. I ell en donava tanta, Déu meu. Ai, Maria, ara recordo la més bella. Els nets de cor veuran Déu.

—Veuran Déu de cert. Però digues, Joan, cada benaurança duia una promesa, mira de recordar-les.

—Els fills de Déu, compadits pel Senyor, tindran el regne dels cels i la terra de sobrepuig. Tot a ple. Poc us en sabria dir més, mestressa.

—Joan, te'n deixes una, la que més ens cal avui.

—No sé pas quina.

—Els desconhortats tindran conhort.

Maria va arraulir-se al seu racó. A poc a poc, molt a poc a poc, a força de mots callats, va trobar-se amb una clariana a l'ànima. Déu dels cels, el seu Fill havia anunciat les benaurances i, en aquell dissabte, els de la colla les vivien totes. Totes i senceres, però sense allò que prometien. Encara no tenien el Regne dels cels, ni la terra, ni el conhort, ni res a ple. Havia d'arribar el ple, el seu Jesús mai no feia promeses balderes.

No sabia pas com, havia d'arribar el Regne.

Una cosa o altra de glòria havia de venir del dolor.

Des d'aquell instant va viure de l'esperança.

No en va dir res a ningú, ni a Joan, ho deixava per al Fill.

PERE

Van trucar de cops forts a la porta.

Uns i altres es van guaitar estemordits, ningú no gosava obrir.

Més trucs i més forts.

—Obriu, sóc Pere.

Li conegueren la veu, la porta era barrada amb el bernat, trigaven a obrir, continuaven els trucs. Pere va entrar, venia aclaparat amb els cabells esborifats i la cara trasmudada de plorar. Estava palplantat sense dir res, es mirava la gent sense veure-la.

Maria se li va acostar.

—Pere, vine.

Els deixaren sols.

—Seu i conta-m'ho tot.

Pere va buidar el pap a raig.

—Se l'enduien, Joan i jo, encara que morts de por, seguíem de lluny, el van dur a casa dels prínceps dels sacerdots, volíem entrar-hi, ens barraren el pas però Joan coneixia al gran sacerdot. No sé pas de què, el cas és que vam entrar. Joan em va deixar sol. Feia fresca, a prop del foc, entre guardes i minyones, vaig sentir-m'ho dir. «*Tu també eres amb ell.*» Vaig respondre que ni el coneixia. Passada potser una hora, un altre em va emprendre de nou. «*Ben cert que tu ets dels seus, parlant tens el deix dels galileus.*» Vaig tornar a respondre que ni sabia de què anava. Tornaren a burxar-me, mort de por maleïa i jurava que ni el coneixia. Llavors va cantar el gall.

Va restar callat, va tornar-hi a raig.

—En el sopar de pasqua ell havia dit que, quan fos pres, tots el deixaríem sol. Jo, fentme el valent, li vaig assegurar que no el deixaria mai. Em va somriure amb un somriure trist dient-me que, abans el gall no cantés, jo l'hauria negat tres cops. El gall havia cantat després de negar-lo jo tres cops.

Es va aturar un moment, per acabar d'una tirada.

—En aquestes, des de baix el pati, vaig veure'l a la galeria de dalt. Em guaitava, vaig eixir a fora plorant. Ara és mort. He voltat pels carrers sense saber què em feia, plorant i plorant. Ací em teniu.

Maria li va posar la mà al cap.

—Pere, te'n recordes. Va dir-te que calia perdonar setanta vegades set. Ho va dir perquè Déu perdona setanta vegades set de setanta vegades set.

Ell se la va mirar.

—Pere, dóna gràcies a Déu, ara saps què és el seu perdó.

Van tornar a trucar.

Era una veïna, van obrir.

—Judes s'ha penjat.

Maria hi va córrer.

—Què dius, torna-ho a dir.

—Dic que Judes, penedit de veure'l dut a la mort, s'ha acarat amb els sacerdots dient-los que, pecador, els havia lliurat sang innocent. Aquells escurçons li han respost que s'ho fes com volgués.

—Torna-ho a dir.

—Doncs que s'ha penjat.

Maria va esclatar a plors i sanglots.

Mai no havia plorat així, a la mort del Fill havia estat serena, mai més no tornaria a sanglotar així, estripada per una angoixa que mai no havia sentit, es desesperava amb la desesperació de Judes.

Anava dient-ho.

—Judes s'ha penjat.

Provaren d'aconsolar-la.

—Ha fet la fi que es mereixia.

Ella hi tornava.

—Judes s'ha penjat.

La deixaren sola.

Judes s'havia penjat, penjant a les portes dels inferns, sense esperança. Però Maria duia tanta d'innocència que no es podia desesperar. Judes s'havia llevat la vida perquè, sense Jesús, la vida ja no li tenia sentit.

Fins en aquella desesperació hi trobava esperança. El Déu dels perdons setanta vegades set, potser obriria els braços a Judes, a pic de les portes de l'infern, justament perquè l'amor l'havia dut a penjar-se.

Ai, Senyor.

Ai, Déu, per quins camins podia salvar un home.

Pa a taula

Els àngels

Clarejava, era el primer dia de la setmana.

Fou un dia d'anants i vinents, de trucades a qualsevol hora, de sortides d'estampida, de dubtes i de sorpreses. Ningú dels qui ho van viure, i menys Maria, aturada en un sol instant, no haurien pogut enfilar les fetes al ritme de les hores, estaven atabalats per l'emmirallament. Només haurien pogut dir que, fos com fos, estaven certs d'haver trobat el sepulcre buit, però amb àngels blancs.

Per ser un dia únic, va començar ben rar. Ningú no va saber d'on sortia aquell home, era més aviat feréstec, va cercar Maria i li va engegar pel dret.

—Dona, els prohoms han posat guardes al sepulcre del vostre noi. Es temen que algun d'aquests canteules de deixebles no robin el cos dient que ha ressucitat.

I se'n va anar sense més compliments.

Maria somreia per dins. Déu meu, mentre els deixebles, les dones i qualsevol de la colla ni sabia per on les feia, els mateixos que l'havien dut a la creu eren els primers a parlar de resurrecció, encara que fos amb trampa.

En aquells moments, per dir-s'ho de debò, ella no esperava res, tenia l'esperança en pau.

Les dones anaven al sepulcre per acabar d'ungir el cos.

—Maria, sou sa mare, potser voleu venir.

—No cal, aneu-hi vosaltres.

La Mare de Déu sabia que Déu li demanava d'estar-se quieta, callada, mirant, sense passar al davant de ningú, i menys de Pere i els de la colla. Joan se li va acostar.

—Per què no hi heu anat.

—No cal.

I tot d'una va començar l'esverament.

La Magdalena, dels set dimonis, va entrar esperitada.

—Se l'han endut del sepulcre, no sé on han ficat el cos.

Darrera d'ella, li semblava recordar a Maria, arribaren les altres. En sabien més, i venien més calmades, encara que els ulls els lluïen.

I va ser el primer cop que les noves arribaven dites a estalonades. Els uns es prenien el mot de la boca dels altres. Eren fora de sí, meravellats.

—Hem trobat el sepulcre buit.

—Però hi havia uns homes, més aviat diria que àngels, amb vestits blancs esclatants de llum. Feien mitja por i donaven joia, tot alhora.

—Ens han dit que no cerquéssim entre els morts qui era ben viu.

—Volia dir ressucitat, sabeu.

—Ens han dit que us ho vinguéssim a contar.

—Uf, encara ens dura la sorpresa.

Maria va esguardar-se els deixebles. No s'ho creien: aquelles dones, després dels neguits de la nit del divendres, els dolors del mateix dia i la calma balba del dissabte, no sabien on tocaven, tant podien veure àngels com dimonis, no els venia d'una mica.

Joan se li va acostar.

—Vós enteneu què passa, oi, mestressa.

—Diria que sí, Joan.

—Doncs aclariu-m'ho, que jo no n'aplego res.

—No, fill meu, t'ho has de fer sol.

Pere s'havia alçat.

—Joan, anem.

Al cap d'una estona tornaven junts.

Pere es va asseure sense dir res, Maria el veia turmentat entre el dubte i el goig. No sabia què creure. Joan, més en pau, va acostar-se a Maria. Parlava calmós, algun cop la veu se li enfilava sense perdre el to. Tenia tant de goig que ni se li coneixia.

—Hem fet el camí corrents, Pere esbufegava darrera meu, no em podia encalçar. He arribat al sepulcre, ni mena de guardes, la llosa era remoguda i a dintre només hi podia endevinar la mitja fosca. No he gosat entrar, no era por, era feresa de trobar-te davant d'una feta que ni pots somniar i passa. Pere, ja el coneixeu, ha entrat de revolada, jo l'he seguit. Les faixes d'amortallar eren per terra, el sudari era ben plegat i cargolat a una altra banda.

Maria no li deia res.

—No l'he vist, però ha ressucitat.

—Així ho sembla.

I no va dir res més. La Mare de Déu ho sabia des que li havien parlat d'àngels. No li venien de nou, de temps n'havia conegut les traces.

L'hortolà

La Mare de Déu veia la Maria dels set dimonis corrent per la casa. I sempre la meravellava, i en donava gràcies a Déu, quan recordava allò de la tria al judici final, com la contava el seu Fill. La Maria dels dimonis li trencaria la paràbola, mai no entraria per la porta de les ovelles, amb prou feines la podria fer entrar saltant la cleda com les cabres. I ni això. Per camins espadats que només saben les cabres boges, Déu se la trobaria al davant dient-li que ací em teniu. I Déu la tindria.

A Maria li donava pau aquella dona. L'havia vista engarristant-se a les folles i, de patac, s'amarava d'una quietud que només li havia vist a ella.

Ara, però, estava esverada. Havia entrat com un vent del desert.

Joan, només de veure-la s'hi acorava.

—Mestressa, aquesta bona dona duia set dimonis, però, tal com la veiem, sembla que ens vingui carregada amb tot un escamot.

—Joan, fill meu, avui és dia d'àngels, no de dimonis.

La dona va engegar-se.

—Jo era a fora, plorant, havia trobat el sepulcre buit, quan, guaitant endins, vaig veure dos àngels, ben blancs, assegut l'un al cap i l'altre als peus del pedrís on hi havíem deixat el cos. Em van parlar. «*Dona, per què plores.*» Jo que els responc. «*Perquè s'han endut el cos de mon Senyor i no sé on és.*» I vetací que em giro i em trobo amb un que semblava l'hortolà.

Els ulls li lluïen.

—Jo que li dic. «*Si us heu endut el cos de mon Senyor, digueu-me on és.*» M'ha guaitat i m'ha dit pel meu nom. «*Maria.*» Me li he llençat als peus. «*Rabbuni.*» Ell m'ha dit que encara havia de pujar al Pare. Ho ha dit com ell ho sap dir. «*El meu Pare i el vostre Pare.*»

Se'ls va mirar tots.

—M'ha dit que us ho innovés. Vinc i us ho dic. No he tingut una visió de dimonis, me'ls conec prou, tampoc no ha estat una visió d'àngels, que no saben parlar com nosaltres, l'he vist, era ell, només ell podia dir-me Maria com m'ho ha dit.

Se la van creure.

Jesús havia ressucitat.

Les arengades

Aquella nit, després del primer dia, s'havia adormit ben plana.

No li calia veure el Fill ressuscitat, s'adormia com si encara l'acotxés.

Joan va despertar-la, se li va asseure a l'espona del llit. Amb la cara que feia no calia pas que li ho digués, havia vist el seu Fill.

—L'hem vist.

Va deixar-lo parlar, no ho veia amb l'esmolament de Jesús, les deixava anar de lliscada, a xarbots quiets que li sortien de molt al fons.

—Era al vespre, teníem les portes closes per por dels jueus. Bo i que us faci estrany, encara dúiem la por al cos. Parlàvem de les fetes del dia, alguns no s'ho podien empassar, i potser qui menys el Tomàs que ni havia vingut. Quan, de sobte i sense obrir cap porta ens l'hem trobat al davant. «*Pau a vosaltres.*» Era ben bé ell, amb la veu prou coneguda i amb les cinc nafres. Altre cop «*pau a vosaltres*». Amb afegitó. «*Així com el Pare m'ha enviat, jo us envio a vosaltres.*»

Rumiava.

—«*Rebeu l'Esperit Sant.*» Ens ho ha dit d'una alenada.

Hi estava capficat.

—Cap dels onze no vam saber què volia dir amb això de l'Esperit Sant.

Va mirar-se Maria.

—Potser vós ho sabeu.

—Fill meu, i tant que ho sé.

—Pero no m'ho direu, mestressa.

—Algun dia ho sabreu.

—Per ara només sabem que és un do de perdonar pecats.

Va continuar.

—No es hi vèiem de contents, tant que ni sabíem on érem. Per fer-nos caure de com era ell mateix, ha menjat arengades.

Joan s'ho tornava a rumiar.

—No ens l'hem trobat a llanternades com el

Déu del Sinaí, ni l'hem vist transfigurat de glòria com allà dalt de la muntanya. Amb les nafres al cos, era el de sempre, aquell que tant estimem.

Va somriure.

—I menjant arengades.

—Fill meu, Joan, la pasqua del meu Fill és una pasqua d'arengades.

El pa a taula

Pere havia estat fora, va tornar i només va dir.

—L'he vist.

Va guaitar-se Maria.

—L'he vist i no m'ha pas parlat del gall.

—I, doncs, què t'esperaves.

Havien passat el neguit i la sorpresa. Ningú no esclafia de goig.

S'estaven quiets, deixant que la resurrecció els entrés endins de l'ànima.

El temps no comptava, sembla que fou al tercer dia.

Era de nit quan van arribar aquells dos d'Emaús.

—*Hem vist el Senyor.*

Algú va contestar-los.

—*També l'ha vist Pere.*

Els dos s'engegaren estalonant-se.

—Anàvem pel camí parlant d'ell.

—Quan, tot d'una, un vianant se'ns posa al costat.

—Ens pregunta que de què xerrem.

—Li diem que de Jesús de Natzaret.

—Es fa l'orni i li diem qui era Jesús.

—Nosaltres li afegim que alguns el tenen per ressucitat.

—I el vianant, ves que ens obre el sentit de les escriptures.

—El cor se'ns escalfava sentint-lo.

—Però no l'havíem conegut.

—Més aviat diria que era ell qui no es volia fer conèixer.

—I en aquestes arribem al poblet, ja vespreja.

—Li diem que resti amb nosaltres.

—Hi ve bé, ens asseiem a taula, beneeix el pa i el parteix.

—Només ell podia fer-ho amb aquell gest de les mans.

—L'hem conegut.

—I se'ns ha fet fonedís.

—Era ell, ens ha deixat el cor calent.

El Senyor havia ressucitat, Maria.
de debò ha ressucitat, Mare de Déu.

Tomàs

Entre setmana, Tomàs va anar a veure-la.

—Maria, potser direu que sóc un caparrut. No ho sé. Sóc home, això sí, de faves comptades, només crec en allò que toco. Fins que no li vegi els forats dels claus i li fiqui la mà al costat de la llançada, no m'ho creuré.

I se'n va anar.

Al cap de vuit dies d'aquell primer dia, va tornar.

—L'he vist. Érem tots onze junts, quan, sense saber com, me l'he trobat guaitant-me. «*Au, Tomàs, ja veus les marques dels claus, pots ficar la mà al meu costat.*» M'he somogut. «*Senyor meu i Déu meu.*» Ell me l'ha dita bella. «*Tomàs, has vist perquè has cregut, joiosos els qui creuen sense que els calgui veure.*»

Ni gosava mirar-se la Mare de Déu.

—De cert que vós també l'haureu vist.

—Joiosos, Tomàs, els qui creuen sense que els calgui veure.

Magníficat a pasqua

Egipte

Se n'havia anat a viure amb Joan.

Era sola. Joan se n'havia anat amb els altres a Galilea, on Jesús els esperava. Jesús volia reviure amb ells els primers passos junts. Ressucitat i tot, era un natzarè, un home de poble, d'aquella terra de pendissos cap al llac. Que n'havia vistes tantes a la primera llum del Regne.

Ella potser no tornaria a Natzaret, no li recava, però mai no oblidaria la Sabina o la Malamaria, i menys podria oblidar el lloc on havia conegut el pas de l'àngel.

Un àngel que, a l'inrevés del de Moisès, donava vida.

I va trobar-se als dies d'Egipte.

La Mare de Déu duia Egipte al cor des que hi havia estat. A cada pasqua, cantant la bondat misericordiosa de Déu envers el seu poble, ella, sense voler, no podia oblidar que als egipcis els havien tocat les males.

L'àngel de la mort havia passat de llarg per les cases dels israelites que duien la marca de la sang de l'anyell a les llindes, però, després de passar per una barraca d'aquells pagesos pagans, hi deixava una mare a planys per l'hereuet mort.

I no sols l'hereu. Del pas per Egipte, Maria en recordava els dos vellets que, com qui diu, vivien només de la cabra que tenien estacada dormint amb ells, i recordava el goig que tingueren els pobrics quan la cabra va criar per primer cop. Ai, Senyor. Als dies de Moisès, l'àngel de la mort ni hauria tan sols planyut el cabridet. Arribant a aquestes, Maria va mig somriure. Més valia no empatollar-se i Déu sobre tot.

Però havia passat per Egipte l'àngel de la mort. Allà temps.

Al cap de segles els havia arribat un nadó fugint del rei Herodes. Era la pasqua amb els camins a l'inrevés, un dia o altre, el seu Fill tornaria a Egipte passant la mar Roja cap a ponent, hi tornaria ressucitat. Fet àngel de la vida.

I el ressucitat no s'aturaria a Egipte, passaria per la història dels pobles donant pau a totes les generacions.

Totes les generacions.

Callant, el cor de la Mare de Déu va cantarli el magníficat de pasqua.

Magníficat a pasqua

La meva ànima és tota al·leluia
al pas lleu del Senyor ressucitat,
i el meu esperit s'esbadella a càntics
en la pasqua menuda del meu Infant,

perquè ha ressucitat gloriós
en l'esperança de la seva mare.

I doncs, en els segles eterns,
em diran Maria de tots els fills
totes les generacions,
perquè m'ha fet mare de cada dia
el Poderós de pa i taula,
el Sant de nom casolà,
el de llesca llescada,
generació rera generació,
als qui per sempre són seus.

El seu braç valent,
fet tendresa,
ha donat pobresa
a la malaurança dels rics,
ha dut pau
a la benaurança dels pobres,
ha avivat puresa de cor
a qualsevol besllum d'innocència.

Arc de glòria marcat als cels,
dóna xopluc a un poble nou.
Jerusalem de promesa i enyorança,
llinatge de pobres.

Per sempre.

Els peixets

Joan va tornar a Jerusalem.
—En tinc moltes per contar.
—Conta-les, fill meu.

Joan anava curull.

—Érem a la vora del llac, ens vam embarcar, calàrem la xarxa, i res. A punta de sol, algú ens cridava des de la riba. «*Caleu la xarxa a tribord.*» Vam fer tant de peix com volíem, i més. Era el Senyor. Pere, de revolada, se'ns en va de cap a l'aigua, nosaltres el seguíem arrossegant la xarxa. Un cop a terra, ell ja ens tenia preparats uns peixets a la brasa.

Va aturar-se pensant-hi.

—Un ressucitat coent peixets a la brasa.

Va tornar-hi.

—Després se les va emprendre amb Pere. «*Pere, m'estimes*», «*Senyor us estimo*», «*doncs pastura les meves ovelles.*» Li va demanar tres cops, vaig veure Pere com feia la cara trista, els tres cops li recordaven el cant del gall.

Li costava continuar.

—Jo m'hi vaig apropar, el Senyor estava dient a Pere que les passaria tan agres com ell les havia passades. Pere es va girar i em va veure. «*I aquest què.*» Ell, el Senyor, el va tallar. «*Tu no n'has de fer res, segueix-me.*»

Va rumiar-s'ho.

—A mi, de cert, també me'n tocaran d'amargues.

Enllestia.

—L'hem vist de nou, encomanant-nos de batejar en el seu nom. En el seu nom ni hauríem de témer els escurçons. Avui mateix, ja a Jerusalem, ens ha obert els ulls de l'ànima per poder entendre que les velles escriptures acondueixen cap a ell.

Va mirar-se la Mare de Déu.

—No us ho he contat bé, me n'he saltat moltes de dites, que recordo paraula per paraula, m'he deixat moltes de fetes que encara visc. Tant se val.

Va anar-se'n a dormir.

El nadó

Havien passat quaranta dies.

Sovint, algú venia contant-li que l'havia vist, li deien que un cop el va veure una collada de gent fidel.

Joan havia estat fora tot el sant dia.

Va tornar-li esclatant de goig.

—Mare, se n'ha anat als cels.

Era el primer cop que Joan li deia mare, ací baix només el tenia a ell.

—Se n'ha anat als cels, érem a prop de Betània. Què us passa.

—No res, Joan, fill meu.

Ni a Joan no podia pas explicar que se sentia com el dia de nadal, llavors havia deslliurat el Fill a la llum del dia, ara el deslliurava nadó als cels.

Joan havia tombat les raons.

—Ara ens toca a nosaltres. Vaig tan ple de records que, per parlar d'ell, podria omplir una bona rastellera de volums. Però, vegeu, mare. Allò que més duc a dintre no són pas els miracles, la multiplicació dels pans o les belles dites entre paraules arran de terra i mots tocant els cels.

Es va quedar quiet.

—Allò que més duc a dintre és haver-lo vist ressucitat i ple de glòria, més home ple de tendresa que mai.

Somreia.

—Se n'ha anat i encara el tenim.

Va prémer la mà de la Mare de Déu.

—I us tinc, us tenim, a vós.

Magníficat a Pentecosta

L'Esperit Sant

Algú que no el conegués podia pensar que Joan no era ben arribat. Passava de cops de gènit com el tro a les més místiques. Després de l'ascensió l'ànima se li abrusava.

Maria se l'escoltava.

—Havent fet el sopar de pasqua, ell va parlar-nos estona i estona; ens vam aixecar, carrers i camins avall cap a l'hort de les oliveres encara parlava. Me'n recordo mot per mot, mai no podré oblidar-ho. Tenia la veu endolcida, algun moment se li trencava.

—Pla sabia que era la seva darrera nit.

—Va dir-nos que el Pare ens enviaria l'Esperit Sant. Vent o esperit, nosaltres ho diem amb un mateix mot. Jo estaria per esperit, un Esperit que ens ha d'aconhortar.

—Vergonya a vendre. Tot just de veure'l ressucitat només vam saber-li preguntar que què i quan vindria el regne. Ens havíem passat tres anys amb ell i no l'havíem entès.

—El seu Regne no és d'aquest món.

—No és d'ací i vés-ne a saber la mena. Bé, sí, és de la mena de l'Esperit Sant, que ens farà testimonis seus a Jerusalem i Judea. També entre aquests rebecs de Samaria. I no es va aturar ací. Ho fórem fins a les llunyanies més llunyanes.

—Haurem de fer el rodamón.

—I batejar en el nom del Pare, del Fill i de l'Esperit Sant.

—El Pare, el Fill i l'Esperit Sant. Són tres i en deuen fer un.

Va cargolar-se tot endins de si mateix.

—El Pare ens ha estimat prou per lliurar-nos el Fill únic.

—El Fill és la Paraula del Pare. No pas escrita en un volum de les sinagogues, ni dita a tornaveu pels profetes. És el mot de Déu tan de dret que podem tocar-lo amb les mans. S'ha fet carn com la nostra.

—L'Esperit Sant deu ser el vent que esperem aquests dies.

Maria li va somriure.

—A vegades, Joan, és lleuger com l'aire que respirem.

Pentecosta

Encara avui, a l'orient la sala de dalt al terrat, és la sala noble de la casa. A la de Maria, mare de Marc, s'hi aplegava la colla, joiosa pel triomf de Jesús pujant als cels. Hi eren Pere, Joan, Jaume, Andreu, Felip i Tomàs, Bartomeu i Mateu, Jaume d'Alfeu, Judes fill de Jaume. I Maties al lloc de Judes. També hi eren algunes dones amb Maria, la mare de Jesús i alguns parents d'ell.

Havia de ser una sala prou gran per encabir-n'hi tanta colla.

La colla, a una, no parava de pregar. Així passaren deu dies.

Al cap de deu s'esqueia la pasqua jueva de la Pentecosta; Israel donava gràcies al Senyor per la Llei rebuda al Sinaí entre llamps i trons. Era dia de gentada a Jerusalem.

A les nou del matí, la colla pregava a una.

Quan de sobte, molt de sobte, es van trobar en un torb de vent que omplia i somovia la sala. N'hi hagué més. Un foc va destriar-se a llengües que es posaren al damunt de cada un d'ells.

I foren plens de l'Esperit Sant.

Arrossegats pel vent i el foc, eixiren al terrat cridant. Engegaven mots en idiomes que ni sabien d'on eren.

Pel carrer hi passaven jueus fidels vinguts de les quatre parts del món per fer la festa jueva. Parts, medes, elamites, messopotamis, jueus de Judea, capadocis, pòntics, asiàtics, frigis, pamfilis, egipcis, libanesos, cirenencs, romans, cretencs i àrabs.

He de fer una falca.

Imagineu-vos una barreja de turistes passant per un carrerot d'orient. S'ho vigilen tot, quan, de sobte, senten la cridòria que ve d'un terrat. Sense solta ni volta, una colla d'enfollits engeguen mots que no entenen en les llengües dels turistes. «To be or not to be», «Sturm und Drang», «mamma mia», «la razón de la sinrazón», «allons, enfants de la patrie», «qui no vulgui pols que no vagi a l'era». Ja podeu comptar l'astorament d'anglesos, alemanys, italians, castellans, francesos i mataperencs.

Així mateix fou l'astorament de parts, medes, elamites, messopotamis, jueus de Judea, capadocis, pòntics, asiàtics, frigis, pamfilis, egipcis, libanesos, cirenencs, romans, cretencs i àrabs. Que a les sinagogues de les seves terres llegien Bíblies hebrees, però al carrer parlaven com els de les contrades on vivien.

Van dir-se que aquells del terrat o bé eren folls o bé anaven torrats.

Fou el moment de Pere. Abocant-se a la barana, guaitant al carrer, va aprofitar-ho per sermonejar-los a gratcient. Per començar va haver-los de recordar que a les nou del matí ningú no sol anar torrat. I que no duien cap follia, era pitjor o millor, segons com s'ho guaitessin, havien rebut l'Esperit Sant.

Des de dintre de la sala, Maria somreia escoltant-lo.

Aquell pescador de mar xica, més saberut de peixos que de profetes, les ventava pel profeta Joel per entrar, després a ple, parlant-los de Jesús, el Messies, qui, ben al contrari del rei David, mort i enterrat, ell havia mort per ressucitar al tercer dia. Que tomba i que gira. Pere acabava amb un psalm davídic.

Els del carrer se l'escoltaven trontollats. Li van demanar què havien de fer. Pere, a l'estil del Mestre, va dir-los que fugissin de la generació dolenta i que es fessin batejar. Dit i fet. Es van fer un tip de batejar.

Mentre Maria continuava quieta a la sala de dalt. No era al món per fer sermons ni per donar cap testimoni de la bona nova. Però va trobar-se en un altre dia de nadal. L'Esperit Sant, fent-se-li aire lleuger, la feia mare de tots aquells.

I més que en vindrien.

Va trobar-se en el magníficat de Pentecosta.

Magníficat a Pentecosta

La meva ànima s'arbora cremant,
i el meu esperit és tramuntanada
de Déu foc i vent,
perquè ha vingut a tempesta
en la pau obaga de la seva verge.

I doncs, en els segles atuïts
em diran mare dels folls
tots els que en siguin de mena,
perquè se m'ha endut endins
l'Esperit Sant,
festa de Pare a Fill,
tonada eterna del Verb,
Déu fet arpa.

Alè de misteris
a les aigües vives de la primeria,
ha deixat tocs de llum en el món,
refrecs de tendresa en l'home.
Aigua de neu
a les aigües mortes del pecat,
ha fet que de músic, foll i poeta
tot home en dugui una veta.

Déu foll,
fa Déu prou foll per fer-se home.
Déu dels folls,
ha capgirat el foraseny en seny
amb la follia de les benaurances.
Gorga de Déu,
ha lliscat pau en els tolls d'angúnia,
un no res de parenostre en l'esperança.

Entranyes de mare
a les eixorques dels vells temples,
ha deslliurat aquesta església,
esventada i joiosa a mots embriacs,
malgrat lleis, savis i bàculs.
Fent seguit de festes i folls
en l'abaltiment dels segles,
fins a la festa de sempre.

Per sempre.

Pa cada dia

El pa de cada dia

Maria és la criatura més bella de Déu, la més tendra nada d'home, la més benaurada dels cristians, la més folla dels sants del Senyor.

Què més voleu.

Doncs va passar trenta anys sense fer més que de mestressa de casa. Escombrar, cosir, anar a la font, fer la bugada, encendre foc, fer bullir el tupí, pastar el pa de cada dia i parar taula. Trenta anys sense fer-ne cap de sonada. I en vingueren tres més. Mentre el Fill anunciava la bona nova, va viure al desert feinejant a casa seva. Veié la mort del Fill, no li va caldre de veure'l ressucitat, no el va veure pujant als cels. El dia de l'Esperit Sant, mentre el vent i el foc destravaven les llengües, la seva va restar callada.

Amb Joan per fill donat, va ser al naixement de l'església com una de tantes dones de la colla. Però se'n sentia mare i va fer com als temps del Fill. Escombrar, cosir, anar a la font, fer la bugada, encendre foc, fer bullir el tupí, pastar el pa de cada dia i parar taula.

Diríem que ben poc. O molt.

Aquella església anava endavant per les ventades del Sant Esperit, però vivia respirant-ne el silenci.

El silenci que omplia l'instant de la Mare de Déu.

L'esglesiola

Des de Pentecosta, la colla va sentir-se destravada.

Havien rebut el do de Déu a dolls per donarlo.

Vivien escoltant-se els records que els apòstols els duien del Senyor, feien un sol cor i una sola ànima, pregaven i es partien el pa amb joia. Feien prodigis miraculosos que admiraven tothom. I encara més. Sense creure que fessin res de miraculós, tot era de tots, i fins si algun tenia terres, se les venia, per fer la repartidora amb els quartos.

Lloaven Déu.

Eren lloats pels de mena baixa.

I potser fou Joan qui va dir-ho a la Mare de Déu.

—La pasqua de Jesús, mort i ressucitat, redimeix els homes de l'entrepussada d'Adam.

—La pasqua de l'Esperit Sant és la redempció de Babel.

—Els homes, campant-se-la sense Déu, volien fer un gratacels que abastés els cels. Però, sense Déu, acabaren esbarriats i mal entesos, parlant llengües diferents.

—Pentecosta és la diada de l'únic Mot, que tothom pot entendre, el dia de la ventada per a tots amb la llengua d'un sol foc a dintre de tots.

La Mare de Déu li passà la mà pel cap.

—Amén.

EL RECORD

Desvetllada per la fresca de la primavera, la nit no volia adormir-se. La colla tampoc no podia fer-ho, la desvetllaven els records.

—Te'n recordes.

—Parlava del judici final i deia que, en aquella nit, de dos que gitessin junts, l'un fóra endut i l'altre deixat. Encara en tremolo.

—Te'n recordes.

—Aquella munió de dimonis que van sortir d'un home sol, van raure cridant en una porcada i van acabar bals avall. Era a Betsaida.

—Era als barrancars de Gerasa.

—Te'n recordes.

—En aquell pendís, a ponent del llac, va fernos el primer sermó. Allà ja ho va deixar dit tot, poc en vàrem entendre. Les capgirava, feia joiosos els qui no en tenen mena de motius.

—Tu, Mateu, te'n vas apuntar algunes.

—Me'n vaig apuntar algunes i moltes.

—Te'n recordes.

—Mai no el vam entendre ben bé.

—Te'n recordes.

—Mai no el vam entendre ben bé, però mai no podrem oblidar-li'n el to de la veu, els passos, el gest de les mans.

—Jo encara el veig adormit sota una alzina.

—Just, a la tarda havia dit que les guilles tenen caus però que el Fill de l'home no tenia on reposar el cap.

—Te'n recordes.

—N'haurem de parlar arreu del món.

—Cert que podrem recordar-ne davant de qui sigui les dites i fetes, però nosaltres l'hem tingut a tocar, i vés a fer-lo reviure només parlant-ne.

Ho havia de dir Tomàs.

—Joiosos els qui creuen sense veure-ho.

Hi tornaren.

—Te'n recordes.

—Només en sabem d'ell tres anys.

—Des que fou batejat per Joan fins que se'n va pujar als cels.

—Tantes com n'hem viscut en tres anys.

—N'hi haurà prou de dir que l'hem vist mort i ressucitat.

Pere s'hi va ficar.

—No n'hi haurà prou.

—Te'n recordes, Pere.

—Fou aquella darrera nit.

—Sí, Pere, aquella darrera nit.

—Em sembla que Judes, mal llamp, ja ens havia deixat per penjar-se.

Maria, que mai no deia res, va fer un plany.

—Pere, no jutgis Judes, deixa'l davant de Déu i ves a saber.

Pere no en va parlar més.

—Te'n recordes, Pere.

—Fou aquella darrera nit.

—Ens havia rentat els peus.

—I jo li deia que mai de la vida.
—Vam fer el sopar pasqual.
—Amb l'anyell.
—No en va fer massa cabal de l'anyell.
—Ell, que era l'Anyell de Déu.
—Però no li plavien els sacrificis del temple, de tanta tropa.
—Era fuster, s'estimava més el pa i el vi.
—Te'n recordes.
Pere va prendre pa i vi.
—Fem-ho en el seu record.
Va guaitar-se el pa.
—*Això és el meu cos.*
Va guaitar-se el vi.
—*Aquesta és la meva sang.*
En menjaren i beveren tots.
Maria va trobar-se al primer magníficat, quan, amb el Fill al ventre, va fer el camí de Judea gràvida de cants, de quan els cants li sortiren en un de sol davant de la cosina Elisabet.

Mateu

Mentre els altres ho recordaven, ell, Mateu Leví, que havia estat un maleït publicà, avesat als comptes i a la lletra menuda, s'ho anava apuntant. Diu que, en aquells temps, els saberuts tenien dèria d'apuntar-se'n.

Mateu preguntava a aquest, preguntava a aquell.

Tots en tenien moltes per recordar. Mateu lligava caps. Només de tres anys de la vida del

Senyor. Dels altres trenta, només en sabia una dona, i Maria callava.

Fins que Mateu se la va emprendre pel dret.

—Mestressa, m'ho heu de contar.

—Fill meu, n'hi ha ben poc a dir.

—Almenys deixeu-ne anar alguna, mestressa.

Les va deixar anar a degotalls de pauses curtes.

—Era esposada amb Josep quan vaig concebre per obra de l'Esperit Sant. Un àngel ho va arreglar amb el meu home. Vaig deslliurar a Betlem, al cap d'uns dies ens vingueren uns homes tot estrafolaris, mags d'orient que, deien, havien vist l'estrella del rei dels jueus, van dur or, encens i mirra. Herodes va saber-ho, es va enrabiar molt. Un àngel va avisar Josep, fugírem a Egipte.

Se li van negar els ulls.

—Herodes, per assegurar-se'n, va fer matar tots els nadons de Betlem.

Plorava.

—Mateu, fill meu, torna un altre dia.

—Sí, mestressa.

—Duc collat a l'ànima el dolor dels sants innocents.

Miserietes

L'església feia un sol cor i una sola ànima, els seus vivien dels records encara calents de Jesús talment els ho peixaven els apòstols, es partien el pa amb pau i joia, no paraven de pregar. I tot era de tots. Se sentien menats per l'Esperit Sant, eren follia abrusada per Déu.

Veient Pere, Maria pensava que el seu Noi l'havia encertat. Aquell Pere pescador de les arrauxades, no perdia pas el tremp. Per la seva banda, Pere trobava xopluc en aquella dona que sargia. Hi passava estones llargues.

Un dia, Pere va arribar tot cofat.

—Vegeu, mestressa, només de passar amb la meva ombra ja n'he guarit un.

Maria se'l va mirar.

—Ja ho sé, mestressa, és obra del vostre Fill, jo només en sóc el rebot.

Un altre dia va trobar-se'l cap cot, amoïnat i avergonyit.

—Mestressa, coneixeu prou Ananies i Safira. S'havien venut un camp, n'han donat la meitat a l'església dient que ho donaven tot. Ai, Senyor, han mentit a l'Esperit Sant i vinc d'enterrar-los l'un darrera de l'altre.

—Pere, fill, diria que ho fas fet massa fort.

—Ep, mestressa, vam quedar que tot és obra del vostre Fill.

Maria li va somriure.

—A mi, mestressa, no m'emboliqueu.

Passaren unes setmanes, potser mesos.

Pere va entrar botit i rebotit.

—Potser no coneixeu Simó, el mag.

—Només d'oïdes, Pere.

—El pocavergonya estava sorprès de veure que nosaltres, sense trampa, en fèiem de molt més màgiques que ell. En el nom del Senyor Jesús.

Maria ja s'ho veia venir.

—Ens ha volgut comprar la miraclera a preu d'or.

A Maria se li escapava el riure.

—Li he respost que ja se'n podia anar a fer punyetes. Ai, perdoneu, mestressa. I que Déu el castigaria. Se m'ha espantat de debò, ens ha deixat dient que preguéssim per ell.

Pere s'ho rumiava.

—Ja ho veieu. Ananies i Safira, el mag que ens vol comprar miracles. I tantes més miserietes com el pa de cada dia. Em poso trist.

—Pere, no t'hi entristeixis.

—Au, buideu el pap i recordeu-me el cant del gall.

—Fill meu, Pere cap calent.

—El cant del gall. L'església és feta d'homes capaços de negar Jesús tres cops o més.

—Fins a setanta vegades set, Pere.

Pere havia trobat rastre i el seguia.

—Joan o Jaume haurien dut les claus millor que jo.

Maria va callar.

—Sabeu pla bé per quins set sous me les ha donades a mi.

—Ho sé, Pere.

—Joan i Jaume no haurien pogut entendre això que jo sé de sobres. Saber-se perdonat al cant del gall.

—I setanta vegades set, no ho oblidis, Pere.

L'església creixia.

A més de les hores de pregària junts a la sala de dalt, anaven també junts al temple. Amb alguna sermonejada de tant en tant, que d'alguna cosa deuria servir, sobtaven el poble només de veure'ls contents i agermanats, que de molt havia de servir.

Els fariseus ja ni en feien cas, anaven pels seus psalms secaners i ni es recordaven d'aquell Jesús que havia deixat una colla migrada de quatre ximples. Els saduceus, però, s'hi posaven neguitosos, si aquella colla d'esborifats arribava a fer la seva, ja podien acomiadar-se dels escons de prohom. S'ho prenien a la valenta, tant se val, no hi ha ningú més acarnissat que qui defensa el seu escó prohomenial.

Maria, tot i al racó, en va saber alguna.

Pere i Joan havien parat davant del Sanedrí o almenys davant dels qui en tenien més esperons. Anàs i Caifàs, com era de llei, Jonatan i un que, jueu i tot, tenia la barra de dur nom grec, es deia Alexandre.

Els prohoms, ben tibats, havien preguntat a aquell parell en quin nom predicaven esverant la gent. Pere els havia respost amb un sermó dels seus, d'allò més llarg.

Ho falco. D'ençà de Pentecosta, a Pere li havia agafat la dèria dels sermons, sabien quan començava i no sabia ningú quan acabaria. Ha deixat molts de deixebles, com sap tothom que hagi badallat a missa. Ho desfalco.

Érem als sermons llargs de Pere. Potser per avorrits potser perquè el van veure tan infeliç, el van deixar anar amb Joan.

Aquella colla de rucs, però, continuava a la seva.

La Mare de Déu va saber que venien temps d'arínjols.

Els manaies havien empresonat alguns apòstols, aquests tornaren rebentant de goig, els havia alliberat un àngel. Però els manaies van tornar-hi. «*A veure si deixeu de predicar d'un cop*», i els tossuts que responen «*a veure quan entendreu que no podem deixar de predicar, ho fem per un voler de Déu.*» Aquest cop, els afavorits de la colla van tornar dels manaies contents com mai, els havien apallissat, havien sofert pel nom de Jesús. Què més volien.

De més els en vindrien, però encara no hi eren.

—Aquell que li diuen el Gamaliel, el més savi dels savis del saber, ha aconsellat que no s'hi amoïnin. «*Si és de Déu, amb aquesta colla no hi ha res a fer; si no és de Déu, no cal pas que hi patim, s'esbandirà tota sola.*»

Maria va estar a frec d'esclafir a riure davant de tanta saviesa doctoral.

Esteve

La colla creixia i, com ja s'ho podien esperar, tombaren a més miserietes.

Uns hebreus vinguts de la Grècia rondinaven dels hebreus establerts a Judea perquè, a la repartidora dels fesols, menystenien les seves vídues, les dels grecs.

Pere i els onze d'altra feina tenien que comptar fesols.

I, per primer cop, van fer allò que l'església veuria fer en els segles dels segles. Van muntar una reunió. Sense massa de *quorum* va triarne set de bons per fer la repartidora dels fesols i de què calgués. Els digueren diaques, els imposaren les mans, som-hi i bona repartidora.

Entre els set triats n'hi havia un que, al dir de Maria i de moltes dones, en sabia més d'escriptures que de fesols. Es deia Esteve, discutia amb qui fos i sense por, tan sense por que se les tenia amb els jueus alexandrins, els més savis de tots els jueus del món, que fins feien francesilles amb un de grec anomenat Plató.

Em sembla que no la traeixo si ho dic.

A Maria, aquell Esteve no li acabava de venir per l'ull dret, era massa savi i les engegava amb massa revolts. Ves què n'havien de fer dels alexandrins. Com sol passar amb gent innocent de debò, Maria, just perquè no li queia bé, tenia flaca per Esteve, pobret.

Pobret, l'havien empresonat.

L'acusaven de les mateixes que a Jesús. Que si volia destruir el temple i que si menystenia els sants usos de Moisès. Qui ho contava a Maria, n'havia arreplegat ben poc del sermó d'Esteve. Se les havia empreses des d'Abraham, els patriarques, Moisès, Aaron. I no en podia dir més, s'havia adormit somniant que la vara d'Aaron l'apallissava; s'havia deixondit, Esteve acabava, amb molts de revolts, per Jesús i l'Esperit Sant.

Els del Sanedrí ni se l'havien escoltat, s'adormiren al sermó ben tranquils, aquell home ja tenia la sentència feta. L'apedregarien.

Esteve havia mort com Jesús.

—*Senyor, Jesús, preneu el meu esperit.*

—*Senyor, que no els carregueu aquest pecat.*

I així va adormir-se en el Senyor.

Aquella nit, la colla va oblidar-se de miserietes. Esteve era a la glòria.

L'església tornava als arínjols, la perseguien, la colla va esbandir-se arreu. Pere i Joan havien fet collita a Samaria.

La Mare de Déu va restar a casa.

De tant en tant en sabia alguna.

Saule

Maria es preguntava si els en sortiria algun com Esteve, capaç de fer-se-les amb els doctors de més llei, a bot i rebot de les escriptures. No és que s'hi amoïnés massa, li venien més de grat les etzibades de Pere i els seus que no pas les escabirolades de més savis. Fos com fos, aquesta no li tocava, l'Esperit Sant ja s'ho faria.

El diaca Felip, que tampoc no en tenia prou amb la repartidora a les vídues, havia tornat cofoi de Cesarea, després de batejar-hi l'eunuc de la reina de Candace, terra de molt lluny, cap allà Etiòpia. Sembla que tothom d'allà era negre, l'eunuc del cas també ho deuria ser, però era circumcidat i llegia Isaïes.

Després d'aquesta reeixida, va saber-ne de molt males d'un que li deien Saule i semblava de la pell del dimoni. Era doctor de la llei, havia estat a l'apedregament d'Esteve i, a hores d'ara, s'acarnissava amb l'església. Era de la branca dels fariseus. I zelant, amb un zel sense aturador.

Tot d'una a Jerusalem van quedar tranquils, però no pas en pau, aquell Saule havia marxat a Damasc per fer-hi destrossa de fidels a Jesús.

Va passar un temps.

Algú va contar-ho a Maria.

—Sabeu, aquell endiastrat de Saule ha tornat a Jerusalem fent-se el xaiet. Vol ficar-se entre els nostres, li fem vores, ves qui se'n fia. Però Bernabé li fa costat.

Bernabé duia la vara tan alta com si fos un dels dotze, tothom el respectava, havia donat tots els seus béns a l'església. I vet ací que va comparèixer amb Saule.

A Maria li va plaure aquell homenot, amb una força a dintre que no aturaria la més batallera de les legions romanes. Bernabé va encetar-les.

—Parla, Saule.

—He perseguit l'església de Déu, ho sabeu prou. Fet un torb, m'encaminava a Damasc quan m'he trobat rebolcat per terra, sentint la veu del Senyor. «*Saule, per què em persegueixes.*» M'he alçat, havia de caminar a les palpentes, era cec. M'ha rebut un dels vostres, Ananies, m'ha tornat la vista i m'he batejat.

Se'l van creure, Bernabé en sortia fiador.

Aquest Saule, es deia Maria, ha de fer rebombori.

Va fer-ne.

Discutia amb tot bitxo i més amb jueus vinguts de les seves terres de Grècia, perquè, tot i jueu de socarrel, era nat entre ells, a Tars de Cilícia. També hi va haver rebombori entre els creients de Jerusalem, el Saule mig gosava dir que la bona nova no podia restar engabiada a la gàbia dels jueus i de les seves lleis. També n'hi havia d'haver per als pagans.

Per als pagans, ai Senyor.

Com no en podia ser d'altra, els jueus de la flamarada, companys de Saule a les males per als creients, hi van tremolar, li coneixien prou la veta, si les envetava canviant de solfa, malament rai, aquell esverat no tenia aturador. Van veure-ho clar, se l'havien de treure del damunt, fos com fos.

Els de la colla van saber-ho. Calia salvar-lo, i més calia enviar-lo lluny, ja que esverava el galliner de l'església de Jerusalem. Aquella gent, tant de fe i bona fe, ja duia una mica de gep de prudència pontifical. Enviaren Saule a ca seva, a Tars, perquè se li passessin les pessigolles.

Bon vent i barca nova.

Maria no va dir res. L'Esperit Sant ja s'espavilaria.

L'Esperit Sant prou que va espavilar-se.

Pere havia vingut de Cesarea capficat i alhora joiós. Amb molt de misteri, va fer sessió secreta amb els altres apòstols que hi havia a Jerusalem i amb algun altre de molt seny i respecte. Com passa sempre amb els secrets més secrets, al cap de poc va esbombar-se.

El mateix Pere ho va contar a Maria.

—A Cesarea hi ha un centurió que li diuen Corneli. Un bon home que fins afavoreix els jueus quan pot. Jo era a Jope quan van dir-me que em volia veure. Aquell mateix dia vaig tenir una visió aconsellant-me que mengés menges prohibides per la nostra llei. Jo deia que mai de la vida, però la veu del somni hi tornava. Encara em durava el maldecap del somni quan, arribat a Cesarea, em trobo amb el Corneli. Es volia batejar. Jo dubtava, era un pagà sense circumcidar, ai, Déu meu, encara no havia entès la visió. Encara em gronxaven els dubtes quan l'Esperit Sant, sense més cerimònies, ha vingut pel dret confirmant Corneli abans de batejar-lo.

A Pere li lluïen els ulls.

—L'he batejat.

No li va pas recar de dir-ho.

—Començo a creure que aquell esverat de Saule tenia raó.

Jaume i Pere

La bona nova s'escampava enllà.

L'església de Jerusalem vivia una pau primparada.

Els fariseus ni en feien cabal, els saduceus tenien d'altres maldecaps.

I vetací que va sortir-los aquell ximple d'Herodes, que mirava com fer-se de bones amb els manaies jueus. Amb un tipus com ell, ningú no podia saber per on sortiria.

Va sortir a la valenta.

Jaume, el fill del Zebedeu i germà de Joan, fou degollat.

Altra vegada, l'església va viure el dolor de la mort i el goig de la resurrecció. Jaume, fill del tro, havia begut el calze amarg i ara seia a la vora del Senyor Jesús.

Els prohoms lloaren Herodes.

Algun d'ells li deuria parlar de Pere.

Al rei no li'n venia d'una, s'esqueien els dies dels àzims quan va fer engrillonar Pere guardat per quatre escamots de quatre soldats. Si no l'erro, eren setze per un de sol.

L'església pregava per ell.

Ja era de nit quan van trucar a la porta de ca la Maria de Marc.

Tots es guaitaren estemordits, a veure per qui venien ara, ningú no gosava obrir quan una minyona, més valenta, es va acostar al cancell i va sentir una veu coneguda, la de Pere. Era ben bé la veu de Pere. Li van dir que es deixés de somniar. No somniava, era Pere.

I Pere va engegar-se d'una tirada.

—Dormia engrillonat quan m'ha despertat un àngel, m'he trobat sense grillons, m'he vestit. No sabia pas què em feia. Hem passat els dos llocs de guarda pels nassos dels guardes, la porta de la presó s'ha obert sola. No sabia què em feia. Però era lliure al mig del carrer.

Va fer el farcell.

—Digueu-ho a Jaume d'Alfeu i als germans.

Anava apressat.

—Me'n vaig a Cesarea.

Maria ho va entendre, encara no havia arribat l'hora de Pere, al bon home li restava molta de feina per fer. Ací baix.

L'endemà, a Maria li tornava el plany de Raquel, Herodes havia fet el fet a tots els guardes de la presó. Déu sobre tot. Herodes, tot guarnit amb els guarniments de rei havia mort rosegat pels cucs. Algú va donar-ne gràcies a Déu.

Maria no en podia donar gràcies. Pobre home, rosegat pels cucs.

Enllà i arreu

Antioquia

Els jueus estaven embadalits, encaterinats, encegats per la glòria de Jerusalem i, vist com ells s'ho veien, prou valia la garlanda de psalms a la ciutat santa i d'himnes al temple. Qualsevol fariseu, encotillat i encongit per la llei, tenia els somnis d'Isaïes, veia Jerusalem obrint portes a caravanes i caravanes vingudes de tramuntana, migdia i llevant, mentre de ponent n'arribaven naus carregades d'ofrenes, havent salpat dels voltants de Matadepera, que llavors en deien Tarsís.

Per al bon jueu, Jerusalem era el centre del món, el xuclador de Déu en els remolins de la seva justícia. Un físic diria que la força centrípeta del Senyor s'enduia tots els termenals de la terra cap a la ciutat santa.

Però, ai Senyor. Per a qui no fos jueu i visqués a les amplades de vells o nous imperis, la ciutat santa i la terra promesa eren un cul de món tancat i fanàtic.

Falca. Us demano perdó, Senyor Esperit Sant, per si sembla que us manqui al respecte. Trec la falca.

L'Esperit Sant ho sabia pla bé. Reclosa a Jerusalem, l'església primerenca s'hi hauria neulat per acabar-les ofegada al bressol. Amb la bona nova, Jerusalem havia esdevingut un sac de llavors que havien de ser escampades arreu. Tornant al físic, el Sant Esperit duia una força centrífuga.

Sense més embolics, el fet era que, mentre l'església mare continuava closa, Pere se les feia de bisbe d'Antioquia de Síria, des d'on Bernabé i Pau hi començaven les caminades. On, per primer cop, els fidels hi foren anomenats cristians.

Bernabé

La Mare de Déu sentia parlar d'Antioquia.

No crec que sabés ben bé on queia d'allà cap a tramuntana, però no s'hi amoïnava mica, tot i endevinar que l'Esperit Sant era massa Déu per engabiar-se a Jerusalem i encontorns.

En pensava per ací quan a la sala de dalt no estaven pas tranquils, deien que, entre d'altres de no tanta xeixa, Bernabé i Pau voltaven predicant i batejant qui en tingués voluntat, fos amb prepuci o sense.

El neguit va fer-se esverament, Bernabé i Pau havíen arribat a Jerusalem.

Sense neguit, Maria era al pa de cada dia, a la bugada de cada setmana. I estava escombrant quan va trobar-se amb aquell tros d'homenàs que, si n'hagués sabut de paganes, li hauria fet pensar en el Zeus dels llamps.

—Senyora, em dic Bernabé.

L'homenàs era complimentós, li deia senyora.

—Jo em dic Maria, he sentit parlar de tu.

—I jo de vós, senyora, encara que no tant com escauria a la mare del Senyor.

—Sembla. I no em diguis senyora.

Tenia veu de baix, Maria va deixar-lo cantar.

—A Antioquia hi ha una pleta de profetes i doctors que han rebut de grat la bona nova. Saule i jo ens hi bellugàvem com podíem, però hi frissàvem.

Es va tocar la barbassa.

—Érem a l'hora de partir-nos el pa quan l'Esperit Sant va fer-nos sentir la seva. «*Deixeu fer Bernabé i Saule, tinc feina per a ells.*» Tanta de feina que venim de voltar mig món.

Ho recordava de lletania.

—Xipre, on Saule va canviar el nom pel de Pau. Perge de Pamfília, Antioquia de Pisídia, Iconi, Derbre, Listra, Atalia. I tornada a Antioquia de Siria.

Va guaitar-se la Mare de Déu.

—De cert que aquests noms no us diuen res.

—Sóc una pobletana de Natzaret, fill meu.

—A cada lloc n'hem passades de semblants. Pau parava botiga, fa tendes de pastor amb pèls de cabra. El dissabte anàvem a la sinagoga, on els jueus s'esperaven que Pau, doctor de Jerusalem, els parlés de la llei de Moisès, però ell els sortia de trascantó amb Jesús, el Messies, mort i ressucitat.

Va somriure.

—Les hi acabàvem escaldats, no volien saber res de Jesús i, sense més remei, paràvem entre els pagans. Ves qui s'ho podia esperar, els pagans es batejaven a corrua feta. En saber-ho, els jueus atiaven el poble contra nosaltres.

Va tornar a somriure.

—I ja ens teniu a tots dos fugint cames ajudeu-me; és un dir, perquè, si no anàvem apedregats, dúiem més d'un morat de les pallisses.

Ho recordava amb joia.

—Però a cada una d'aquestes viles ja hi ha una església, amb tots els ets i uts de bisbe i ancians.

Ja no feia tan bona ganya.

—Ara som a Jerusalem, hi haurà mullader.

—No crec que us apedreguin, fill meu.

—N'hi ha de pitjors que les apedregades.

—Bernabé, al meu Fill no li'n va venir d'una.

Conciliàbul

La sala de dalt era plena de gom a gom quan Jaume d'Alfeu, que semblava amoïnat, va engegar.

—Fora dones i canalla.

Les dones, mocades i mocant els seus marrecs, feren conciliàbul a la vora del foc. En sabien més que no pensaven els de la sala de dalt, havien tibat de la llengua els marits.

—Fan un concili.

—I què redimonis és això.

—Poc de redimonis, hi ha l'Esperit Sant.

—Amb feina a preu fet.

Maria va cloure la primera sessió.

—Més val que anem pel dinar, serem molts.

Des de baix, sentien algun crit ben poc conciliador a la sala de dalt. Entre escombrada als racons, tupinada als fogons per fer l'esmorzar, el dinar i el sopar, les dones xafardejaven del concili.

—Diu que no s'acaben d'entendre.

—Feina per a l'Esperit Sant.

Fins que el concili va acabar-se. I mutis. No va pas acabar-se el conciliàbul de les dones. La qui tenia l'home més bocamoll va fer-hi de cap de premsa.

—Han discutit de si podien batejar sense més embolics els qui no són circumcidats. Bernabé, Pau i els d'Antioquia estan pel sí. Quasi tots els nostres van pel no. Jaume fa l'estira i arronça. Sembla que Pere va a la banda dels altres.

Les engegava a entrepussades.

—Finalment han fet un decret.

—Ho sé pel de casa. Comença dient, nogensmenys que *«ens ha semblat a l'Esperit Sant i a nosaltres»*.

—No s'hi posen pas per poc.

—I afegeixen que *no volen imposar als pagans d'altres càrregues que no siguin les indispensables.*

—I què volen dir amb això, em sembla que ja podrien parlar clar.

—Parlant clar, volen dir que als pagans que es converteixin no els tocaran el prepuci. Vaja. Que no cal circumcidar-los.

—Tu calla, que ja m'espero la que diries.

—N'hi ha més. I aquesta és la galleda freda. L'han pactada per fer content al Jaume d'Alfeu. Diu que els batejats, de la mena que siguin, *no podran pas menjar carn immolada als ídols*.

La dona del bocamoll va esclafir a riure.

—Pobra gent, hauran de menjar cols sense tall.

—Ves què t'empatolles.

—Tinc entès que, a les ciutats paganes, tot el tall ve dels temples als déus.

I així, com s'havia acabat el concili amb la santa prudència, es va acabar el conciliàbul amb la potser tan santa xafarderia de les qui no hi bufaven cullera. Pau i mutis.

Maria va dir-se que feina tindria l'Esperit Sant.

Generació rera generació.

Enllà de Jerusalem

Passaren anys.

L'església de Jerusalem continuava jueva, almenys d'enyorament, patint el misteri que la turmentaria fins a la ruïna de la ciutat, als dies de Vespasià i Titus. Maria, jueva de socarrel com només podia ser-ho qui no duia l'urc dels prohoms, vivia als arínjols. Ai, Senyor d'Israel. El pobre d'Abraham i el pacte, de Moisès i la llei, refusava el Messies.

Mentre enllà de Jerusalem, rebentant les llindes de la terra promesa, la bona nova feia sembrats d'esglésies entre els pagans disbauxats. Sang nova que duia esperança.

Endemés, l'església de Jerusalem era a les vaques flaques, passava fam com tots els pobles de les contrades, sort de les almoines enviades de lluny. Lloat fos. L'Esperit Sant, malgrat tot, en feia una sola ànima.

Les esglésies i l'església viurien de Pentecosta.

Generació rera generació.

Lluc

Passaren més anys.

Maria ja era al beneït entotsolament de la vellesa, sentint-se mare, es trobava fent d'àvia. Xerrava més, no gaire més, mentre els records que no deia se li feien calents. Vivia l'àngel de l'anunciació com si l'acabés de veure, el magníficat se li havia tornat un sol mot.

Així estava quan la va emprendre aquell home polit, que no semblava metge.

—Senyora, sóc Lluc.

—No em diguis senyora, fill meu.

—Sóc de la colla de Pau, he vingut amb ell a Jerusalem.

Va començar de lluny.

—Pau no té aturador, és tan endut per l'Esperit Sant que fins s'ha guanyat el nom d'apòstol. És ben bé allò d'Isaïes, peus que anuncien la pau. Després d'un primer viatge, va tornar a la Cilícia, la Frígia i la Galàcia. No en va tenir prou, l'Esperit Sant va menar-lo a Europa, a viles com Filipos i ciutats d'anomenada com Tesalònica, Atenes, Corint i Efès.

Va prendre alè.

—I tornem-hi, aquest tercer cop jo l'acompanyava a estones. I vet ací noms i noms que volen dir moltes sembrades i més d'una bona collita. Efès, l'Acaia, Corint i no us en dic més. Vet ací que som a Jerusalem.

Va entristir-se.

—Temo per Pau, els jueus li'n volen la pell.

En duia una al pap.

—Ves què us conto. No, no us he vingut a veure per això.

Va tornar als revolts.

—Algun dia penso escriure les fetes dels apòstols.

Va mirar-se-la.

—Tampoc no he vingut per això.

Finalment va començar a desbotar.

—Posat que molts en conten i escriuen del Senyor Jesús, talment ens arriba pels apòstols i d'altres que el van conèixer, després de fer-me'n bon cabal, m'ha semblat que jo podria enfilar-les ben enfilades i endreçades.

Maria el va tallar.

—Au, Lluc, fill meu, digues que véns a saber-ne de meves.

—Això mateix. Hi ha trenta anys de la vida del Senyor que només vós sabeu.

Més jove, Maria hauria callat, però ara, d'àvia, sabia que la bona nova no fóra sencera sense la deu dels seus records, els més gemats de la vida del Fill.

—En vaig contar algunes al Mateu.

—Torneu-hi.

—No, d'aquestes no te'n diré gota.

No volia parlar del misteri dels sants innocents.

—Era esposada amb Josep quan va venir-me l'àngel i vaig concebre aombrada per l'Esperit Sant. Amb el Fill al ventre no se me'n va acudir d'altra que córrer cap a ca la cosina Elisabet, gràvida del Baptista. Tornada a casa, el Josep se me'n va endur a la seva, havia somniat àngels. Jesús va néixer a Betlem amb sonades de pastors i cants d'àngels. En passàrem algunes que més m'estimo no dir-te-les. Tornàrem a Natzaret. I vetací.

—Però, què dels altres gairebé trenta anys.

—Jesús es feia que donava goig.

—Sense res més.

—Fill meu, foren trenta anys de pa de cada dia.

Lluc va burxar-la, en va saber més a la menuda.

Però, sortint de veure la Mare de Déu, només sabia dir-se:

—Foren trenta anys de pa de cada dia.

Santa Maria

Santa Maria,
pa cada dia

La bona nova
enduta pel Vent,
enllà i arreu feia campa d'esglésies.
De la terra estant
Maria no en donava l'abast.
Verge, Déu li'n sabia els delits.
Ales d'àngel l'arravataren als cels
feta mare dels perduts.

Vingueren segles.
Sang de màrtirs,
grecs, romans i bàrbars de genolls,
glòria de catedrals,
guerres entre fills de Déu,
reis i prohoms amb cotilla,
somnis romàntics
i cisalles de ciència.

En el silenci
sense història de les parròquies.
Nadals de pessebre i nadala,
pasqües de rams i caramella,

pentecostes de tornaboda.
Amb marededéu als grenys,
gala festosa d'un dia,
pa d'avemaries tot l'any.

Han girat els vents.
Gresca esbojarrada,
instants de glòria sense pau.
Corones d'arínjol
sense ni un bri d'esperança
amb neguits d'enyorament.
Per tots ells,
per tots ells Maria diu Pare nostre.

Han vingut mals vents.
Església a rosegons,
poble de Déu a l'exili sense arpes.
Parenostre perdut a les golfes,
però Mare de Déu trobada
en el pa llescat
als fondals de l'ànima,
on només hi restava l'avemaria.

Ara mateix,
pa cada dia en els segles,
l'estrella dels Reis enceta com l'àngel.
«*Déu vos salve, Maria, plena de gràcia.*»
I algú li respon,
potser només d'esma,
potser infant nadó que no té paraules.
«*Santa Maria, Mare de Déu.*»

Gósol. Vigílies de Nadal, 1995.

ÍNDEX

Advent a tocar

Magníficat

Déu te guard, Josep

EL PA LLESCAT

RAMS I GARRICS

Magníficat a Getsemaní

L'arínjol

Pa a taula

Magníficat a pasqua

Magníficat a Pentecosta

Imprès a Talleres Gráficos
DUPLEX, S. A.
Ciudad de Asunción, 26, int., D
08030 Barcelona